HAUPTNACHSCHUBWEG ÜBER
Dorf Flabas
ANGRIFFSLINIE AM 21. FEBRUAR 1916
Dorf Gremilly
Zwillingshügel von Ornes
310
CAURES-WALD
WAVRILLE WALD
HERBEBOIS WALD
Beaumont
ORNES-SCHLUCHT
COTE 344
FOSSES WALD
Dorf Ornes
Ornes Quelle (Wasserstelle)
CHAUME WALD
CAURIERES WALD
WOEVRE-EBENE
VAUCHE WALD
Dorf Bezonvaux
CHAMBRETTE FERME
Pfefferrücken
378
CHAUFOUR-WALD
FRONT JULI 1916
Dorf DOUAUMONT
FORT
WALD VON HARRDAUMONT
TOTEN-SCHLUCHT
CAILLETTE WALD
Dorf Bras
Dorf Vaux
Vaux-Teich
BATTERIE DAMLOUP
Batterie THIAUMONT
CHAPITRE WALD
FUMIN WALD
FORT VAUX
Kalte Erde
ZWISCHENWERK Kalte Erde
Dorf Fleury
LAUFEE WALD
FORT SOUVILLE
Bahn nach Etain u. Metz
Tunnel von
Fort TAVANNES
Dorf und FORT BELLEVILLE
FORT ST. MICHEL
Dorf Eix
JULI 1916
FORT MOULAINVILLE
VERDUN
Dorf Moulainville
BATTERIE MOULAINVILLE

LIMES VERLAG

P. C. Ettighoffer

VERDUN

Das Große Gericht

Nachwort von
MAURICE GENEVOIX

Limes Verlag

Dritte, neu bearbeitete Auflage

Umschlagentwurf: Klaus Neumann
Übersetzung des Nachworts: Marguerite Schlüter
Printed in Germany
ISBN 3-8090-2089-3

Dies Buch widme ich dem Gedächtnis aller Verdun-Kämpfer beider Nationen, den noch Lebenden und der viel größeren Zahl der Toten.

Wie ein entsetzlicher Brand die gewundenen Täler durchwütet,
Hoch im dürren Gebirg; es entbrennt unermeßlich die Waldung,
Und rings wehet der Wind mit brausenden Flammenwirbeln:
So rings flog mit der Lanze der Wütende, stark wie ein Dämon,
Folgend zu Mord und Gewürg, und Blut umströmte die Erde.

(Homer - Ilias 20. 490 - 495)

Ein notwendiges Wort zuvor

Einundfünfzig Monate und elf Tage dauerte der Weltkrieg 1914–1918. Unzählig sind die Kampfhandlungen, die auf allen Fronten stattfanden. Aber *eine* Schlacht vereinigt in sich alle Schrecken des Krieges, alle Opferbereitschaft deutscher und französischer Soldaten und bleibt Symbol des zähesten Durchhaltens – die Schlacht um Verdun.

Fast zwei Jahre lang hatte Frankreich seiner stärksten Festung wenig Beachtung geschenkt. Erst als die Deutschen angriffen und den Stier bei den Hörnern packten, erst dann wurde Verdun die Fahne des Widerstandes. Mit Verdun stand oder fiel Frankreich.

Verdun! Dieser Name zitterte durch die Geschichte des Großen Krieges und war wie ein Schrei voll Schmerz. Zwei Nationen verbissen sich hier in unerbittlichen Kämpfen. Tausende kamen und wurden aufgerieben, Division um Division wurden hüben und drüben die frischen Regimenter in die Hölle geworfen – nach Tagen kehrten jeweils nur noch Trümmer zurück.

Die besten Bataillone Deutschlands und Frankreichs wurden um Verdun zur Schlacke ausgebrannt. Hier

zeigte der Krieg alle seine apokalyptischen Schrecken.
Wer gewann die Schlacht um Verdun?
»Die Franzosen«, behauptet die Geschichtsschreibung, »nur die Franzosen haben die Schlacht um Verdun gewonnen, denn es gelang ihnen, den feindlichen Marsch auf die Festung im letzten Verteidigungsgürtel aufzuhalten, abzufangen und den Großangriff zu ersticken.«
»Nein, die Deutschen gewannen die Schlacht um Verdun!« so wird an anderer Stelle oftmals behauptet. »Das Geschehen wickelte sich genau nach deutscher Planung ab, denn General v. Falkenhayn, der deutsche Heerführer und Chef des Generalstabes des Feldheeres, wollte die französischen Streitkräfte in eine zermürbende Ausblutungsschlacht zwingen. Sein Ziel wurde erreicht; Frankreich verlor in dieser Schlacht 362000 Mann!«
Gewiß, Frankreich verlor 362000 Mann um Verdun! Aber war dies blutige Geschehen nicht auch für den deutschen Angreifer eine Zermürbungs- und Ausblutungsschlacht, die 336831 Mann kostete? Solch hohe Eigenverluste hatte die deutsche Heeresleitung nicht einkalkuliert und nicht voraussehen können.
Bei Verdun sollte Frankreich verbluten.
Bei Verdun ist auch Deutschland verblutet.
Sechshundertachtundneunzigtausendachthunderteinunddreißig Soldaten beider Nationen verbluteten im Kampfgebiet von Verdun.
Mehr als viereinhalb Millionen Männer wurden hier, in dieser opfervollsten Schlacht aller Zeiten verwundet.
Im Chiffre-Geheimverkehr der Deutschen Obersten Heeresleitung trug diese Schlacht den Verschleierungsnamen »Unternehmen Gericht«.

Die Kriegsfurie hielt blutiges Gericht über zwei Nationen und ihre besten Söhne. Ihr Leiden und Sterben soll zum Völkerfrieden mahnen, auch jetzt wieder, sechzig Jahre nach dem Geschehen, für das es kein Vergessen geben darf.

Im Herbst 1975 *P. C. Ettighoffer*

Das »befestigte Lager Verdun« ruht noch

»Man läßt sich unter den Trümmern der Feste begraben, aber man ergibt sich nicht!«
So steht an den Betonfronten der französischen Festungen um Verdun. Wie bitterer Hohn klingt dieser Spruch, der zur Heldenhaftigkeit ermahnt, denn hier, in diesen unangetasteten Festungswerken, ist um 1915 alles gar nicht heldenhaft. Hier hat sich ein bequemes, ja, man möchte sagen, ein faules Garnison- und Etappenleben entwickelt. Alle diese Festungswerke liegen weit hinter der Kampflinie, fast in der Etappe. Teilweise sind die Geschütze aus den Panzertürmen gezogen worden und dienen irgendwo in den Vogesen oder an der Somme oder an der Argonnenfront als Eisenbahnartillerie.
Überhaupt, was sollen die Festungswerke um Verdun? Schade um das schöne Geld, das man all die Jahre da hineinsteckte. Man hat ja erlebt, daß ein Fort heute nichts mehr wert ist, wenn die deutsche Schwerstartillerie spricht, die »Dicke Bertha«. Wie Eierschalen sind die Panzertürme von Festungswerken bei Lüttich zusammengekracht. Jawohl, ganz neue, angeblich uneinnehmbare Panzertürme! Was soll da Verdun mit seinen 20

Forts und 40 Zwischenwerken? Ein paar Volltreffer mitten drauf – aus!
Diese Werke sind zudem nicht mehr neu. Sie stammen aus dem Jahre 1882. Kurz vor dem Krieg hat man sie zwar nochmals durch meterdicke Betondecken verstärkt, aber was nutzt das! Nein, Kampfwert hat der Festungsgürtel um Verdun so gut wie keinen mehr. Aber als Unterkunft für die Truppen, als Reserve- und Ruhequartier gibt es nichts Besseres, als solch ein sicheres und gut ausbetoniertes Fort.
Wo hat die deutsche Truppc, dic vor Verdun liegt, ihre gute Unterkunft? Abgesehen von den Dörfern am langgestreckten Romagnerücken, gibt es da nur Quartiere in elendsten, halbzerfallenen und halbzerschossenen lothringischen Weilern.
Man kennt da zwar im Wald von Spincourt auch große Waldlager, aber sie liegen ja in Reichweite der französischen Geschütze, und bei Regenwetter kann dort von einer Baracke zur anderen nur auf Lattenrosten verkehrt werden. Der ganze Wald ist versumpft. Die ganze Woëvre-Ebene ist versumpft. Die deutschen Truppen an der Verdunfront haben wirklich keine guten Unterkünfte.
Dagegen hausen die Territorialtruppen der Franzosen, die hier in diesem ruhigen Abschnitt auf dem östlichen Maasufer eingesetzt sind, wohlbehalten in den schöngebauten Festungswerken.
Hin und wieder erhebt sich aus dem Wald von Spincourt ein weithinhallendes Donnerrollen. Man sieht noch sekundenlang den fahlen Blitz hoch über den Baumkronen, und dann wuchtet es heran. Eine schwere Granate hat

sich von deutscher Seite auf den Weg gegen die französischen Festungswerke gemacht, schlägt irgendwo ein und reißt Trichter, tief wie Schächte und – pah, was ist schon dabei! Die Deutschen müssen mal schießen, damit ihre schweren Geschütze nicht einrosten. Der Poilu in den sicheren Festungswerken lacht über die Ohnmacht der Deutschen und fühlt sich geborgen in der befestigten Zone von Verdun. Jawohl, hier läßt sich der Krieg schon aushalten. Hier wird man die Stellung halten können!

Verdun selbst ist ein richtiges Heerlager mit gewaltigem Etappenbetrieb. Seit Herbst 1914 ist die Stadt im Halbkreis von Feldbefestigungen, das heißt, von leichten Schützengräben, umgeben. Nicht weniger als 100 Kilometer lang dehnt sich die sogenannte Verdunfront. Im Norden und Nordosten ist dieser Abschnitt vollkommen ruhig. Nur auf der Flanke der Combres-Höhe donnern oft die Minen. Hier verursachen gewaltsame Patrouillenunternehmen zeitweise bösen Betrieb. Aber man kennt keine eigentliche Verdunfront um die Jahreswende 1915 auf 1916. Der Krieg wird an anderer Stelle ausgetragen, in den Argonnen, im Priesterwald, in Flandern, am Vimy-Rücken und auch im Sundgau. An Verdun denkt niemand ernstlich. Man hat sich mit dem Lauf der Dinge abgefunden. So, wie es jetzt ist, wird es voraussichtlich bis zum Kriegsende bleiben. Die gewaltigste Festung Frankreichs ist zur Bedeutungslosigkeit herabgesunken.

Vergebens drohen die Festungswerke. Jawohl, völlig vergebens, denn ihr Todesurteil ist schon seit dem 9. September 1915 gefällt. General Dubais, der Armeeführer des Ostens, hat dem Festungskommandanten von Verdun, dem General Herr, folgende Instruktionen geschickt:

»Verdun spielt heute keine Rolle mehr, um seiner selbst willen verteidigt zu werden. Der Platz Verdun wird zum befestigten Lager Verdun erklärt. Die Truppen des Platzes Verdun gelten von heute ab nicht mehr als Festungstruppen, sondern als bewegliche Feldeinheiten, die sich eng an die Fronttruppen anzulehnen haben. Alle Verteidigungsmittel, Waffen und Lebensmittel der Festung Verdun bleiben zur Verfügung des Obersten Befehlshabers.«

Damit war das Todesurteil über Verdun gefällt, die größte Festung Frankreichs mit ihren Millionenwerten an Bestückung, Panzertürmen und Festungswerken jeder Art zur Wertlosigkeit herabgesunken. In Ausführung dieses Befehls des Generals Dubais mußte General Herr nicht weniger als dreiundvierzig schwere Batterien mit 123000 Schuß Munition, ferner elf Fußartillerie-Batterien mit dem notwendigen Troß und den Bedienungsmannschaften aus dem Verteidigungskern von Verdun ziehen und der Feldarmee zur Verfügung stellen.

Kurz vor der Jahreswende ist die Verdunfront so schwach verteidigt, daß eine einzige Division an der Nordecke nicht weniger als 10 Kilometer Front besetzt hält.

Die deutschen Schützengräben der Verdunstellung erstrecken sich in diesem Augenblick von Malancourt nördlich an Bethincourt vorbei, zwischen dem Forges-Wald und dem Dorf Forges entlang bis an die Maas. Zwischen Consenvoye und Brabant überwindet die Stellung den Flußlauf und wendet sich dann durch das waldreiche Gebiet gegen Osten auf Flabas. Der Caures-Wald wird von den Stellungen durchschnitten. Am »Kap der Guten Hoffnung« knickt dann die Stellung gen Südosten auf Ornes zu, wo die Kleinbahn überschritten wird. Von Ornes ab wechselt die Stellung zur Combres-Höhe über und gewinnt die Woëvre-Ebene.

Alle französischen Stellungen sind auf diesem Abschnitt im Vorteil. Die Schützengräben liegen meist gedeckt dicht an Waldrändern, sind jedoch nicht besonders gut ausgebaut, denn das ist ja auch gar nicht notwendig. Jeder Spatenstich läßt in diesem Gelände das Grundwasser emporquellen.

Dagegen liegen weiter rückwärts, in den Wäldern und im Schutz der Höhen, die Hauptstellungen der Franzosen. Geschickt aufgestellte Maschinengewehrstände und Blockhäuser können dort einen Feind wirksam empfangen und abwehren. Und noch ein gut Stück weiter rückwärts kommen dann die einzelnen Forts mit ihren Zwischenwerken, in deren geräumigem Schutz sich der Poilu so sicher fühlen kann wie in der tiefsten Etappe. Alle fünf Tage werden die Frontbataillone abgelöst, wandern fünf Tage zurück in die Festungswerke, kommen dann nach weiteren fünf Tagen in die gut ausgebauten Waldstellungen und Blockhäuser, und rücken von dort wieder für fünf Tage in den vorderen Kampfgraben an den Waldrändern.

Die deutsche Linie liegt 100 bis 600 Meter von den französischen Stellungen entfernt. Man hat Platz genug hier in der Ebene, angesichts des Hügellandes, das man »Côte« nennt. Hier ist kein Kampf um den einzelnen Graben, wie es am Vimy-Rücken war oder im Dickicht des Argonnerwaldes. Hier lebt man und läßt leben.

Der deutsche Plan: Ausblutung!

Der Chef des Generalstabes des deutschen Feldheeres, Erich v. Falkenhayn, hat erkannt, daß endlich etwas Entscheidendes geschehen muß. So, wie der Krieg augenblicklich aussieht, kann er unmöglich weitergehen. Die Schützengräben hindern jede Entscheidung. Millionen Kämpfer liegen in weitverzweigten Grabensystemen und belauern sich hinter Erdwerken und Sandsackbarrikaden. Alle versuchten Durchbruchsschlachten haben bisher gezeigt, daß im Westen auch mit dieser rücksichtslosen und verlustreichen Kampfart keine Entscheidung zu erreichen ist. General v. Falkenhayn beschließt, die französische Armee zu zermürben, auszupressen, auszubluten und somit den Krieg zu beenden.

Der Moloch Krieg soll eingehen aus Mangel an Menschenopfern, die ihm dargebracht werden könnten.

Ja, es muß bald etwas geschehen, denn die Moral in der deutschen Heimat ist jetzt, nach der bösen Auswirkung einer beispiellosen Hungerblockade, stark gesunken. Frauen und Kinder hungern, und die Heimat sieht keinen Fortschritt zum versprochenen Siegfrieden. Unter allen Umständen muß bald etwas geschehen.

Im Osten könnte man eine große Bewegungsschlacht entbrennen lassen, aber der Osten ist jetzt nicht Hauptkriegsschauplatz. Tief unter Schneewehen vergraben, liegen dort Stellungen und Schützengräben. Das deutsche Heer ist nur mangelhaft für einen Winterfeldzug gerüstet. Nein, es kann im Osten vorläufig nichts geschehen.

General v. Falkenhayn nimmt für die Durchführung der Ausblutungsschlacht zuerst die Festung Belfort ins Auge. Belfort, jawohl, das ist das große Ziel.
Wenn es heißt, daß die französische Armee zermürbt und blutleer gemacht werden soll, dann kann dies nur an einer Stelle geschehen, die für Frankreich Symbol und Fahne des Widerstandes wird. In Falkenhayns Plan ist der rasche und gerade Vormarsch nicht vorgesehen. Es kommt dem deutschen Feldherrn weniger auf Geländegewinn, als auf große Verluste des Gegners an.
Gut, Belfort wird es sein!
Denn Belfort ist die jungfräuliche Festung, die auch 1870 bis 1871 kein deutscher Fuß betreten konnte.
Belfort, die Stadt des Widerstandes, die man selbst im Frieden von Frankfurt noch von der elsässischen Landschaft abtrennen konnte, dieses Belfort wird auch jetzt Frankreichs Fahne sein!
Es sind aber noch weitere Angriffspunkte vorgesehen.

Lauter starke Punkte müssen es sein, in denen sich Frankreich unbedingt behaupten will. Vielleicht die Vogesen? Der Angriff gegen Belfort wird als »Unternehmen Schwarzwald« bezeichnet, die beabsichtigte Einbeulung der Vogesenfront als »Unternehmen Kaiserstuhl«. Und da taucht plötzlich ein anderer Name auf.
Was ist's? Worum handelt es sich?
Zum Jahresende 1915 gibt General v. Falkenhayn bekannt, daß der beabsichtigte Stoß, die große Ausblutungsschlacht, den Namen »Chi 45« tragen wird.
»Chi 45« heißt, nach dem damaligen deutschen Chiffrierschlüssel »Gericht«.

Der Feldherr hat den Angriff auf Belfort und die Vogesenfront aufgegeben und plant dafür das neue Unternehmen »Gericht«. Und schon verlauten Einzelheiten. Geheimbefehle beordern große Truppenmassen in die Etappe nördlich der Verdunfront. Diesmal wird es ernst.
Über Verdun wird das Gericht hereinbrechen.

Deutschland rüstet zum »Unternehmen Gericht«

Die sogenannten »Latrinenparolen« arbeiten. Für zahlreiche Truppenteile wird der Heimaturlaub gesperrt. Stellenweise unterliegt sogar die Post einer strengen Zensur. Und inzwischen werden immer neue Truppenmassen herangezogen.
Ab Januar 1916 lagert eine gewaltige Stoßarmee vor Azannes rückwärts bis in die Eifel. Von Koblenz ab, die ganze Mosel hinauf, hat jedes Dorf seine Einquartierung. Auch die lothringischen Dörfer sahen seit Kriegsbeginn nicht mehr so viele Truppen wie jetzt. Überall werden Sturmangriffe auf Scheinstellungen geübt. Die Truppen exerzieren, werfen Handgranaten, arbeiten mit Flammenwerfern. Es ist eine fieberhafte und sorgfältige Ausbildung sondergleichen. In den Quartierdörfern ist es ein großes Rätselraten um Ziel und Zweck dieses Aufmarsches.
Was wird es sein?
Wo wird es sein?

Auch auf der Gegenseite arbeitet das Gerücht. Der feindliche Nachrichtendienst lebt und wacht und stellt Einzelheiten fest. Schon um die Weihnachtszeit weiß man in Frankreich, daß Deutschland einen großen Angriff beabsichtigt.
Wo wird der Angriff losbrechen? In der Champagne wird das zukünftige Kampfgelände vermutet. Auch Belfort scheint als Ziel eines deutschen Angriffs nicht ganz außer Betracht zu liegen. Aber Mitte Januar erkennen die Franzosen eindeutig, daß Verdun, das heißt sein befestigtes Lager, die zukünftige Walstatt sein wird.
Es kehren um diese Zeit zahlreiche Zivilpersonen aus dem besetzten Gebiet nach Frankreich zurück. Sie stammen aus Dörfern, die teilweise dicht hinter der Verdunfront liegen. So wird das bedeutende Dorf Mangiennes fast vollkommen von Zivilpersonen geräumt. Alle Scheunen und Wohnhäuser dieser großen Ortschaft werden in Truppenunterkünfte verwandelt. In Mangiennes allein läßt sich, nach dem Ausbau dieser Unterkunftsräume, eine ganze Division bequem unterbringen. Die Zivilisten von Mangiennes sind aber mit den Bewohnern anderer Dörfer, denen es genauso erging, über die Schweiz nach Frankreich abgeschoben worden, und erzählen dort von ihrem Schicksal, wissen auch von erhöhter Tätigkeit hinter der deutschen Verdunfront zu berichten. Es muß wohl auch der eine oder andere deutsche Soldat mal eine übermütige oder unvorsichtige Bemerkung gemacht haben. Die Zivilisten bringen dies alles als Morgengabe mit in die französische Heimat. Und dann erzählen sie ferner von Truppenverschiebungen und Truppenausladungen an den Eisenbahnknotenpunkten

Longuyon, Longwy, Montmédy und Briey. Man mißt diesen Aussagen der zurückgekehrten Zivilpersonen nicht besonders viel Wert bei. Man beachtet sie kaum und will sie schon in den Akten vergraben, da kommt eine neue Meldung. Diesmal horcht die französische Heeresleitung auf. Von der Höhe der Côte, besonders von den Beobachtungstürmen der Feste Douaumont aus, hat man in diesen Januartagen eine eigenartige Tätigkeit hinter der deutschen Front feststellen können. Einer nach dem anderen werden die Kirchentürme aller Etappendörfer von den Deutschen gesprengt.

Was soll das? Man will wahrscheinlich der französischen weittragenden Artillerie keine Zielpunkte bieten. Ja, das ist es. Man fürchtet vielleicht gar einen französischen Angriff an dieser Stelle.

Der Kommandant des befestigten Lagers von Verdun ist General Herr. Mit größter Ruhe und unerschütterlicher Sicherheit sieht Herr den Ereignissen entgegen. Was kann es schon sein und was wollen die Deutschen hier und in diesem unwegsamen Gebiet?

General Herr ist, genau wie General Mangin und wie noch so mancher französischer Heerführer, alter Troupier und hat von der Pike auf gedient. Er kennt den Krieg und seine Möglichkeiten und weiß, daß er sich auf die Landschaft verlassen kann. Die Wälder dieser Gegend sind verfilzt und mit dichtem Unterholz durchsetzt. Man hat ja schon im Argonnenkrieg einen Vorgeschmack von Waldkämpfen bekommen. Nein, große Befürchtungen braucht General Herr nicht zu hegen. Es kann sich ja auch nur um einen Ablenkungsangriff der Deutschen handeln.

Inzwischen schreitet die Zeit voran. Die Franzosen entwickeln eine starke Patrouillentätigkeit, um einwandfreie Feststellungen zu machen. Es gelingt ihnen nicht, Einzelheiten herauszuschälen. Erst die Aussagen von Überläufern geben Ende Januar völlige Klarheit. Diese Überläufer stammen aus Truppenteilen, die zur Abwicklung des »Unternehmens Gericht« aus anderen Fronten herausgezogen und geziemend einexerziert worden sind. Jetzt verstärkt sich die Patrouillentätigkeit unerträglich. Die französische Artillerie tastet das deutsche Hinterland ab, findet aber keine lohnenden Angriffspunkte. Auf jeden Fall läßt General Herr alle Stellungen im befestigten Lager eiligst ausbauen.

General Joffre, der Oberbefehlshaber, genehmigt namhafte Verstärkungen, die südlich an das befestigte Lager von Verdun herangezogen werden. Die vor kurzem ausgeliehene Artillerie kehrt zurück. Nach und nach werden die Festungswerke wieder voll bestückt und besetzt.

Und nun ist der Februar 1916 gekommen. Dieser Monat wird die Entscheidung bringen. Das wissen sie alle, die jetzt sprungbereit in der weitgestreckten Etappe zwischen Maas und Rhein liegen. Langsam, fast unmerklich schiebt sich die deutsche Angriffswelle heran. In kleinen Tagesmärschen drängt sich die Masse der Artillerie nach vorne, immer näher an das Angriffsziel. Die Infanterie ist schon vorausgegangen und hat die Dörfer in Reichweite der französischen Geschütze belegt.

Schier unerträglich wird jetzt die Spannung, denn die Transportzüge speien immer mehr Truppen aus. Es muß bald etwas geschehen, denn eine solche Zusammenbal-

lung von Kräften kann unter keinen Umständen unbemerkt bleiben.
Im Schutze der Nacht rücken Pionier- und Infanterieeinheiten nach vorne zum Schanzen. Bettungen für schwere und schwerste Geschütze werden gebaut. Schußsichere Bunker und Unterstände zum Unterbringen der Munition sollen errichtet werden. Nicht weniger als 1300 Munitionszüge rollen in diesen Tagen heran. An 32 Stellen hinter der deutschen Front, auf 32 Eisenbahnrampen in der Etappe werden Truppen, Gerätschaften und Munition ausgeladen. Unzählige Kolonnen bringen Nacht für Nacht die Ladung dieser Munitionszüge in Stellung. Es sind rund 2½ Millionen Artilleriegeschosse, die nach vorne gefahren werden müssen.
Zwischen den Kolonnen ziehen rastlos die Infanterieabteilungen. Die Schritte der Soldaten schlurfen im Schlamm der ausgefahrenen Straßen. Hier und da ein dünnes Leuchten von Zigarren und Zigaretten, oder das rasche Aufblitzen einer Taschenlampe, das sofort den Tadel eines Offiziers hervorruft. Und dann dies durchdringende Klirren des Schanzzeugs, dies Wiehern der Pferde, dies Mahlen der Räder.
Die Einleitung zur Schlacht beginnt.
Dazwischen kurze, harte Kommandos: »Achtung, rechts ran, Artillerie!« Schwerfällig, holpernd, quietschend rasselt die Artillerie voraus, Geschütz hinter Geschütz.
Eintausendzweihundertfünfundzwanzig Geschütze werden in diesen Nächten in Stellung gebracht.
Hundertzweiundfünfzig Minenwerfer folgen. Sie sollen die vorderste französische Stellung sturmreif trommeln und vom Erdboden vertilgen.

Tagsüber ruht fast jeder Verkehr auf den Straßen. Der Gegner hat ja so gute Ausguckmöglichkeiten von der Höhe seiner Festungswerke. Vom Douaumont aus kann er jeden einzelnen Mann, jedes einzelne Gespann drunten in der Woëvre-Ebene erkennen, selbst jetzt, da alle Anmarschstraßen mit Schilfmatten abgedeckt sind. Die deutsche Feldgendarmerie ist ständig unterwegs und sorgt, daß jede Kolonne, jeder Truppenteil, der sich tagsüber auf der Straße bewegen muß, möglichst im Schutze dieser Schilfmatten bleibt. Auf der Kleinbahn, die von Montmédy nach Verdun führt, herrscht ständig Hochbetrieb. In tiefgebauten Loren werden die schweren Mörsergranaten nach vorne in den Wald gefahren, von Spincourt zu den Batteriestellungen.
Und dann sind die Nachrichtenabteilungen unterwegs. Hunderte von Kilometern Telefondraht müssen gelegt werden. Von allen Stäben zur vordersten Linie und von den Stäben wieder rückwärts zum Generalkommando muß ein ständiger Sprechverkehr möglich sein. Es muß an alles gedacht werden, wenn es zur großen Schlacht geht. Sind genügend Sturmleitern, Sandsäcke, Spaten, Stollenbretter da? Hat man auch an die Bereitstellung von Lattenrosten gedacht? Es gibt tausend kleine Dinge, von denen das Wohl und Wehe einer Truppe abhängig ist.
Langsam füllt sich der deutsche Angriffsraum. Nein, er ist schon gefüllt, er ist ab 11. Februar 1916 prall gefüllt bis zum Platzen. In allen Stellungen der Infanterie herrscht lebhafte Tätigkeit. Die Angriffstruppen sind teilweise schon in Stellung oder sind gerade auf dem Marsch dorthin. Man sieht eigenartige Gestalten mit

seltsamen stählernen Helmen. Leute eines Sturmbataillons sind es, wie man hört. Und dieser Helm soll, wenn er sich bewährt, in der ganzen deutschen Armee eingeführt werden. Vorläufig sind es nur wenige Auserwählte, die mit der neuen Kopfbedeckung kämpfen sollen. Die anderen deutschen Soldaten haben die Spitze von der Pikkelhaube abgeschraubt oder abgeschlagen, denn sie hat schon manchen Kämpfer verraten und manchen Kopfschuß verursacht.

Inzwischen bildet man drüben die französische Front. Sie ist auf dem linken Maasufer mit genau zwei Infanteriedivisionen besetzt. Auf dem rechten Maasufer stehen sechs französische Infanteriedivisionen unterstützt von Territorialtruppen, die aber nur wenige Bataillone stark sind. In Reserve stehen, über die ganze befestigte Region von Verdun verteilt, drei französische Infanteriedivisionen. Diesen französischen Kräften auf dem rechten Maasufer stehen zehn deutsche Infanteriedivisionen gegenüber. Im Süden schließt die Gruppe Nyvenhaim an die Armeeabteilung von Strantz mit einer Ersatzdivision.
Der eigentliche Angriffsabschnitt ist nur 15 Kilometer breit. Hier sollen sechs deutsche Infanteriedivisionen angreifen. Sie werden zwei französische Infanteriedivisionen in den angegriffenen Stellungen finden. Mit diesem verhältnismäßig geringen Einsatz von acht Divisionen auf beiden Seiten soll der Riesenkampf um Verdun beginnen. Acht Divisionen werden den Totentanz eröffnen, und nach ihnen werden sich noch unzählige andere Divisionen, ja, zwei Heere, zwei tapfere Heere, die tapfersten der Welt, auf diesen Gefilden treffen und verbluten ...

Im Laufe des 11. Februar müssen die letzten deutschen Angriffstruppen in Sturmstellung. Am Vormittag ist Feldgottesdienst. Es hat die vorhergehende Nacht geschneit. Die ausgeruhten und glänzend uniformierten Truppen stehen ernst und gesammelt im Viereck um die Feldaltäre. Und dann marschieren diese prachtvollen Regimenter am Obersten Kriegsherrn vorbei. Der Kaiser nimmt die Parade aller Angriffstruppen ab. Und dann, als sich der Tag zu Ende neigt, ziehen diese Männer mit klingendem Spiel hinaus. Sie marschieren gut im Takt der Musik. Ihr Siegesbewußtsein ist unerschütterlich. Noch in diesem Monat wird es eine zweite Kaiserparade geben, und zwar da drüben auf dem großen Exerzierfeld der Stadt und Festung Verdun.
Am Abend des 11. Februar melden die Artilleriekommandeure des deutschen Angriffsabschnittes, daß alle ihre Batterien eingeschossen sind und die befohlenen Ziele restlos erfaßt haben. Im selben Augenblick begeben sich alle Stäbe auf ihre Gefechtsstellen. Der Kampf um Verdun kann beginnen!

»– – – gebe ich den Befehl zum Angriff!«

Durch den Neuschnee rasen in dieser Nacht vom 11. zum 12. Februar die Meldefahrer und Meldereiter. In allen Drähten, in allen Fernsprechern summt und tickt es. Achtung! Ein wichtiger Tagesbefehl wird durchgegeben. Was ist's? Ist denn nicht schon alles gesagt, was gesagt

werden mußte? Sind die Würfel nicht schon gefallen?
Doch, alles ist in Ordnung. Aber jetzt erläßt der Kronprinz, in dessen Befehlsbereich der Stier bei den Hörnern gepackt werden soll, den letzten Tagesbefehl an die Truppe. Es ist der letzte Appell an die Stürmenden, die letzte Ermahnung zur Tapferkeit und zur Pflichterfüllung für Volk und Vaterland.
Nein, Ermahnungen hat die deutsche Truppe in den Gräben östlich der Maas nicht mehr nötig. Die Truppe steht, und ihre Tapferkeit wird stets in der Weltgeschichte leuchten, ein ewiges Vorbild für alle Soldaten und alle soldatisch gesinnten Völker. Dieser letzte Tagesbefehl des Kronprinzen ist nur noch das Zeichen enger Verbundenheit zwischen Führung und Truppe. Er lautet:
»Nach langer, zäher Abwehr ruft uns der Befehl Seiner Majestät des Kaisers und Königs zum Angriff. Seien wir von dem Bewußtsein durchdrungen, daß das Vaterland Großes von uns erwartet. Es gilt, unseren Feinden zu zeigen, daß der eiserne Wille zum Siege in Deuschlands Söhnen lebendig geblieben ist und daß das deutsche Heer, wo es zum Angriff schreitet, jeden Widerstand überwindet. In fester Zuversicht, daß jeder an seiner Stelle sein Höchstes dransetzen wird, gebe ich den Befehl zum Angriff! – Gott mit uns!

Wilhelm
Kronprinz des Deutschen Reiches
und von Preußen.«

In allen Befehlsstellen, in allen Unterständen und Stollen wird der Befehl aufgenommen und weitergegeben. Er

wird von Schulterwehr zu Schulterwehr weitergeflüstert, weitergeraunt:
»– – ruft uns der Befehl Seiner Majestät des Kaisers und Königs zum Angriff!«
Die Männer an den Geschützen halten an. Das Aufstapeln und Zurechtlegen der Munitionsmenge für den ersten Tag hat ihnen den Schweiß auf die Stirne getrieben. Sie stehen jetzt und vernehmen: »– – es gilt, den Feinden zu zeigen, daß der eiserne Wille zum Siege in Deutschlands Söhnen lebendig geblieben ist – –«
In engen Stollen hocken die Männer des Sturmbataillons. Auf den jungen, entschlossenen Gesichtern liegen die Schatten der breitgeschweiften Stahlhelmränder. Spannung ist in aller Augen.
»– – und daß das deutsche Heer, wo es zum Angriff schreitet, jeden Widerstand überwindet!«
Pioniere arbeiten draußen am Drahthindernis. Jetzt erst, in letzter Minute, werden die Gassen in das Stacheldrahtgewirr vor den Stellungen geschnitten. Und auch hier raunt und flüstert es von Gruppe zu Gruppe:
»– – daß jeder an seiner Stelle sein Höchstes dransetzen wird – –« Es tropft von den Decken und Balken in Unterständen und Stollen, und zwischen den unregelmäßigen Deckungslagen sickert Schmelzwasser herein. Langsam fallen die Tropfen. Einerlei. In wenigen Stunden geht es los, geht es hier aus diesem Elend heraus. Morgen, jawohl, morgen schon wird man drüben beim Gegner sein und sich in dessen wohlgebauten Festungswerken umsehen können.
»– – gebe ich den Befehl zum Angriff! Gott mit uns!«
Alles steht bereit.

Erzbereit!
Die Maschinerie Schlacht kann beginnen.
Ein Druck auf den Knopf, und das gutgeölte Räderwerk läuft.
Ein Druck auf den Knopf, ein Befehl von oben, und achtzehn Infanterieregimenter stürzen sich auf den Feind. Weitere Truppen liegen rückwärts gestaffelt in höchster Alarmbereitschaft. Eintausendzweihundertfünfzig Feuerschlünde sind gereckt und bereit.
Geduckt stehen die hundertzweiundfünfzig schweren Minenwerfer in ihren Bettungen, anzusehen wie Urtiere, wie gefährliche Urtiere. Alle Menschen sind in höchster Kampfbereitschaft. Es mag losgehen, es muß losgehen!
Hie und da, in den Infanterieunterständen, versucht man zu schlafen. Von selbst kommt sie, die Müdigkeit, und fällt über diese dichtgedrängten Männer. Sauerstoffmangel und warmfeuchte Kellerluft legen sich schwer auf die Lunge. Die Stollen und Unterstände haben so gut wie keine Luftzufuhr.
Dazwischen das glucksende Flackern stinkender Karbidlichter und der tranende Dunst der Kerzen. Hie und da, auf einer Tischkante, spielen sie Skat. Warum auch schlafen!
Von oben, zwischen Balkenlagen und Dachpappe, fallen die Schmelzwassertropfen, fallen unerbittlich, regelmäßig, hartnäckig. Sie fallen auf die Liegenden, sie plätschern auf Hände und Gesichter, sie plumpsen hohl in bereitgestellte leere Konservenbüchsen und lärmen sich langsam die ganze Tonleiter hinauf, bis das Blechgefäß voll ist.
Grausam, unaufhaltsam rinnen die Tropfen. Immer und

immer. Und manchem der Kämpfer hier in der Beengtheit der Stollen klingt dies Tropfen wie das Ticken der Totenuhr.

Währenddessen fahren sie draußen immer noch Material heran. Immer mehr Stacheldrahtrollen, immer mehr Pfähle und fertige spanische Reiter speien Feldbahnen und Kolonnenfahrzeuge in die unermeßlichen Pionierlager dicht hinter der vordersten Linie. Ungeschwächt, unablässig dieses Kommen und Gehen auf ausgefahrenen Frontstraßen. Stellenweise versinken die Räder schon bis zur Nabe im Schlamm. Hunderttausende deutsche Infanteriestiefel haben die Straßendecke abgewetzt, unzählige Fahrzeuge haben sie zermürbt, zermahlen, zu Staub zerrieben, und jetzt regnet es. Ringsum, auf dem weiten Gelände, bekommt die Schneedecke große dunkle Flecken. Das Tauwetter ist da.

Der scharfen Kälte der letzten Tage folgt plötzlich ein warmes Matschwetter. Aber noch ist der Boden kälter als die Luft. Der Westwind treibt niedrige Regenwolken daher und wirft Wassermassen über die Gegend. Jede Kampftätigkeit ist im Regen erstickt. Die Menschen ducken sich unter den Peitschen der Regensträhnen. Von den Helmschienen rinnt das Wasser in den Nacken, läßt sich weder durch Halsbinde noch Rockkragen aufhalten und gibt dem ganzen Körper ein Gefühl unerträglicher Kälte.

In den Wäldern rings um die Batteriestellungen heult der Wind und reißt trockenes Geäst aus den Baumkronen. Nein, jetzt hat es keinen Zweck, zu schießen. Warum auch? Noch ist die Aufstellung nicht beendet. Noch immer marschieren Kolonnen zur vordersten Linie. Deshalb

schweigt die deutsche Artillerie und spart ihre Munition und die Kraft ihrer Kanonen für den großen Augenblick, der nach dieser stürmischen Nacht kommen muß, so wie es der Armeebefehl will.
Auch die Franzosen bleiben in dieser Nacht vollkommen ruhig. Kein Schuß fällt von drüben. Man weiß nicht, wie man dieses Schweigen deuten soll. Man weiß nicht, ob die Gegner auf das Losbrechen des deutschen Angriffs lauern oder selbst finden, daß es keinen Sinn hat, jetzt zu schießen, weil bei einem solchen Wetter ein ernsthaftes Unternehmen doch nicht stattfinden wird. Es wird irgendwann stattfinden, das ernsthafte »Unternehmen Gericht«. Die Franzosen wissen es, denn in letzter Zeit haben sie Einzelheiten darüber durch Überläufer und Gefangene bekommen, und auch ihr Nachrichtendienst hat glänzend gearbeitet. Kein Zweifel mehr für die französische Heeresleitung, der deutsche Angriff wird auf Verdun vorbrechen, und der deutsche Kronprinz soll – so verlangt es die Tradition der soldatisch erzogenen Hohenzollern – hier seine große Schlacht schlagen.

Parole: »Innerer Dienst«

Ja, wie steht es jetzt mit »Unternehmen Gericht«? Für den 12. Februar ist sie anberaumt, diese seltsame Gerichtssitzung. Aber dieser 12. Februar 1916 kommt sehr unfreundlich ins Land. Es ist gerade die Zeit des Neumondes. Dunkel die Nacht, dunkel, lichtlos und un-

Der Verfasser (3. Reihe, 4. v. l.) als »Stoßtruppführer Ettighoffer« zwischen seinen Leuten. Die Aufnahme wurde im Ruhequartier, wenige Stunden vor einem Angriff, gemacht.

General Joffre (links) und General Pétain (Mitte) treffen sich am 2. März 1916 in Souilly zu einer entscheidenden Besprechung. Pétain wird zum Oberkommandierenden der Verdunfront ernannt. (Handke, Bad Berneck.)

freundlich aber auch der junge Tag, der sich im Osten über der fernen deutschen Heimat anmeldet. Beim Morgengrauen liegt die Landschaft um Verdun unter einer undurchdringlichen Decke von Dunst und Regensträhnen.

In den Beobachtungsständen am Romagnerücken, auf Höhe 324 bei Chaumont und auf Höhe 371 nördlich von Consenvoye starren die Scherenfernrohre, die Augen der Schlacht, in wattigen Dunst. Keine Tausend Meter geradeaus verschwindet alles in graublauem Nichts, und jetzt setzt noch das Schneegestöber ein.

Regen und Schnee vermengen sich zu einem einzigen naßklebrigen Hexentanz, der auf diesen zähen Lehmboden niedergeht. Aus Straßen werden Bäche; die Granattrichter wachsen sich zu Sümpfen aus. Und jetzt muß doch der erste Schuß fallen.

Längst ist die Morgendämmerung vorbei, wenn es auch nicht recht Tag werden will. Der 12. Februar ist da, hervorgezaubert aus dem unergründlichen Schoß der Ewigkeit, in dem alles Vergangene und alles Zukünftige ruht. Jetzt muß es doch gleich losgehen!

Es muß – –!

Warum schießt man nicht?

Warum, warum – –?

Die Truppe ist wach und bereit. Noch nie waren deutsche Sturmregimenter so bereit, trotz der furchtbaren, meist schlaflos verbrachten Nacht im Wasserticken halb ersoffener Stollen und Unterstände. Es muß doch jetzt losgehen, anders ist es gar nicht mehr möglich. Der letzte Befehl des Kronprinzen ist ja vor Stunden schon von Mann zu Mann weitergegeben worden.

Auf was wartet man? Es muß ja doch sein, daß weiß jeder Stürmer, vom ältesten Offizier bis zum jüngsten Kriegsfreiwilligen. Es muß endlich sein, und die Heeresleitung wird wissen, warum sie diesen Februartag als Zeitpunkt des Losschlagens bestimmte. Natürlich weiß man dort alles, auch das, was in einer Stunde sein wird, oder morgen, oder übermorgen, oder in einem Monat –

Beim Stab weiß man indessen nichts Positives. Man ahnt nur dunkel, was die Zukunft bringen wird. Man erkennt nur, daß der Angriff an diesem Tag unmöglich stattfinden kann. Auf keinen Fall darf die Führung das Wagnis des Feuerbefehls auf sich nehmen, noch dazu im Augenblick, da eine Beobachtung so gut wie ausgeschlossen erscheint.

Sorgfältig werden von allen Teilen des Schlachtfeldes die neuesten Wettermeldungen angefordert, und alle paar Minuten heißt es durch den Draht: »Regen, immer wieder Regen, nur Regen!«

Es regnet in Consenvoye, es plätschert in die Maas.

Die Batterien im Ormont-Wald melden Regen und ersticken fast im Schlamm.

Flabas meldet Regen, Azannes, Gremilly und Ville melden Regen, nur immer Regenschauer, die ein orkanartiger Wind aus südwestlicher Richtung daherpeitscht, den deutschen Posten ins Gesicht. Der Stab vernimmt es und wartet. Keine Aussicht auf Wetterbesserung an diesem Tag. Man wartet, und damit ist eigentlich der Tag schon verloren, denn jetzt kann die vorgeschriebene Munitionsmenge bis 17 Uhr, also bis zur Stunde des Angriffs, nicht mehr verschossen werden. Für die Heeresleitung, die um acht Uhr den Feuerbefehl geben sollte, steht eins fest: Der Angriff kann an diesem Tag nicht mehr stattfinden und muß um vierundzwanzig Stunden verschoben werden.

Kein Heerführer wird unter solchen Umständen und bei solchem Wetter und bei diesem Nebel den Angriffsbefehl geben. Niemand könnte das verantworten. Denn das hieße, 1225 Geschütze ins Blaue feuern lassen, ohne Zielbeobachtung, ohne Möglichkeit einer Wirkungskontrolle dieses Feuerüberfalls. Nein, das wäre nur Unbesonnenheit und Munitionsvergeudung.

Bei der Truppe vorne in den Sturmstellungen teilt man keineswegs die düsteren Bedenken des Stabes. Die Soldaten stehen und wundern sich, daß nichts geschieht. Warum brüllt die Artillerie nicht los?

Die Artillerie wird an diesem Tag nicht mehr losbrüllen, denn um 10 Uhr 15 Minuten schrillen die Fernsprecher. Sie schrillen bei den Stäben, sie schrillen und tuten draußen bei den Batteriestellungen und in den Stollen der sturmbereiten Infanterie. Und es geht der neue Befehl von Mund zu Mund:

Parole: »Innerer Dienst!«

Jeder weiß, was das zu bedeuten hat. Innerer Dienst heißt, daß der Angriff um vierundzwanzig Stunden verschoben wird. Legt euch hin, Kameraden, legt euch aufs Ohr und ruht. Morgen um diese Zeit wird die Erde um Verdun beben. Ach ja, morgen ist der dreizehnte Tag des Monats. Ruhig Blut, nur nicht abergläubisch werden, immer geradeaus geschaut, Kameraden! Dem Infanteristen ist es einerlei, wann der Sturm stattfindet. Er wäre ohne zu murren und ohne zu zucken in das Toben der Elemente geschritten. Nun ist es ihm auch recht, daß er morgen erst den Graben verlassen soll. Du bist ja nur ein winziges Rädchen in der gewaltigen Maschinerie Krieg, kleiner, unbekannter Infanterist. Nach deiner persönlichen Meinung wird nicht gefragt, deine Empfindungen interessieren nicht. Du stehst für dich allein und mußt mit allem fertig werden, auch mit deinem Todesahnen.

Der Regen rinnt und rinnt. In den Stollen und Unterständen ist es jetzt schon kein Tropfen mehr, sondern ein leises Gießen. Die leeren Konservenbüchsen reichen längst nicht mehr zum Abfangen des Wassers, das von der Decke herabfällt. Man muß schon Kochgeschirre unterstellen, und alle paar Minuten muß ein Mann nach oben rennen, die Kochgeschirre in den Graben entleeren.

Droben aber im Graben steht das Wasser auch schon knöchelhoch. Nein, es steigt noch. Es steigt immer und immer. Die zähe Erde Lothringens quillt, wird weich und glatt und verwandelt sich in Schlamm. Alles ringsum wird grundlos. Die Lattenroste auf der Grabensohle saufen ab. Sie wurden ja gestern während der Ablösung durch unzählige Soldatenstiefel in den Grund getreten. Hinter der weitmaschigen Wand der geplatzten Faschinen rutscht und rieselt das Erdreich der Grabenwände. Alles droht einzustürzen, alles wird morsch und faul und weich unter diesem plötzlichen Tauwetter.

Hinten aber, im Etappengebiet und in den Ruhequartieren, stehen die Soldaten seit dem frühen Morgen auf der Straße oder an den Fenstern und starren zur Front hin. Sie wollen den Beginn des Trommelfeuers, den Anfang der geschichtlichen Schlacht erleben, doch es ereignet sich nichts. Kein tausendfaches Minengebrüll durchreißt den immer dichter werdenden Nebel, den rinnenden Wasserdunst. Und dann kommt auch hier die Parole: »Innerer Dienst!« Und die Soldaten begeben sich still an die Arbeit. Es wird nicht lange gefragt, warum. Die Heeresleitung muß es wissen. Einige, die witzig sein wollen, erklären: »Bei schlechtem Wetter findet die Schlacht im Saale statt.« Gelacht wird aber nicht über diesen vermeintlichen Witz.

In den Unterständen ist es qualvoll eng. Die Luft wird drückend. Notleuchten, sogenannte Hindenburglichter, verbreiten nur eine schwache Helligkeit. Wegen der herrschenden feuchten Kälte bleiben die Türen geschlossen. Die nassen Mäntel dunsten. Dazu der Qualm schlechter Zigaretten. Könnte man doch wenigstens hinauslaufen, hinaus in die frische Luft! Nein, es geht nicht; jede Bewegung in den Gräben soll unterbleiben. Schlimm genug, daß die Essenholer nach Einbruch der Dämmerung mit ihren Lasten durch die Stellung lärmen müssen. Kein Gesang, kein Mundharmonikaspiel! Selbst das laute Wort ist verpönt. Der Gegner darf nicht aufmerksam und mißtrauisch werden. Er soll nicht erkennen, daß sich auf halber Rufweite vor seinen Gewehrmündungen eine Angriffsmasse bereitgestellt hat.

Besser haben es die Männer der zweiten und dritten Welle. Sie liegen viel weiter zurück, sie sind zum Teil sogar in Kellern der Dörfer Flabas, Azannes und Gremilly untergebracht oder in guten, sicheren Stollen auf der Nordflanke der Höhe 310. Allerdings wird die Wucht der französischen Artillerie gerade diese zweite Linie erfassen und den Reserven schwere Stunden bereiten.

Immerhin, für die Zeit des sogenannten inneren Dienstes haben es diese Männer in den Bunkern und Kellern besser als ihre Kameraden der vordersten Linie. Sie brauchen sich wenigstens nicht im Flüsterton zu unterhalten. In den Abendstunden und während der Nacht waren die vorhandenen Feldöfchen oder Öfen aus Bauernhäusern bis zur Weißglut geheizt; die Uniformen brauchen nicht auf dem Leib zu trocknen. Bei Tageshelligkeit müssen alle Feuerstellen erlöschen, denn kein Rauchkringel darf die Anwesenheit so vieler Menschen in den Dörfern verraten.

Innerer Dienst – das bedeutet erhöhte Tätigkeit nach Anbruch der Dunkelheit. Pioniergerät muß nach vorne geschafft werden. Zuerst ganze Zugladungen Stacheldrahtrollen. Mit der Eisenbahn sind sie bis Spincourt gekommen, dort in die Kleinbahn umgeladen und bis dicht vor Azannes gefahren worden. Je zwei Mann tragen zwei Rollen Stracheldraht an langer Stange. Und dann die zahllosen Eisenpfähle, die Wellblechplatten, die Sandsäcke, die Stollenbretter – alles Dinge, die man bald dringend benötigen wird, um im eroberten Gelände neue Stellungen auszubauen und zu befestigen.

Innerer Dienst – das bedeutet Schanzarbeit, solange die Dunkelheit anhält. Es müssen die Laufgräben erweitert werden. Die Anmarschwege, in deren Schlamm jeder Infanteriestiefel fast bis zur oberen Schaftkante versinkt, sollen Lattenroste bekommen.

Innerer Dienst – das heißt ausgedehnte Ruhezeit vom Morgengrauen bis gegen Mittag. Dann werden wieder die Waffen gereinigt, die Stiefel eingefettet, die Uniformen gesäubert. Dabei erklingen die wehmütigen Soldatenlieder, das Lied vom Argonnerwald und vom Feldquartier.

Alle diese Männer haben ihre Feuertaufe längst hinter sich. Der Stamm aller Formationen besteht aus Aktiven der Jahre 1912 bis 1914. In allen Kompanien gibt es Kriegsfreiwillige aus den Regimentern mit hohen Hausnummern. Sie haben in Flandern gekämpft, diese jungen Soldaten. Und die Aktiven kennen den Krieg vom ersten Tag ab. Sie machen sich alle keine falschen Vorstellungen mehr, sie wissen, was sie hier erwartet. Man schreibt Briefe nach Hause. Hoffentlich werden sie noch durchgehen. Vermutlich bleiben sie aber bis zum Beginn der Offensive hinten bei den Sammelstellen liegen.
Mundharmonikaspiel in Kellern und Bunkern. Dazu die langsam wehmütige Weise:

»Im Feldquartier auf hartem Stein,
streck' ich die müden Glieder
und sende in die Welt hinein
der Liebsten meine Lieder.
Nicht ich allein hab' so gedacht,
Annemarie.
Von ihren Liebsten träumt bei Nacht –
die ganze Kompanie.«

Das Lied ist noch neu, es paßt in die seit Ende 1915 herrschende Wehmutsstimmung von Front und Heimat. Frauen schluchzten laut auf, als es vor Monaten zum ersten Mal öffentlich im Gürzenich zu Köln vorgetragen wurde.

»Wir müssen mit der Feinde Schar
noch blutge Schlachten schlagen.
Ob es einen Wiedersehenstag,

kann Liebchen ich nicht sagen.
Vielleicht werd' ich bald bei dir sein –
Annemarie,
Vielleicht auch scharrt man morgen ein,
die ganze Kompanie.«

Keiner dieser Männer aller Dienstgrade liebt den Krieg, weil jeder den Krieg in seiner ganzen Härte und Unbarmherzigkeit kennt, aber alle haben sich mit dem Unvermeidlichen abgefunden, vielleicht gar schon mit dem Leben abgeschlossen.

»Und schießt mich eine Kugel tot,
kann ich nicht heimwärts wandern.
Dann wein dir nicht die Äuglein rot
und nimm dir einen andern.
Nimm dir 'nen Burschen jung und fein,
Annemarie,
Es braucht ja nicht grad' einer sein
von meiner Kompanie.«

Innerer Dienst, das bedeutet unvorhergesehene Mehrarbeit für alle Formationen. Nein, die hat man eigentlich nicht vorhergesehen. Der Feldherr muß mit einer Verschiebung des Angriffs jederzeit rechnen können. Aber verhängnisvoll, wenn diese Verschiebung notwendig wird. Nur im äußersten Falle soll innerer Dienst stattfinden, wenn der Außendienst aller Außendienste, der Kampf auf dem weiten und breiten Felde eigentlich schon durch den letzten Tagesbefehl der Obersten Führung eingeleitet wurde.

In den rückwärtigen Dörfern herrscht jetzt emsiges Leben und Treiben. Einige Formationen, das heißt jene, die nicht in Unterständen der Frontlinie unterkommen konnten, kehren zurück und quatieren sich ein. Der Regen rinnt und rinnt, und der Orkan tobt in den Wäldern. Das Unwetter ist los. Die Natur tobt, als wolle sie die Menschen zur Besinnung rufen und sie daran hindern, den grausamen Plan gegenseitiger Vernichtung durchzuführen.

Es rauschen die winternackten Baumkronen in den Wäldern um Verdun. Sie rauschen zum letzten Mal, diese Eichen und Buchen im Haumont-Wald, im Caures-Wald und im Wawrille-Gehölz. Die Beobachter hinter den gutgetarnten Scherenfernrohren auf dem Zwillingsberg von Ornes sehen weithin nur eine vom Winterorkan gepeinigte Waldlandschaft, in der sich die Baumkronen wie Wellen eines aufgepeitschten Meeres bewegen.

In den unerträglich engen Notunterkünften liegen die vordersten Sturmwellen tatenlos. Die rückwärtigen Linien erfahren es zuerst: »Innerer Dienst!«

Na also! Mancher atmet erleichtert auf. Hätte wohl an diesem Tag und bei diesem Unwetter wenig Erfolgsaussicht gehabt, der geplante Großangriff.

Und dann noch der Dreizehnte! Unglückstag, solch ein Dreizehnter! Also: Schanzen. Material nach vorne schleppen, so gut es in Deckung möglich ist. Dann Gewehrreinigen in allen Kellern und Bunkern. Briefe in die Heimat schreiben. Mundharmonika. Gesang. Wehmütiger Gesang.

»– – von ihren Liebsten träumt bei Nacht
die ganze Kompanie.«

Warum sollte es aber am 14. Februar nicht losgehen, wenn es doch einmal losgehen muß? Natürlich der 14. Februar wird der geplante A-Tag sein, und an diesem A-Tag die fünfte Nachmittagsstunde die schicksalschwere X-Zeit.

Aber am 14. Februar in aller Frühe lauten die Prognosen der Wettersachverständigen immer noch recht ungünstig. Die Heeresleitung sagt nein und bestimmt: »Innerer Dienst.«

Also, Lattenroste nageln und legen, damit man, ohne im Schlamm zu versinken, in diesem hellbraunen Verdunschlamm, die Laufgräben benutzen kann. Anschließend Gewehrreinigen. Briefe in die Heimat – sie werden ja doch nicht befördert, aber davon wissen die Schreiber nichts. Gesang. Mundharmonikaspiel. Und wehmütig:

». . . wir müssen mit der Feinde Schar
noch blutge Schlachten schlagen.«

Wie ist es denn am 15. Februar? Und am 16. Februar? Wieso immer wieder »Innerer Dienst«? Ist das Ganze nur ein Bluff, ein großer Aufmarsch, um die Franzosen hier in diesem Festungsgürtel zur Untätigkeit zu verdammen, sie hier in Erwartung eines deutschen Großangriffes festzuhalten, um anderswo, an truppenschwacher Stelle, die Front zu durchstoßen?

Klar, so etwas wird es sein, natürlich, alles nur Täuschung des Gegners, völlig klar! Paßt mal auf, Kameraden, bald wird es losgehen – nein, nicht die Offensive, nein – das Urlaubsfahren. Wer weiß, was die Herrn am Kartentisch und die Diplomaten am grünen Konferenztisch in diesem Augenblick alles mischen! Uns verraten sie es nicht, uns nicht. Wir sind nur Räder, Rädchen im großen Getriebe. Du bist wichtig, solange du stehst und lebst und schießen kannst. Ach Quatsch, das ganze Theater hier ist doch nur eine großangelegte Täuschung. In ein paar Tagen wird die Urlaubssperre gelockert.

»Vielleicht werd' ich bald bei dir sein, Annemarie – – –«

Der 19. Februar schleicht nebelschwer aus der Dämmerung der Ewigkeit. Alle Wälder triefen. Alles ist naß und trieft. Wo du hinschaust, was du anpackst. Aber Männer, die sich aufs Wetter verstehen, Bauernsöhne aus Pommern und solche aus dem Rheinland reden von einem bevorstehenden Wetterumschlag mit Frost und Schnee. Sie würden ihre ganze Kriegslöhnung verwetten – das naßkalte Sauwetter wird sich ändern, jawohl, es wird sich sehr bald ändern.

Innerer Dienst am 19. Februar bedingt Arbeit an den Laufgräben. Schanzen, obwohl der zähe Lehm am Spatenblatt klebt, immer wieder Schanzen.

»Kameraden, eine große Neuigkeit«, platzen die Essenholer am Abend des 19. Februar in die Unterkünfte, »wir sollen andere Helme bekommen, so 'ne Dinger aus Stahl.«

Eine schwere, feldgrau angestrichene Kopfbedeckung wird auf den Tisch aus Stollenbrettern gewuchtet.

»Tolles Ding da«, heißt es, »und das soll man auf dem Schädel tragen?«

»Klar, die ersten Sturmwellen werden damit ausgerüstet, ganze Bagagewagen voll Helmen aus Stahl sind im Wald

von Spincourt angekommen und werden heute nacht ausgeladen und nach vorne gebracht. Diese Stücke sollen wir uns ansehen, läßt der Spieß sagen, und wir sollen die Kopfgrößen melden, wahrscheinlich kriegen wir das Zeug auch morgen schon.«
Der Stahlhelm geht von Hand zu Hand, wird gewogen, wird aufgesetzt.
»Nein, viel zu schwer«, die herrschende Meinung, »das sind ja ungefähr drei Pfund. Und so was stundenlang auf dem Schädel halten?!«
»Da soll kein Splitter durchgehen«, heißt es, »und es werden auch noch Stirnplatten dazu geliefert, die sind stark und aus bestem Stahl. Eine Gewehrkugel, die darauf trifft, wirft dich hin, daß du dich dreimal überkugelst, aber du wirst frisch wieder aufstehen – das haben sie hinten in der Etappe ausprobiert. Auf fünf Meter angeschossen, ist die Stirnplatte unversehrt geblieben.«
»Ha, und wer hat das Ding auf dem Kopf gehabt bei diesem Probeschießen?« fragt ein Zweifler, »dessen Leiche möcht' ich gern mal sehen.«
Kriegsfreiwilliger Schulze stülpt sich den Stahlhelm auf den Kopf. Bis zur Nasenwurzel herab verdeckt er ihm die Stirn.
»Mein ist der Helm, und mir gehört er zu!« sagt er im pathetischen Tonfall.
»Könnte dir so passen«, grollt der Gruppenführer, »der Helm muß wieder zurück; ist ja nur ein Muster. Vorläufig hast du deine Pickelhaube ohne Pickel, was willst du mehr!«
»Nein, es ist ja nur etwas von Schiller, was ich soeben sagte«, verteidigt sich der Kriegsfreiwillige. Er ist von der

Schulbank in den Krieg gezogen. »Das ist ein Zitat aus Schillers Jungfrau von Orleans.«
»Aha, so etwas Lateinisches, wie?!« meint der Unteroffizier wegwerfend.
»Wenn sie uns solche Dinge liefern, dann wird es doch noch losgehen hier in der Gegend«, sagt ein Altgedienter und greift zur Mundharmonika.
». . . vielleicht auch scharrt man morgen ein – die ganze Kompanie . . . die ganze Kompanie!«

In den Unterständen der vordersten Linie hat das Wasser – Regenwasser und braunes Grundwasser gemischt – längst die unteren Pritschen überspült. Kein Mensch weiß noch, was trockene Füße sind. Die Truppe hat viele Abgänge durch Krankheiten. Durch das lange Warten ist die Stimmung nicht besser geworden. Eine Qual ist's, dieses ewige Hinausschieben des Sturmangriffs. Was sein muß, das soll schnell sein. Warten hat keinen Sinn. Dann bitte rasch und gründlich. Dann los und heran an den Feind und nicht mehr gezögert. Das Warten ist eine unerträgliche Nervenqual. Drüben scheint der Gegner etwas gemerkt zu haben, denn ohne Unterbrechung krachen seine Minen in die vorderste deutsche Linie. Der Kampf ist eingeleitet durch lebhafter werdendes Störungsfeuer der Franzosen.
Die meisten der tiefen Stollen sind völlig unbrauchbar geworden, einfach ersoffen in rinnendem, gurgelndem Wasser. Da hört der Regen plötzlich auf.
In der Nacht zum 20. Februar weht Ostwind. Aha, die Wetterkundigen wußten es. Über dem Gelände um Verdun steht ein sternklarer Himmel. Die Wasserbäche und

wassergefüllten Granattrichter überziehen sich mit dünnen Eiskrusten. Das Rieseln und Plätschern verstummt. Rasch sinkt der Grundwasserspiegel. Auf den Anmarschwegen gefriert der Schlamm und wird hart, und da, am Morgen des 20. Februar, kommt zum letzten Mal die Parole: »Innerer Dienst!«
Ein strahlend heller sonniger Morgen erhebt sich über der Côte-Lorraine. In den Bäumen glitzern die gefrorenen Wasserperlen wie Edelsteine. Rasch trocknet der Boden aus. Die Stimmung der Truppe steigt. Endlich wird es losgehen. Endlich! Besser ein rasches Ende, als dieses zermürbende Warten auf einen Augenblick, der immer wieder hinausgezögert wird, der aber dennoch kommen muß. Es wird sein, es muß sein! Genug des Wartens!
Noch eine letzte Nacht voller Sterne, die einen strahlenden, schimmernden Mond umgeben, und dann ist der 21. Februar da. Und an diesem Tag gibt es keine Parole, und die Truppe weiß: *heute ist der A-Tag – –*!

Die Artillerie trommelt

Der Augenblick ist strategisch günstig wie nie. Eine bessere Windrichtung könnte man sich für das Gasschießen überhaupt nicht wünschen. Hell ist die Sonne aufgegangen, und jetzt schallt das Kommando durch die Batteriestellungen von der Maas bis Azannes und darüber hinaus bis in die Woëvre-Ebene hinab: »An die Geschütze!«
Eintausendzweihundertfünfundzwanzig Bedienungs-

mannschaften eilen an die Geschütze. Verstummt jedes Gespräch. Gespannte Erwartung. Die Uhren werden verglichen. Die Richtkanoniere überprüfen nochmals rasch den Bussolen-Richtkreis, spähen durch das Visierfernrohr mit dem Fadenkreuz. Eintausendzweihundertfünfundzwanzig Ladekanoniere packen die schweren, grauschimmernden Geschosse und schieben sie in den Laderaum der Geschütze.
Eintausendzweihundertfünfundzwanzig Verschlüsse klappen zu. Es klingt wie das Zusammenschlagen eines Riesengebisses, das gleich, in Minuten oder Sekunden, Menschenleiber zermalmen wird. Die langgestreckten Leiber der Kanonen schimmern matt im ersten Glanz des jungen Tages. Auf den Schutzschilden liegt gefrorener Nachttau, in dem sich die noch tiefstehende Sonne spiegelt. Hinter der Steilwölbung der grauen Preßstahlplatten kauert die Geschützbedienung, abwartend, jeder Mann an seinem vorgeschriebenen Platz.
»Ultima ratio regis« – das letzte Wort des Königs, steht auf allen Rohren. Stimmt, das letzte Wort, ein lautes Wort, ein grausames Wort soll jetzt gesprochen werden zur Einleitung des Unternehmens »Gericht«.
Kein Laut mehr. Sparsam alle Bewegungen. Die Kanoniere frösteln. Unerhört, unerträglich diese Spannung. Un-er-träg-lich!
Manchmal rauscht eine Salve aus französischen Batterien weit ins Hinterland. Den Verteidigern von Verdun muß ja diese plötzliche Stille drüben bei den Deutschen aufgefallen sein. Was geht da drüben vor? Es muß sich etwas vorbereiten, wahrscheinlich ist dieser 21. Februar ihr Tag, der Tag des Angriffs. Alles deutet darauf hin.

Auch die Fesselballone, die jetzt langsam, bedächtig und schwerfällig hochsteigen und weit hinter der Kampfzone stehen, etwa neunhundert Meter hoch, auch sie sind Anzeichen und Warnung zugleich. Sie stehen zu weit hinten in der Etappe, außerhalb der Reichweite französischer Batterien, diese Ballone. Zudem schwirren jetzt deutsche Kampfflieger heran und umkreisen schützend die Fesselballone.
Nur hin und wieder die Granaten aus weitreichenden Geschützen zum Abtasten der deutschen Anmarschwege.
Die deutschen Batterien aber warten untätig. Warten auf den Befehl.
Getier raschelt am Boden, im vorjährigen Laub. Wahrscheinlich sind es Ratten, Verdunratten, die bald auch ihre traurige Berühmtheit erlangen sollen.
Jetzt summen die Fernsprecher.
»Acht Uhr elf Minuten!« die Stimmen der Telefonisten.
»Acht Uhr elf Minuten!« raunt es halblaut in jeder Batterie gleichzeitig, von Geschütz zu Geschütz.
Noch sechzig Sekunden! Nur noch sechzig normale Herzschläge? Bald werden Herzen zum letzten Mal schlagen. Viele Herzen, viele!
Mannshoch liegen die Geschoßstapel dicht neben den Geschützen, griffbereit. Die Zünder aller Granaten sind bereits gestellt worden. Genauso wie die Batterien alle längst eingeschossen sind, seit Tagen schon, ihre Rohre gerichtet und geladen.
Eintausendzweihundertfünfundzwanzig Geschütze, gefährliche heimtückische Urtiere mit glatten, tauschimmernden Leibern, stehen. Tausende Hände warten.

In tausenden Hirnen tickt das Blut. Und links der Maas warten sie auch, einsatzbereit. Und von Azannes aus, tief im Wald von Spincourt und bis in die Woëvre-Ebene hinein stehen die feuerbereiten Batterien des Flankenschutzes.

Jetzt noch dreißig Sekunden – – Noch fünfundzwanzig Sekunden, noch zwanzig Sekunden – – zehn – – fünf – – zwei Sekunden – –

»*Schnellfeuer!*«

Wie erlöst aus unerträglichem Druck brüllen die Mündungen. Hinter den jagenden Geschossen die langen Stichflammen.

Himmel und Erde beben. Kartuschen klirren blechern. Heißer Dunst weht aus den Verschlüssen.

Die dunklen Menschengruppen hinter den Schutzschilden leben und handeln, leben, leben, leben – – leben –! Und aus den Rohren jagen die Geschosse aller Kaliber hinüber auf Wälder und Dörfer. Es ist eine unfaßbare Energieverschwendung, diese Mündungsarbeit der Geschütze. Und all diese kaum noch meßbare Kraftentfaltung soll nur einem Zweck dienen – der Vernichtung.

Die Artillerie trommelt!

Die Menschen sind nur Räder in der großen Maschinerie Artillerie, und diese Maschine hat sich in Bewegung gesetzt. Jeder Kanonier auf seinem Platz. Jeder Handgriff tausendfach geübt, tausendfach gekonnt.

Himmel und Erde beben unter dem Wuchten der Entladungen. Das letzte Wort des Obersten Kriegsherrn, das letzte Wort wird gesprochen. Dröhnend wirft der Titan Artillerie seine Streitaxt auf die Waagschale der Schlacht.

Die Artillerie trommelt!
Die Schallwellen der unzählbaren Explosionen pflanzen sich mit einer Geschwindigkeit von dreihundertdreiunddreißig Meter in der Sekunde fort. Sternförmig brüllt das Trommelfeuer seine Vernichtung in alle Himmelsrichtungen.
Um 8 Uhr 17 Minuten und sieben Sekunden haben die zu einem rasenden, aber dumpfen Höllenwirbel vereinigten Schallwellen die Stadt Trier erreicht und rollen weiter wie ein fernes Gewitter.
Die Turmuhren melden 8 Uhr 18 Minuten, als die Luft über Saarbrücken zu schüttern beginnt.
Genau acht Minuten und fünfundvierzig Sekunden nach der ersten Salve bei Verdun um 8 Uhr 12 Minuten klirren in Straßburg die Fensterscheiben. Sie werden noch wochenlang klirren, mal leiser, mal heftiger, je nach Windrichtung.
Um 8 Uhr 23 Minuten und 32 Sekunden schreckt man in Paris auf, weil aus nordöstlicher Richtung ein dumpfes, bisher nie vernommenes Rollen herandröhnt.
Was ist's? Was kann es sein?
Sind Zeppeline unterwegs, um Paris zu bombardieren?
Die Artillerie trommelt!
Und genau drei Sekunden später, um 8 Uhr 23 Minuten und 35 Sekunden bleiben Menschen in Köln, Stuttgart, in Heidelberg und in Freiburg stehen und vernehmen ein fremdes Dröhnen, das die Ohren peinigt und in der Brust schüttert.
Und dieses Dröhnen und Schüttern will kein Ende nehmen, und die Menschen verspüren kaltes Entsetzen, das sie beschleicht. Was mag los sein?

Was los ist? Bei Verdun ist die Schlacht entbrannt. Bei Verdun hat das große Sterben der Männer eingesetzt.
Die Artillerie trommelt!
Aufgelöst jetzt die exerziermäßige Ordnung der Männer am Geschütz.
Jeder arbeitet unverdrossen.
Hände packen zu.
Hände greifen die Geschosse.
Hände stellen die Zünder.
Hände schieben die Geschosse ein.
Hände klappen die Verschlüsse zu.
Hände an der Abzugsleine.
Hände – Hände – Hände –!
Die Artillerie trommelt!
Es steigt die blanke Sonne empor, hebt sich über den Dunst der Wälder am Horizont. Die Natur ist erfüllt vom Toben und Schrecken. Weithin dröhnt die Landschaft um Verdun.
Vom Rande des Waldes von Mallancourt bis zum scharfen Maasbogen bei St. Mihiel brüllt die Schlacht. Auf dieser einhundertzwölf Kilometer langen Frontstrecke ist die Hölle los, die Hölle!
Die Artillerie trommelt!
Langsam zieht die Sonne ihre Bahn. Der Tag schreitet fort im Ticken der Ewigkeitsuhr. Einerlei, keine Zeit, auf Sonne oder blanken Himmel zu schauen.
Natur schaudert im Höllengebrüll der Erde, und in der Brust ist nur noch ein einziges ununterbrochenes Schüttern und Beben.
Verflogen das Frösteln, verflogen jedes menschliche Zeitmaß.

Die Männer haben die Uniformröcke ausgezogen.
Geschoßkörbe fliegen von Hand zu Hand.
Tausende Hände packen an. Tausende zufassende Hände, gleichmäßig, unbeirrt, maschinenmäßig!
Die Artillerie trommelt!
Pulverschleim an den Händen.
Pulverschleim verklebt die Augen.
Pulverschleim schwärzt die Gesichter.
Droben steht die Sonne schon über den zerfetzten Baumkronen.
Wie spät?
Wie lange dauert schon das Schießen?
Wie?
Warum?
Wer?
Wann?
Einerlei, das Wort, das harte Wort aus Stahl und Eisen, wird jetzt gesprochen. Und keine Macht der Erde kann dies verbieten, nichts kann dies eherne Gebrüll zum Schweigen bringen, nichts als der Befehl, dem all dies Wollen, all diese Hände, all diese Hirne gehorchen, nichts als der Heerführer, nichts – als Feldmarschall Tod! – –
Die Artillerie trommelt!
Die Geschütze arbeiten regelmäßig wie Motoren, Zurückgeschnellt die Stahlrohre und nach jedem Abschuß wieder vor. Zurück – vor! Immer und immer ohne Pause zurück – vor!
Über den Batterien zittert die Luft vor Hitze, windet sich flammengleich zwischen den stählernen Leibern. Schweiß der Kanoniere tropft auf die Granaten, spritzt gegen die glühenden Rohre, verzischt.

Eintausendzweihundertfünfundzwanzig Mündungen blaffen und donnern im rasenden Schnellfeuer – – –
Die Artillerie trommelt!
Hunger? – Durst? – Müdigkeit?
Hunger – wer verspürt ihn?
Durst – wer denkt daran?
Müdigkeit – einerlei!
Es geht weiter, es geht rücksichtslos weiter bis – – ja, bis wann!?
Bis der Befehl kommt. Die Artillerie ist ein brüllender Riese, der sich austoben will, austoben muß – –
Die Artillerie trommelt!
Kleiner werden die Geschoßstapel. Höher recken sich die Haufen rauchender Kartuschen.
Mit schwieligen Händen, angespien vom Gluthauch der Rohre, arbeiten die Menschen, jetzt unkenntlich schwarz, die Oberkörper nackt, Helm oder Feldmütze im Nacken, Offiziere, Unteroffiziere und Kanoniere, einer wie der andere.
Tausende Menschen kennen nur noch ein Wollen, ein Ziel, eine Arbeit, ein Streben, ein Tun.
Die Artillerie trommelt!
Maschinenmäßig dieses Trommeln, unerhört dieses Aufbrüllen der Materialschlacht, der größten Schlacht aller Zeiten. Und doch ist alles genau berechnet.
Die Batterien im Wald von Consenvoye haben die Stellungen bei Brabant aufs Ziel genommen.
Und die im Ormont-Wald schießen auf das Dorf Haumont, und die hinter Flabas und Crépin räuchern den Wavrille-Wald und den Caures-Wald aus.
Und vom Romagnerücken herunter brüllen die weittra-

genden Geschütze auf die französischen Anmarschwege.
Und aus dem Wald von Spincourt hervor jagen die Zweiundvierziger ihre Riesengeschosse auf den Bahnhof und auf die Zitadelle von Verdun. Und alle haben ihr Ziel, ihren Sinn und ihre Aufgabe.
Die Artillerie trommelt!
Von 10 Uhr 25 Minuten bis 10 Uhr 45 Minuten, das wissen die Batterieführer, ist die zweite Linie vorzunehmen. Dann müssen zwei Stunden lang die Ortsunterkünfte der Franzosen unter rasendes Brisanzfeuer genommen werden, und dann kommt der Orkan wieder zurück auf die vorderste Linie, springt nach kurzer Zeit wieder auf die zweite Linie über und so fort.
Der Batterieführer weiß, wo seine Geschütze um 12 Uhr 21 Minuten hinschießen.
Er weiß, daß er um 13 Uhr 10 Minuten die ganze Kraft seiner feuernden Rohre auf Planquadrat sieben zu richten hat, und daß dort, zu dieser Minute, zehn französische Reserveunterstände zermalmt und niedergehämmert werden.
Alles ist wissenschaftlich erfaßt und vorausgesehen. Alles rollt unbarmherzig ab, so wie es der Befehl will.
Die Artillerie trommelt!
Stunden rinnen.
Dichter werden die Gasschwaden um das Trommeln der Artillerie. Der Gegner hat sich gesammelt und antwortet jetzt mit Granaten aller Kaliber. Der Gegner wehrt sich mit allen seinen noch unversehrten Mündungen. Ihr Donnern vermischt sich mit dem deutschen Trommelfeuer zu einer einzigen Symphonie der Hölle.

Feindliche Geschosse wirbeln Erdsäulen hoch, vorne, rechts und links und auch zwischen den feuernden Geschützen.
Splitter zerschrammen, zerbeulen, zerreißen die Preßstahlplatten der Schutzschilde.
Verwundete, Gefallene werden weggeschafft. Weniger Männer stehen an den Geschützen, lichter geworden sind ihre Reihen, mehr ist die Arbeit, härter die Forderung an alle.
Die Artillerie trommelt!
Und vorne, wo der Feuerorkan der jagenden Geschosse niederprasselt, wo die Wirbel aus Einschlägen, Stichflammen und Steinen über dem Gelände tanzen, versinkt eine Landschaft in Rauch und grauem Nebel.
Eine Welt geht unter im Donner der Geschütze.
Straßen und Wege, Wälder und Hecken, Bäume und Drahthindernisse und Gräben und die festgebauten Stollen der Menschen werden niedergewalzt und zerstampft unter dem brüllenden Feuerorkan.
Machtvoll das letzte Wort des Obersten Kriegsherrn, machtvoll die Sprache der Kanonen, der urgewaltige grauenerregende Ruf der Schlacht, wie ihn niemals zuvor ein menschliches Ohr vernahm. Vom rechten Maasufer bis zum »Kap der Guten Hoffnung« verliert die Landschaft ihr Gesicht. Wälder werden gelichtet, Bäume krachen zusammen, Mauern prasseln dumpf, Häuser verschwinden in Rauch und Flammen!
Die Artillerie trommelt!
»Die armen Schweine da drüben, die so was aushalten müssen«, heißt es mehr oder weniger laut und deutlich in den deutschen Sturmstellungen.

Der Frontsoldat kennt keinen Haß, er weiß, daß der Gegner nur seine harte Pflicht erfüllen muß. Der Poilu steht da drüben unter dem Orkan von Flammen und Stahl und kann sich nicht wehren. »Unsinn, da drüben lebt längst keiner mehr«, macht man sich vor, »ein solches Feuer kann kein Mensch durchstehen.«

Zuerst konnte man sich nur durch Zeichensprache unterhalten, aber schon nach einer Stunde haben sich die Ohren an den Titanenlärm gewöhnt. Die menschliche Stimme klingt ja auf einer anderen Luftschwingung als der Orgelton der brüllenden Schlacht.

»Leute, wir werden nur einen Spaziergang zu machen brauchen«, ermuntern Offiziere ihre vom Titanenlärm und vom zermürbenden Warten zaghaft gewordenen Männer. »Ein Abendspaziergang wird es sein, Leute, bis nach Verdun hinein, vielleicht noch weiter – –«

Die Artillerie trommelt!

Und plötzlich ist ein neuer Ton da. Kann die Wut der Hölle noch gesteigert werden? Muß die Erde nicht bersten unter diesem nervenzerreißenden Krachen?

In den deutschen Linien, von Consenvoye bis »Kap der Guten Hoffnung«, haben die schweren Minenwerfer abgeschossen, alle gleichzeitig.

Dumpf schüttern die Abschüsse. Es beben und wanken die Bettungen.

Wie dunkle, blitzschnelle Schatten ziehen die Minen ihre Bahn, erreichen jetzt drüben die turmhohe Qualmdecke über den Gräben, tauchen unter, verschwinden im Brodeln der Granatziele. Unter den Fußsohlen zittert die Erde wie vom Aufwuchten schwerer Hämmer. Die Minen haben ihr Ziel erreicht.

Es wetterleuchtet durch den aufwallenden Pulverdampf, und dann reißt ein gemeines, helles, entsetzliches Bersten die Luft in Fetzen – hä – hä – hä –!
Wie einschlagende Blitze, nein, noch schlimmer, wilder, wütender, giftiger. Es gibt keinen Vergleich, nein, es kann keine Maßstäbe geben. Hier versagt die menschliche Sprache, dies Krachen zu schildern! Es ist unfaßbar, urweltlich, gemein. Und der Luftdruck fühlt sich über weite Strecken an wie ein Hieb.
Hä – hä – hä – –!
Die neue Salve! Turmhoch steht die Wolke aus Pulverschwaden und Gas über dem Gelände, zieht langsam mit dem auffrischenden Ostwind dahin. Aber noch höher schleudern die einwuchtenden Minen gewaltige Betonbrocken, spanische Reiter und verbogene Eisenschwellen. Dazwischen wirbeln die zerfetzten Leiber der französischen Grabenbesatzungen.
Hä – hä – hä – –!
Wieder eine neue Minensalve!
Ohnmächtig steht der Mensch in diesem Orkan von Lärm und Verderben und ringt nach Atem. Das entsetzliche Krachen benebelt die Hirne. Hierhin und dorthin wirft dich der Luftdruck.
Hä – hä – hä –!
Immer wieder das urlaute Reißen und Brüllen, das in Wäldern und Schluchten hundertfach, tausendfach hallt. Die planmäßige Zerstörung der gegnerischen Gräben und erkannten Stützpunkte sowie aller entdeckten und nach Karten festgestellten Maschinengewehrstände hat begonnen.
Hä – hä – hä – –!

Das Minenfeuer rollt unerbittlich. Keine Pause, kein Aufatmen! Die Sonne hat ihren Höhepunkt längst überschritten. Es naht die Stunde der Dämmerung, es naht der Zeitpunkt des Infanteriesturmes.

Hä – hä – hä – –!

Das Bersten der Minen übertönt das langgezogene, dumpfe, dröhnende Geheul der unsichtbar dahinjagenden Granaten. Es dröhnt durch die Gegend, es schmettert in den Tag, es ist gemein und niederträchtig und erzeugt in den Hirnen Übelkeit oder Irrsinn. Es macht die Menschen ohnmächtig und lähmt jede Entschlußkraft. Du lebst in diesem Chaos von Lärm und kannst keine Gedanken fassen. Wirst trunken vom Schüttern in Kopf und Brust, trunken vom Gebrüll der Materialschlacht.

Hä – hä – hä – –!

Das Lied der Hölle, dieses Hä, dieses Einhauen in die Allmutter Erde, der Paukenschlag des Weltunterganges, jawohl, der Klang der Hölle um Verdun!

Stunde um Stunde dieses unerhörte, urweltliche Krachen der Minen. Immer wieder die hochgeschleuderten zentnerschweren Riesengeschosse, immer wieder das Einwuchten in Felder, Wiesen und Waldstücke.

Jetzt kommen die Stürmer aus den Stollen und Unterständen, begeben sich an ihre Ausgangspunkte. Alle Sturmleitern stehen schon angelehnt. Es ist alles so, wie es sein muß.

Noch einmal blicken die Kompanie- und Zugführer über die Böschung der Gräben, schauen hinüber in das Brodeln der Artillerie- und Minenschlacht. Wenige Sprünge weit nur liegt der französische Graben, das erste Ziel des Sturmes, drüben, hinter Blitz, Rauch und Verderben.

Nur hin und wieder, im Abwehen der Qualmwolken, die nach jedem Einschlag neu emporwirbeln, erkennt man die feindlichen Stellungen, sieht man zerrissene Waldstücke und durchwühlte Schützengräben.
Und bald ist es soweit – – –
X-Zeit weniger fünfzehn Minuten.
Noch fünfzehn Minuten, eine armselige Viertelstunde noch, dann gehen wir über die Sturmleiter, du und ich und er. Wir alle gehen in fünfzehn armseligen Minuten über die Sturmleitern hinaus in das deckungslose Trichterfeld.
Noch fünfzehn Minuten, noch eine armselige Viertelstunde!
»Alles fertigmachen!« befehlen die Offiziere.
»Alles fertigmachen!« wiederholen die Unteroffiziere.
»Alles fertigmachen!« geht es von Mann zu Mann, ruhig, sachlich, ohne Zucken und ohne Zaudern.
Gesichter werden ernst, fast starr. Kinnbacken mahlen. Es ist nicht mehr viel fertigzumachen. Seit zehn Tagen schon steht der deutsche Soldat fertig und wartet auf diesen Augenblick. Und er weiß, daß der Sturm nicht so quälend ist wie das lange Warten auf den Befehl zum Vorgehen.
Draußen auf der Grabenböschung verfliegt jede Aufregung, das wissen sie alle, diese kampferfahrenen Männer. Sie haben schon mehr als einen Sturmangriff hinter sich, an irgendeinem Brennpunkt der Front zwischen Flandern und den Vogesen. Sie wissen genau, wie es ist, wenn man aus der Grabendeckung ins Freie tritt, Gesicht zum Gegner, hinein in das Peitschen der Maschinengewehrgarben. Dann werden alle Glieder bleischwer. Du hast Zent-

nergewichte in den Kniekehlen und dein Körper ist plötzlich unempfindlich geworden. Vielleicht bist du schon tot, bist gefallen, liegst erschossen, nur weißt du es noch nicht.
Denkst du an die Kugel, die auf dich lauert? An das Kupfergeschoß, das jetzt drüben ein Maschinengewehrschütze an langem Rahmen einschiebt?
Denkst du an die Kugel, die dich durchbohren wird?
Nein, der Orkan aus Explosionen und Erderschütterungen hat alle Gedanken aus deinem Gehirn gescheucht.
Der Sturm ist die letzte und rücksichtsloseste Kampfesart, der Sturmangriff der Infanterie, letztes blutiges Überbleibsel aus den Tagen, da man mit Streitaxt und Holzkeule den Gegner anrannte.
Die Materialschlacht wird den Sturmangriff durch die Masse ihrer Sperrfeuergranaten im Keime ersticken wollen, aber die Sturmwellen werden weiterrollen.
Die Sturminfanterie steht bereit. Für jede Gruppe ist eine Sturmleiter vorhanden. Angelehnt gegen die vordere Grabenwand, wartet die erste Welle. Hin und wieder ein Blick auf die Uhr. Die Zeit will nicht vergehen. Bis zum Halse herauf klopft das Herz. Die aufgepflanzten Seitengewehre blinken in der Sonne. In zwei Stunden wird es wieder Nacht sein.
Noch zehn Minuten!
Das Trommelfeuer hat jetzt seine höchste Stärke erreicht. Nein, unmöglich, dies Rasen noch zu steigern. Das wäre unfaßbar, das wäre grauenvoll, zuviel für die menschlichen Sinne. Zuviel! Zuviel! Und die Minuten rinnen langsam, ganz langsam – –
Deutsche Flugzeuge durchschwirren die Luft, legen eine

strenge Sperre. Einige stoßen über die Maashöhen hinweg in das feindliche Hinterland, werfen ihre Bomben auf Verdun, belegen die wichtigen Knotenpunkte der französischen Etappe mit Sprenggranaten, säen Verwirrung und Schrecken.
Von den französischen Luftstreitkräften ist nichts zu sehen. Die Deutschen beherrschen weit und breit den Luftraum. Besonders ein junger Oberleutnant zeichnet sich bei diesem Fliegen aus. Man nennt schon seinen Namen. Boelcke heißt der Tapfere.
Die Deutschen beherrschen nicht nur die Luft mit ihren Motoren, sondern auch das weite und breite Feld mit den Soldaten ihrer sturmbereiten, entschlossenen Infanterie.
Das Trommelfeuer rast.
Ein Gebrüll von Stahl, Eisen, Feuer, Explosionen, dies grausame, machtvolle Lied des Kampfes, ein Schrei voll Wut und Vernichtungswillen. Und jetzt ist die Zeit fast abgelaufen. Unbeirrt starren die Kompanieführer auf die Armbanduhr.
Noch drei Minuten, nur noch drei armselige Minuten!
Dreimal sechzig Herzschläge. Auch die Herzen, die bald stumm und starr sein werden, auch sie schlagen noch den Ablauf der drei letzten Minuten!
Wie der tieftönende Orgelgesang der Schlacht braust der Titanenlärm des Trommelfeuers über die entsetzte Landschaft.
Hinten, bei der Artillerie, kühlen sie die glühenden Rohre. Sie werfen nasse Sandsäcke auf die Geschütze, aber die Feuchtigkeit verzischt. Dunkelrot schimmert es hie und da aus dem Halbdämmer der Batteriestellungen.

Die Rohre glühen und glühen weiter und speien unbeirrt Granate um Granate.
Los, immer schneller, noch schneller, schneller, schneller, Kanoniere! Noch schneller, ihr Männer am Geschütz, schneller!
Es ist 16 Uhr 58 Minuten!
Schneller, Kanoniere, schneller!
Noch zwei Minuten!
Vorne bei den Minenwerfern wuchtet Geschoß um Geschoß aus den Werfern. Und dazwischen, im weitverzweigten Grabennetz, steht die Infanterie, stehen 18 deutsche Regimenter und finden, daß die Zeit nicht vergehen will. Nein, sie will nicht vergehen. Diese zwei Minuten, diese furchtbaren letzten zwei Minuten, wollen nicht vergehen, wollen nicht versinken im unendlichen Schoß der Ewigkeit.
Die Kompanie- und Zugführer starren auf die Armbanduhr, Fuß schon auf der Sturmleiter. Rauch von Zigarren und Zigaretten durchweht die Gräben, vermengt sich mit dem süßlichen Brodem der Minenabschüsse.
»Achtung!« schreien die Kompanieführer durch das Toben.
»Achtung!« befehlen die Zugführer nach rechts und nach links.
»Achtung!« heißt es von Gruppe zu Gruppe.
Die Menschen sind gespannte Aufmerksamkeit.
Tausende Augenpaare verfolgen die kleinen Sekundenzeiger auf den Armbanduhren. Leben und Tod birgt dieses regelmäßige Rundumeilen der Sekundenzeiger.
Leben und Tod liegt im Ticken der Armbanduhren.
Wer hört dies Ticken?

Niemand vernimmt es, dies dünne stählerne Zirpen, denn alles Geräusch wird niedergestampft vom machtvollen Orgelbrausen der Schlacht.
Jetzt sind's nur noch dreißig Sekunden.
Die Kompanieführer heben die rechte Hand.
Die Zugführer heben die rechte Hand.
Sprungbereit stehen die Männer, das Gewehr in der Faust. Brotbeutel prall, Patronentaschen gefüllt, Patronengurte um Hals und Schultern geschlungen, leere Sandsäcke zusammengerollt hinten am Koppel befestigt.
Noch fünfzehn Sekunden – –!
Auch der Mutigste merkt jetzt, daß sein Körper bleischwer geworden ist und unempfindlich. Unhaltbar dieser Zustand, jawohl, unhaltbar und unerträglich.
Noch fünf Sekunden – –!
Fünf Sekunden? Nein, Ewigkeiten sind's, fünf endlose, niederträchtige Ewigkeiten.
An was du denkst?
Was du empfindest?
Was du willst?
Du denkst nicht an Vater, nicht an Mutter, nicht an Kinder, nicht an Frau und Braut, du denkst an gar nichts und fühlst in den bleischweren Knien und stahlhart verkrampften Muskeln nur noch den einen Drang, die eine unbändige Lust, endlich ein Ende zu machen mit diesem Warten – – Und da ist die Zeit abgelaufen. Die geschichtliche Stunde ist da. Die Uhrzeiger melden 17 Uhr.
Ruckweise schlagen die Kompanieführer mit der Hand durch die Luft, drehen sich um, sind auf den Sturmleitern.

Die Zugführer stoßen die Hand senkrecht durch die Luft und sind auch schon auf den Sturmleitern, alles ist auf den Sturmleitern. Nur hinaus, hinaus!

Jetzt gilt es, in möglichst kurzer Zeit den feindlichen Graben zu gewinnen. Dort, nur dort ist Ziel und Leben. Das Niemandsland ist Tod und Verderben, aber das Niemandsland muß überwunden werden.

Es muß!

Hinaus, nur hinaus!

Sandsackbarrikaden werden erklettert, man stemmt sich an den Grabenböschungen hoch. Hinaus, schnell hinaus!

Zwischen dem rechten Maasufer und der verschlammten Gremilly-Stellung stürzen sich achtzehn deutsche Infanterieregimenter am Nachmittag des 21. Februar 1916 todesmutig in die just entbrannte Schlacht um Verdun, stürzen sich in das Surren der Splitter, stürzen sich in das Kichern der Maschinengewehre, in Sieg oder Tod. Es geschieht genau so wie errechnet und befohlen.

Zuerst der eigene Drahtverhau. Seit dem 11. Februar ist das Drahthindernis schon durch zahlreiche Gassen mit der Pionierdrahtschere gelichtet.

Jetzt kommt das Niemandsland, verwildert, dicht bewachsen. Hie und da tiefe, steilwandige Trichter als Hindernisse und unverhoffte Fallen.

Französisches Sperrfeuer brüllt die Stürmenden an.

Wie Riesenfäuste schlagen schwere Granaten in die Schützenlinien. Dazwischen das helle Johlen und Bersten der leichten Feldgranaten.

Weiter, nur weiter, immer weiter!

Vorne wandert schon der Vorhang aus Einschlägen,

Zwei erschütternde Bilder von der französischen Seite: In einem Hohlweg, südlich von Fleury, rasteten französische Reservetruppen. Die Poilus schmiegten sich an die Wegböschung, denn gerade jetzt setzte das deutsche Vernichtungsfeuer ein.

Und als die Feuerwalze der deutschen Granaten endlich vorüber war, lagen die Poilus tot an der eingestampften Wegböschung. Zwei erschütternde Bilder – zwei Alltäglichkeiten während der Verdunschlacht.

Zuerst marschierten die Feldgrauen noch mit der Regimentsfahne, auf dem Kopf die Pickelhaube. Auf den Straßen taute der Schnee. So zogen die Deutschen in die Schlacht um Verdun.

Durch diesen Laufgraben bei Azannes wurden unvorstellbare Mengen an Munition und Material nach vorne in die vordersten Linien geschafft. Tausende Soldaten zogen durch diese schmale, tiefgegrabene Gasse – für viele war's der letzte Gang (Ullstein, Berlin.)

Flammen und Rauch. Ganz langsam verläßt er die vordersten Schützengräben, nähert sich den Waldrändern. Er kommt heran, dieser Vorhang, und ist wie das Gericht der Hölle über alles Lebende und Wachsende, Verderben über die weite und breite Natur. Er ist wie der Atem tödlicher Vernichtung und walzt die Wälder nieder, läßt die Bäume knicken und krachen, rollt weiter, immer weiter in das Dickicht hinein. Die deutsche Feuerwalze hat sich unerbittlich, unaufhaltsam in Bewegung gesetzt.

Mit einer Geschwindigkeit von etwa sechzig Metern in der Minute wird das Feuer aus allen Rohren und allen Mündungen vorverlegt. Und dicht hinter dieser Wand aus jagenden Geschossen, aus Rauch und Verderben, stürmt die deutsche Infanterie gegen die Gräben und Schützennester des Gegners.

Auf dem rechten Flügel kommen die 159er und die vom Reserve-Infanterieregiment 39 gut voran. Der breite Hang südwestlich von Flabas wird überschritten, die Ränder des Waldes von Haumont erreicht. Unaufhaltsam drängen die Deutschen in das kaum gelichtete Dickicht und finden hier, versteckt zwischen Hecken und Unterholz, ein noch nicht erkanntes Sternwerk. Aus allen Scharten der kleinen Festung belfern jetzt die französischen Maschinengewehre, speien Tod und Verderben, bis ihnen ein deutscher Flammenwerfer entgegentritt.

Als sich die Nacht niedersenkt, ist das Sternwerk und damit der ganze Wald von Haumont in deutscher Hand.

Den stärksten Widerstand finden die deutschen Truppen im Caures-Wald. Hier wird der Ansturm der feldgrauen Kompanien durch französisches Maschinengewehrfeuer schier im Keime erstickt. Der Caures-Wald ist der große Eckpfeiler der französischen Verteidigung von Verdun.

Hier, im undurchdringlichen Dickicht haben sich die Tapfersten der Tapferen festgebissen. Ihr Führer ist Oberstleutnant Driant, ein bekannter Schriftsteller, aber auch ein ganzer Soldat, vom Scheitel bis zur Sohle. Driant und seine Jäger handeln so, wie es der letzte Tagesbefehl des Generals Herr, des Kommandanten des befestigten Lagers von Verdun, vorschreibt. Dieser Befehl lautet: »Alle französischen Einheiten haben auf ihren Plätzen auszuharren bis zum Ende!«

Der tapfere Driant weiß, was das heißt. Er weiß auch, daß er den Caures-Wald nicht lebendig verlassen wird, aber er wird seine Pflicht erfüllen und die deutsche Sturmwelle noch einige Stunden aufhalten, vielleicht einen Tag, vielleicht noch zwei Tage. Was liegt an dem einzelnen Mann? denkt er. Was liegt an einem Jägerbataillon? Was liegt an einem bekannten und beliebten Schriftsteller oder an einem tapferen Offizier? Wenn nur der Befehl ausgeführt wird! Der Mann ist nichts, das Ganze ist alles. Das Vaterland fordert von ihm letzten Einsatz. Driant wird hergeben, was Frankreich von ihm erwartet, das Ausharren bis zum Ende. Sein Leben wird er einsetzen für das Ganze.

Und um dieses Ganze geht es jetzt. Das scheint man in der französischen Heeresleitung erkannt zu haben, denn unablässig rollen von allen Seiten Verstärkungen heran. Man denkt gar nicht mehr daran, das befestigte Lager von Verdun aufzugeben. Nein, Verdun ist plötzlich die Fahne Frankreichs geworden. Eine Fahne gibt man nicht auf.

Für die Fahne hast du zu sterben, kleiner, unbekannter Poilu!
Starken Widerstand finden die Bataillone der 5. Infanteriedivision, die aus der Richtung von Soumazannes in den Herbebois vorstoßen. Aber auch ihnen gelingt es, das Ziel des Tages noch vor Anbruch der Dunkelheit zu erreichen.

Ganz plötzlich, so, wie es begann, hat das Trommelfeuer aufgehört. Der erste Tag der Schlacht um Verdun ist vorbei. Bald nach Sonnenuntergang hat sich der Himmel bedeckt, und nun wirbelt der Ostwind einen dichten Schneeflockentanz über die Gegend. Es friert. In allen Granattrichtern überzieht sich das rasch gesammelte Grundwasser mit dicker Eiskruste. Die Sicht ist vollkommen versperrt durch den weißen Vorhang aus niederstrebenden Flocken. Ohnmächtig versuchen die Leuchtkugeln nach vorne aufzuklären. Nichts ist zu sehen, nichts!
Der französische Widerstand macht sich nur noch hie und da in Einzelkämpfen bemerkbar, sonst schweigt auch drüben die Front. Über die Gefilde senkt sich die Ruhe des Todes.
Vorne liegen die Sturmtruppen, so, wie sie vorangekommen sind. Liegen in Trichtern, hüllen sich in ihre Mäntel, die noch klamm sind von der Feuchtigkeit der letzten vierzehn Tage. Scharf spähen die Posten feindwärts, und hinter diesem Schützenschleier wird emsig geschanzt. In Eile werden neue Stellungen ausgehoben. Weiter rückwärts liegen eine zweite und eine dritte Welle in den eroberten französischen Schützengräben und richten sich

für die Nacht ein. Die Verwundeten werden zurückgeschafft und in den Stollen verbunden. Hinter der Front aber herrscht lebhafte Tätigkeit. Aus allen Etappenorten sind Kolonnen und Feldküchen bei Einbruch der Dunkelheit abgefahren und haben sich nach vorne begeben, um Lebensmittel, Munition und Waffen zu bringen und um die Verwundeten, die blutige Beute des ersten Schlachttages, mit zurückzunehmen.

Dann werden im Laufe dieser Nacht die Reserveformationen nach vorne gezogen. Alle Lücken nach Verlusten sollen aufgefüllt werden, denn erst jetzt wird der Tanz voll und ganz auf der gesamten Frontbreite einsetzen. So verlangt es der deutsche Angriffsplan. Der Angriff des Nachmittags war erst das kräftige Vorfühlen, der erste Griff an die Gurgel des Gegners. Man wollte wissen, was an Abwehrkräften um Verdun vorhanden war. Man wollte weitere Abwehrkräfte heranzwingen. Dies ist in vollem Umfang gelungen. Die gegnerische Front wurde abgetastet. Der Plan wurde erfüllt. General Erich v. Falkenhayn kann mit dem ersten Kampftag zufrieden sein.

Die Truppe aber ist mit dem ersten Kampftag nicht zufrieden, besonders am rechten Flügel stehen die Deutschen fassungslos und können nicht begreifen, warum sie nicht weiter vorrücken dürfen. Warum läßt man sie nicht gegen Haumont stürmen? Warum dürfen sie nicht die völlig ins Wanken geratene französische Front aufrollen, um rasch mit dem ganzen Verdun-Spuk fertig zu werden? Nein, sie haben hier zu bleiben, am Südrand des Waldes von Haumont. Sie haben abzuwarten, bis der Tag kommt.

Der Tag ist der Freund der Menschen und der Förderer ihrer Entschlüsse und ihres Willens.
Der Tag ist gut für Freund und für Feind. Aber dieser Tag wird der feldgrauen Front neue Gegner zuführen.
Warum läßt man sie jetzt untätig am Waldrand liegen? Warum erlaubt man den Stürmenden nicht, über Haumont auf Samogneux vorzustoßen, um vielleicht gar den Caures-Wald, durch eine kühne Linksschwenkung auf Beaumont zu, von Süden her abzuquetschen?
Nein, es darf nicht sein. Der allen Soldaten unverständliche Plan der Heeresleitung sieht keineswegs eine Verfolgung des aus seinen Stellungen verdrängten Gegners vor, sondern seine Ausblutung und Zermürbung. Nach diesem Plan des Generals Erich v. Falkenhayn sollen, zur Abwehr aller kommenden Angriffe und angelockt durch den ersten Erfolg des Sturmtages vom 21. Februar, zahlreiche französische Verbände in die Front geworfen werden. Und diese soll das spätere deutsche Trommelfeuer, zusammen mit rücksichtslos durchgeführten deutschen Angriffen treffen und vernichten.
Verdun war bisher nur Lager, nur befestigtes Lager. Erich v. Falkenhayn zwingt die Franzosen, Verdun zur Fahne des Widerstandes zu erklären. Er zwingt sie, sich hier zu verbluten. Denn es geht jetzt um die Ehre und den Besitz dieser bisher nicht geachteten Festung.
Hier, an der Maas, geht es um Frankreich und um die Entscheidung des Weltkrieges.

Langsam vergeht die Nacht. Sie ist endlos wie das Warten vor dem Sturmangriff. Leise rieselt der Schnee und deckt alle Unebenheiten des Geländes zu. Es schneit über die Toten.

Die weiße Decke legt sich leicht über die Verwundeten, die sich im Niemandsland abquälen und auf den Tag, auf den erlösenden Tod oder noch auf den Sanitäter warten . . .

Und auch auf die Lebenden legt sich die Decke aus weißen, tarnenden Flocken und macht sie unkenntlich.

Diese Nacht ist eine unerhörte Anspannung für Willen und Nerven. Auch sie geht vorbei. Und als der Tag aufzieht und die Sonne die letzten Schneewolken zerstreut und über einer frostklaren, saubergefegten Winterlandschaft leuchtet, sind die letzten Spuren des gestrigen Vernichtungskampfes verborgen. Auf den Schäden geborstener Baumstümpfe, auf den zertrümmerten Ästen und gemordeten Hecken hat sich erbarmungsvoll der Schnee gehäuft. Das aufgeworfene und durchwühlte Gelände ist weiß überdeckt. Die Natur hat die Wunden des Vortages verbunden. Es ist, als habe der Himmel, entsetzt über diese Orgie maßloser Vernichtung, seine Flocken rieseln lassen, um barmherzig zuzudecken, was Menschenhände und Menschenkönnen grausam aufrissen.

Aber jetzt donnert es von drüben her, und dicht wie Hagel fallen die französischen Granaten. General Herr hat seiner Artillerie erbitterten Widerstand befohlen. Genau so, wie es die deutsche Heeresleitung voraussah. Dieser Be-

fehl des französischen Generals paßt voll und ganz in die Absichten des General v. Falkenhayn. Der deutsche General darf mit den Maßnahmen des französischen Generals durchaus zufrieden sein; sie kommen seiner Absicht entgegen.
Nur allmählich antworten die deutschen Geschütze, und unmerklich steigert sich das Artilleriefeuer zum Trommelfeuer. Es ist, als habe die französische Artillerie die deutschen Batterien zum Zweikampf herausgefordert. Sie wird angenommen, diese Herausforderung, und ab 8 Uhr rollt es auf der ganzen Frontbreite wieder mit unverminderter Stärke. Es rollt und tobt und braust und verdichtet sich ganz besonders auf des Stieres rechtem Horn, das heißt auf dem Caures-Wald, wo Oberstleutnant Driant mit seinen Jägern die Wucht dieses Kampftages zu tragen hat.
Bis 12 Uhr tobt und gurgelt der Tanz der Granaten, und dann steigt wieder die deutsche Infanterie aus den Gräben. Die Regimenter 81, 87, 115 und 117 werfen sich mit Wut auf den Caures-Wald. Sie dringen ein und sehen sich bald vor unentwirrbaren Drahtverhauen. Bis in Mannshöhe, in zehn bis zwanzig Meter Breite, haben die Franzosen von Baum zu Baum, von Busch zu Busch schwere Drahthindernisse gezogen. Jede Granate, die in solch Hindernis fällt, entwirrt es nicht, zerstört es nicht, sondern macht die Verwirrung noch größer, das Hindernis noch wirksamer.
Und gleich nach dem Durchschreiten des Hindernisses kommt eine schmale Waldschneise. Ungedeckt, frei, im Schußfeld der flankierenden französischen Maschinengewehre, müssen die deutschen Stürmer diese Lichtung

durchlaufen. Erst dahinter liegt die französische Hauptwiderstandslinie, in der Oberstleutnant Driant mit seinen Jägern zum letzten Kampf entschlossen ist.
Diese Gräben sind durch Astverhaue gesichert. Tausende haarscharf zugespitzte Pfähle starren den deutschen Stürmern entgegen. Davor sind tiefe Gräben ausgehoben, in denen sich das Grundwasser gesammelt hat. Die Eiskruste ist nur dünn und mit Schnee bedeckt. Mancher Deutsche sinkt hier bis zum Halse ein, mancher Verwundete stürzt in den Wassergraben und kommt nicht mehr hoch, und nur an wenigen Stellen ist die schräge Wand der Spitzpfähle, eine antike Verteidigungsart, von schweren Granateinschlägen durchbrochen. Dort ballen sich die deutschen Kompanien zusammen und dringen ein, ohne Rücksicht auf eigene Verluste.
Der Wald ist erfüllt von Geschrei und Schrecken. Es entwickeln sich wilde Nahkämpfe. Stellenweise hört man das klirrende, eiskalte Aneinanderschlagen der Bajonette. Nicht lange, denn die Seele des Widerstandes, Oberstleutnant Driant, fällt.
»Der Oberstleutnant ist gefallen!« Dieser Ruf, der sich von Schulterwehr zu Schulterwehr fortpflanzt, ist fast wie ein Rückzugsbefehl. Denn jetzt setzt der französische Rückzug auf der ganzen Linie ein.
Stück für Stück werden die als uneinnehmbar geltenden Stellungen im Caurus-Wald geräumt. Und schon um 14 Uhr stehen die deutschen Schützenlinien am Südausgang des Waldes, sehen das Dorf Beaumont vor sich liegen, das Ziel des kommenden Tages.
Inzwischen aber hat sich im Wald von Ville zwischen starken französischen Kräften und dem hessischen Leib-

garderegiment 115 ein wilder Kampf entwickelt. Die Hessen bleiben Sieger. Ja, es gelingt ihnen, durch den Wald zu dringen und die Franzosen hinten in der Reservestellung beim Bereiten des Mittagessens zu überraschen. Die französischen Feldköche können nicht mehr schnell genug den Hohlweg verlassen und werden gefangengenommen.
Um dieselbe Zeit hat der rechte Flügel weitere Fortschritte gemacht und das Dorf Haumont erobert. An dieser Stelle können ungeheuere französische Verluste festgestellt werden.

Was geschieht um diese Zeit im Herbebois auf dem linken deutschen Flügel? Die 8. und die 12. Grenadiere brechen hier Punkt 12 Uhr zum Angriff vor. Es ist kein plötzliches Hervorstoßen aus den Gräben, wie sich das so nach langem Stellungskrieg gehört, sondern ein militärischer Spaziergang, wie man ihn zur Zeit der Befreiungskriege oder auch noch 1870 erlebt haben mag. Irgendwer hat sich hier einen grausamen Scherz erlaubt. Oder lebte er in versunkenen Vorstellungen, weit entfernt vom gräßlich-nüchternen und entsetzlich blutigen Geschehen der Materialschlacht? Die Regimentsmusik steht im Graben und spielt alte preußische Militärmärsche, und unter diesen Klängen schreiten die Bataillone wie elektrisiert zum Angriff, marschieren unbeirrt, ohne große Hast über das Niemandsland.
Hinter ihnen das Singen und Tönen der Musik, und jetzt schwingt sich eine neue, rauhe und machtvolle Stimme in den Klang der Märsche; die französische Artillerie wirft den Angreifern ihre schwersten Granaten entgegen.

Jäh richtet sich die Wand der Erdfontänen durch anjagende Geschosse und verwehrt den Grenadieren den Vorstoß. Aus allen Ecken und Kanten des Waldes peitschen und zischen die Maschinengewehrkugeln. Vor den französischen Haupthindernissen bricht der glanzvolle so alt-romantisch begonnene Angriff der 8. und 12. Grenadiere ohnmächtig zusammen.

Ohnmächtig? Ja, aber an hundert und mehr Stellen werden sofort zielbewußte Versuche unternommen, diese unhaltbare Linie zu verlassen. Es geht nicht, es ist unmöglich, daß zwei Regimenter hier vor dem französischen Hindernis liegen und elend und ohne Kampf, Mann für Mann von unsichtbaren französischen Scharfschützen abgeschossen werden. Nein, das geht nicht, das darf nicht sein!

Grenadiere kriechen vor und schneiden den noch unangetasteten französischen Stacheldraht durch. Manchen wirft ein wohlgezieltes Geschoß blutig in den Schnee, aber an vielen Stellen schneiden sie den Draht durch.

Und dann bläst ein Hornist, bläst das altbekannte Signal der deutschen Armee, den Ruf des Kampfes, das einfache und markerschütternde Signal:

»Rasch vorwärts!«

Er weiß, warum er bläst, der Hornist. Er hat gesehen, wie rechts im Schutze eines schneeverwehten Geländestreifens ein deutscher Stoßtrupp durch das feindliche Hindernis in die französische Stellung gelangt ist und durch Winken zum Nachkommen auffordert. Beim ersten Ruf des Hornisten erheben sich die Grenadiere. Der schütternde Klang des Hornes hat sie aufgerüttelt. Unaufhaltsam rennen sie vor. Die erste französische Stellung wird

überrannt. Jetzt erkennt man, daß die deutsche Artillerie trotz ihrer unerhörten Wucht und Schießgenauigkeit diese Gräben fast nicht getroffen hat.
Schier unberührt liegen die Gräben, weil sie viel zu gut verdeckt und versteckt waren. Die Masse der Granaten hat nur nebensächliche Ziele erreicht.
Den Grenadieren muß dieser Erfolg vorläufig genügen. Sie schanzen sich in der eroberten französischen Stellung ein. Für weiteres Vorgehen wird starke Artillerievorbereitung benötigt.

Am linken Flügel des deutschen Angriffs im Herbebois stockt der Angriff an diesem Tag vollkommen, trotz des Einsatzes zahlreicher Flammenwerfer. Die Regimenter 24 und 64 erleiden hier unerhörte Verluste. Besonders stark sind die Abgänge an Kompanie- und Zugführern.
Der Herbebois scheint jetzt, nach dem Verlust des Caures-Waldes, für die französische Heeresleitung die Hauptwiderstandslinie geworden zu sein. Und dann ist wieder eine Nacht da, die zweite Nacht der eingeleiteten Verdunschlacht.
Wieder ist's eine strenge Frostnacht mit ungeheuren Entbehrungen für die Truppe. Viele Kompanien müssen auch diese zweite Nacht im Freien verbringen, ohne einen Schluck Kaffee oder warmes Essen. Nun ist der neue Tag da, der 23. Februar. Auf dem rechten Flügel der deutschen Angriffsfront geht es gut voran. Die Brabantstellung wird von den Franzosen vollständig geräumt, denn man hat die Gefahr eines weiteren Festhaltens an dieser Stellung erkannt. Der französische Unterführer wird sich später dieser Räumung wegen, dieser kampflosen Auf-

gabe des Dorfes Brabant und der Stellungen bei Consevoye, vor der französischen Kammer und vor einem französischen Kriegsgericht zu verantworten haben. Man wird ihn verurteilen und ihm die Uniform ausziehen. Aber die Herren der Kammer und auch die Kriegsrichter am grünen Tisch wissen nicht, wie es am 23. Februar 1916 in der Brabantstellung aussieht. Sie wissen nicht, daß es für die dort kämpfenden Bataillone höchste Zeit ist, nach Süden auf Samogneux auszuweichen, weil die Deutschen auch Haumont genommen haben, auf Mezières und auf die Maas zustreben. Nur durch diesen raschen Rückzug entgeht die Besatzung der Brabantstellung einem kleinen Sedan.

Es ereignet sich noch sehr viel an diesem Tag. Der Wavrille-Wald, das Gehölz zwischen dem Caures-Wald und dem Herbebois, wird von der 49. Infanteriebrigade im Sturm genommen, trotz des geradezu unerhörten Ausbaues der Gräben im Wald und vom Wald aus im Süden bis Beaumont.

Zwischen dem Südrand des Caures-Waldes und dem Dorf Beaumont erhebt sich eine sanft ansteigende Höhe. Fast 1500 Meter lang ist dieser Rücken, von deutschen Granattrichtern durchlöchert. Außer diesen Granattrichtern bietet diese Sturmanlaufstrecke keine Deckung. Flach lehnt sich das Schußfeld. Von Beaumont aus ist jeder Schütze, der den Wald verläßt, deutlich im Schnee zu erkennen. Die französischen Maschinengewehre bellen den Angreifern entgegen. Keine weitere Deckung ist da als die mit Grundwasser gefüllten Granattrichter. Bis zum Hals müssen sich die Stürmer im eisigen Grundwasser decken, um dann wieder wenige Meter vorspringen zu können, auf das Dorf zu. Es ist eine Qual sondergleichen. Am Nachmittag wird ein Gegenangriff auf den Wavrille-Wald befohlen. Der Sturm auf Beaumont ist ja inzwischen zum Stehen gekommen, und überhaupt scheinen sich die Ereignisse weiter links bei den Grenadieren zu verschärfen. Mit unerhörter Gewalt zerfetzt die französische Artillerie den Wavrille-Wald, und dann gehen französische Jäger zum Angriff vor. Aber sie kommen kaum aus ihren Gräben heraus. Der Angriff wird im Keim erstickt, und Reserven sind nicht da.

Der Wavrille-Wald ist vorläufig für die französische Verdunfront verloren, während das Dorf Beaumont, als Festung ausgebaut, immer noch Tod und Verderben auf die Angreifer speit, auf das Leibgarderegiment 115, das frei und ungedeckt im Schnee des Abhanges liegt oder sich stellenweise im Eiswasser der Trichter verbirgt. Sie können sich nicht einschanzen, die 115. Leiber, denn der Boden ist eisenhart gefroren. Zudem ist die Grasnarbe auf dieser Stelle und an diesem Hang sehr dünn. Schon in Fußtiefe klirren die Spatenblätter auf nackten Fels.

Vergebens versuchen immer wieder Teile des Leibregiments auf eigene Faust gegen Beaumont vorzufühlen. Im Zischen des Maschinengewehrfeuers brechen die Tapfersten zusammen. Blutig werden alle deutschen Vorstöße auf das stark befestigte Dorf abgewiesen. Im Herbebois wollen inzwischen die Männer des Sturmbataillons Rohr gegen den unsichtbaren Feind vorstoßen. Vergebens. Das verfilzte Unterholz gibt keine zehn Schritt Schußfeld frei. Unablässig schmettern die französischen Maschinengewehre in die deutschen Stellungen. Und dennoch, nach

Einbruch der Dunkelheit räumen die Franzosen ihre feste Stellung im Herbebois. Sie haben links im Ville-Wäldchen das Hetzen der Signalhörner vernommen und wähnen die Deutschen schon in ihrem Rücken.
Der Augenblick wird kritisch, und jetzt stoßen die Leute vom Sturmbataillon Rohr kräftig nach und mit ihnen die Grenadiere. Sie dringen durch den Herbebois und kommen bis dicht an den Chaume-Wald heran. Dieser 23. Februar hat blutig begonnen für die Deutschen. Die deutsche Linie ist dennoch auf der ganzen Angriffsbreite der Front tief ins Fleisch der französischen Verteidigung gedrungen. Im Schutze der Nacht werden die Verbände neu geordnet und ergänzt. Der morgige Tag soll den deutschen Angreifern wieder einen vollen Erfolg bringen.
Inzwischen herrscht bei der französischen Heeresleitung größte Bestürzung. Die Verluste des Herbebois, des Caures-Wald und der Brabantstellung lassen sich nicht leicht verwinden. Zorn und Trauer über die Wegnahme dieser als uneinnehmbar bezeichneten Waldstützpunkte erfüllen die Herzen. Man weiß genau, daß sie im deutschen Trommelfeuer kaum gelitten haben. Und dennoch sind sie mit stürmender Hand genommen worden. Schmach und Schande!
Gewiß, man entschuldigt sich mit der Tatsache des beispiellosen Trommelfeuers und seiner demoralisierenden, entnervenden Wirkung. Aber die Verluste sind nicht wettzumachen. Nur ein weiteres unnachgiebiges Festhalten kann die Ehre retten. Alle Stäbe rufen zum Widerstand auf und befehlen das sture Verteidigen der augenblicklichen Stellung. Jede französische Einheit soll wild

entschlossen sein, sich bis zum letzten Mann zu opfern. So hat es General v. Falkenhayn gewollt. Die Ausblutung des Gegners verläuft planmäßig.

Am 24. Februar erstürmt das Infanterieregiment Nr. 80 die Höhe 344. Im Laufe des Mittags gelingt es den 117ern endlich, das Dorf Beaumont zu stürmen und auch das Fay-Wäldchen unschädlich zu machen. Die Regimenter 115, 116 und 117 sehen vor sich den Fosses-Wald liegen. Was verbirgt sich hinter dieser dunklen Waldlinie? Aber schon kommen die Grenadiere von links aus Richtung Herbebois auf den Fosses-Wald zu.

Der Chaume-Wald wird von der 6. Infanteriedivision durchschritten, der Caurières-Wald genommen. Ohne besondere Schwierigkeit wird auch die Vaux-Kreuz-Höhe überschritten. Sie soll erst später, bei den Abwehrkämpfen, eine besondere Rolle spielen. Der Fosses-Wald wird gleichfalls noch im Laufe dieses Tages überrannt. Kurz vor Anbruch der Dunkelheit stehen die deutschen Schützenlinien an der Chambrette-Ferme und sehen vor sich einen langgestreckten Bergrücken, der im Dämmer des Abends versinkt. Hin und wieder blitzt es aus den Flanken dieses Berges. Dort steht feuernde Artillerie. Verwundert blicken die deutschen Soldaten hinüber und fragen nach der Bedeutung dieses Geländes und jener Höhe. Und es wird ihnen die Antwort:

»Das ist das größte und stärkste Fort der Verdunfront. Man nennt es Fort Douaumont!«

An diesem einen Tag haben die Deutschen auf einer Breite von nicht weniger als fünfzehn Kilometern überall zwei- bis zweieinhalb Kilometer Gelände gewonnen. Die deutschen Infanteristen stehen in den französischen Batterien. Allein das Regiment 64 hat fünfundzwanzig Geschütze erobert. Die Verluste der Franzosen sind geradezu entsetzlich. Der Weg nach Verdun scheint frei. Wer will jetzt die Deutschen noch aufhalten, zumal auch die Höhe von Talou, die hervorragende Nase südlich Samogneux, schon unschädlich gemacht ist und die feldgraue Front den Pfefferrücken bedroht. Von hier aus wird es den Angreifern möglich sein, die Feste Douaumont unter Flankenfeuer zu nehmen.

Was wird der morgige Tag bringen?

Werden die Franzosen ihren beabsichtigten Sturm gegen Samogneux durchführen?

Werden sie den Pfefferrücken halten? Ja, was wird dieser Tag bringen? Es wird bestimmt ein Tag der Überraschungen!

Ein Sprung bis auf den »Sargdeckel«

Der Tag wird eingeleitet, wie alle vorhergehenden Tage, durch den Punkt 10 Uhr beginnenden Artillerieüberfall. Aber diesmal werden nicht nur die französischen Stellungen und rückwärtigen Linien beschossen. Auch nicht nur die Anmarschwege; weittragende Geschütze wuchten ihre schweren Geschosse bis nach Verdun. Auch die Eisenbahnlinien werden unter planmäßiges Feuer genommen. Deutsche Flieger steigen auf, sehen die Stadt und Festung Verdun an verschiedenen Stellen lichterloh brennen.

Die deutsche Truppe erwartet den Angriffsbefehl für 12 Uhr mittags. Aber es ereignet sich nichts. Kein telefonischer Durchspruch, kein Blinksignal, obwohl die Leitungen unangetastet liegen und die Luft für optische Telegrafie durchsichtig und klar ist. Endlich, kurz vor 14 Uhr, kommt folgender Korpsbefehl:
»Um 16 Uhr haben die Sturmtruppen den Chauffour- und Hassoulle-Wald anzugreifen. Die 15. Division hat Marschrichtung auf Fort Douaumont, und die 6. Division geht mit ihrem rechten Flügel links am Fort Douaumont vorbei.«
Der Befehl sagt nichts von einem Sturm auf die Feste selbst, ja, er gibt Punkt 265, etwa auf der Höhe des Dorfes Douaumont, als äußerstes Ziel an. Für die deutschen Soldaten ist dieser Befehl diesmal unverständlich. Sie sehen vor sich den langgestreckten Bergrücken, die Kuppe der Festung Douaumont, der sie sofort den Namen »Sargdekkel« beilegen. Sie sehen dies alles greifbar nahe und sollen nicht hinein dürfen. Scheinbar tot liegt diese Riesenfeste. Nichts rührt sich dort. Die deutlich erkennbaren Scharten starren leer und dunkel über das Schlachtfeld. Welch eine Gelegenheit, sie jetzt zu überrumpeln! Noch nie, seit Beginn der Kämpfe, war die Lage so günstig wie jetzt am Morgen des 25. Februar. Überall haben die feldgrauen Kompanien die in Eile ausgehobenen Stellungen und das jüngst als noch uneinnehmbar bezeichnete Grabensystem der Franzosen überrannt. Was kann jetzt noch geschehen! Bei vielen Soldaten, die sich in die Unabänderlichkeit gegebener Befehle schicken müssen, herrscht die Ansicht, eine solche Gelegenheit werde sich wohl niemals mehr bieten. Mehrere Offiziere beschließen,

diesmal selbständig zu handeln, selbst unter Mißachtung des Korpsbefehls. Die jetzige günstige Lage dürfte den Herren am Kartentisch ja kaum bekannt sein. Also los! Los, und das versucht, was ja doch einmal unter viel ungünstigeren Bedingungen versucht werden muß.

Diese Offiziere wissen ja nicht, daß eine Eroberung der Feste gar nicht so sehr willkommen sein kann. Dem großen und grausamen Ausblutungsplan wäre ein zäher, menschenfressender Grabenkampf oder Kampf von Trichter zu Trichter willkommener. Die Männer aber, die solchen Kampf tragen müssen, möchten ihn rasch beenden. Hindernisse, gestern noch himmelhoch, scheinen plötzlich geebnet. Da ist zum Beispiel das große gefürchtete Hindernis Douaumont. Ja, der Douaumont steht greifbar nahe. Der Douaumont, ein Koloß unter den Festungswerken um Verdun, ein riesenhafter, unterhöhlter, gepanzerter Berg. Der stärkste Zahn im stählernen Riesengebiß der Festung Verdun steht da und wartet.

Wartet er nur auf die deutschen Sturmkolonnen, um sie zu zermalmen? Schweigt er nur, um die Deutschen in seine Gänge und Kasematten zu locken? Oder ist die Todesfalle für die Angreifer bereits schon im Kehlgraben gelegt?

Lauern die Maschinengewehrschützen nicht schon hinter den Scharten, um die Deutschen gebührend zu empfangen?

Der 25. Februar ist da, und mit ihm das Ende der Riesenfeste Douaumont. Nein, in der Absicht des Generals v. Falkenhayn liegt diese Eroberung im Sturmlauf nicht. Ein rascher Sieg, ein Handstreich auf Verdun soll diese großaufgezogene Offensive nicht sein, sondern nur eine langsame Zermürbungs- und Ausblutungsschlacht. Die Menschenmühle wird nicht arbeiten können, wenn deutsche Sturmtruppen ohne Aufenthalt durchdringen und die Zähne dieser Mühle ausbrechen.

Nein, auf Douaumont und die anderen großen Festungswerke hat v. Falkenhayn vorläufig keine Absicht. Der Douaumont soll bleiben, was er ist, ein feuerspeiender Koloß.

Sagt es diesen abgehetzten Angreifern, erklärt ihnen, daß der Douaumont gar nicht fallen soll, ja nicht fallen darf, sondern als Werkzeug der grausamen Ausblutungstaktik des deutschen Feldherrn noch lange seine furchtbare Aufgabe erfüllen müßte. Sagt es ihnen, den deutschen Soldaten – sie würden eine solche Taktik nicht verstehen.

Der deutsche Sturmoffizier und alle diese Feldgrauen, die lehmüberkrustet, von eisigen Winden durchschüttelt, hungrig und durstig in den eroberten Schützenlöchern liegen, mitten auf dem Kampffeld, sie müssen den Douaumont und die anderen Festungswerke haben. Es muß für den deutschen Soldaten ein Ziel und einen Zweck in diesem Kampfe geben. Was weiß der deutsche Soldat von der großen Planung weitab am Kartentisch? Entweder hat man gesiegt, und dann ist das ganze Gelände einschließlich aller Festungswerke in der Hand des Siegers, oder man hat den Kampf verloren. In diesem Fall bleibt man eben liegen und schaut nur ohnmächtig hinüber auf das Ziel, auf die Werke, die unerreichbar geblieben sind. Dem deutschen Soldaten hat man bisher nur immer beigebracht, Verdun müsse gewonnen werden mit allen seinen Forts. Und auf dem Weg nach Verdun steht als massiver Hüter die Riesenfeste Douaumont. Wer nach Verdun will, muß über den Douaumont oder durch den Douaumont.

Deshalb muß der Douaumont fallen. Und drüben in der fernen Heimat, die entsetzlich hungert und stumm leidet, brauchen sie einen greifbaren Punkt.

Was kann der deutsche Bauer aus dem Heeresbericht lesen, wenn dieser Heeresbericht ihm von der eroberten Südecke des Fosses-Waldes erzählt oder von der Einnahme der Höhe 344?

Was kann sich der hungernde Industriearbeiter unter der Eroberung des Vaux-Kreuzes vorstellen oder unter den Kämpfen im Herbebois? Das sind doch nur Namen, die nicht haftenbleiben. Aber die Einnahme einer Festung, eines Riesenforts im ehernen Gürtel von Verdun, jawohl, das ist eine Tatsache, mit der man operieren kann.

Das begreift der alte Veteran von 1870/71, der sich längst nicht mehr satt essen kann.

Das weiß die hungernde Frau und tröstet sich, weil nun wieder ein großer Schritt zum Frieden getan worden ist.

Die Einnahme einer Riesenfestung, jawohl, das versteht auch der Bauer in Schleswig, in der Eifel, im Allgäu oder sonstwo, das begreift der Industriearbeiter an der Ruhr, der Kumpel unter Tage, der Schiffer auf der Elbe und der Eisenbahner auf ratterndem Schienenstrang. Sie alle wissen, was es heißt und was es zu bedeuten hat, wenn eine Riesenfestung mit stürmender Hand von deutschen Truppen eingenommen wird. Das deutsche Volk braucht eine Fahne, ein Symbol, um aushalten zu können. Die Einnahme der Feste Douaumont, ja, das ist ein Symbol, das ist eine Tat, die man dem deutschen Volk vorsetzen

muß als Aufforderung zum Durchhalten. Seht, was unsere Feldgrauen draußen vollbringen, und ihr wollt kleinlich verzagen!
Der deutsche Soldat, die deutsche Frau, der deutsche Bauer, sie alle lechzen nach der Tat und nicht mehr nach Namen von Wäldern und Landstrichen.
Und diese Tat heißt »Douaumont«!

Im Laufe der Nacht vom 24. zum 25. Februar hat General Chrétien, der kommandierende General der um Verdun kämpfenden französischen Armee, folgenden Befehl an seine Truppe erlassen:
»Befehl Nr. 22
1. Der kommandierende General der Armee ordnet an, daß die vorgeschobene Linie, die augenblicklich durch das XX. Armeekorps besetzt ist, unter allen Umständen gehalten werden muß. Die Hauptwiderstandslinie des XXX. Korps ist die Linie der Festungswerke. Diese Linie führt durch die Dörfer Brast, Douaumont, dann durch das Zwischenwerk Bezonvaux, Hardaumont, Fort Vaux, La Laufée, Batterie Eix.
2. Die kommandierenden Generale aller Divisionen haben die Pflicht, diese Verteidigungslinien erkunden und verbessern zu lassen. Die Stellungen müssen immer so besetzt sein, daß die vorgeschobenen Abteilungen jederzeit darin aufgenommen werden können, um dort Widerstand bis zum Letzten zu leisten.«
Damit ist alles klar. Die französische Kampflinie liegt in der Nacht zum 25. Februar der deutschen vorderen Linie dicht gegenüber. Douaumont bleibt im Rücken dieser Kampflinie. Ja, Douaumont und die anderen Festungen

sollen endlich – so will es dieser Befehl – die ihnen zugeteilte Aufgabe erfüllen. Es steht doch ausdrücklich in diesem Befehl, daß Fort Douaumont gehalten werden muß und daß alle Festungswerke, natürlich auch der Douaumont, zur Aufnahme rückflutender Einheiten dienen sollen, wobei äußerster Widerstand zu leisten ist. Der Befehl ist klar und unmißverständlich. Was ist nun geschehen? Wurde dieser Befehl nicht befolgt? Warum meldet sich der Douaumont-Koloß nicht?

Das Fort ist von französischer Seite nicht planmäßig mit letztem Einsatz verteidigt. Aber auch der Angriff auf den Riesen erfolgt ohne vorher gefaßten Plan. Die Deutschen greifen an, weil sich die Gelegenheit, das Fort zu nehmen, so günstig wie nie bietet.

Am frühen Morgen dieses eisigkalten 25. Februar 1916 fällt eine Entscheidung von größter Bedeutung: der französische Oberkommandierende General Joffre erscheint im Hauptquartier der französischen Verdunfront in Souville und überträgt dem tüchtigen und besonnenen General Pétain alle Befehlsgewalt in diesem wichtigen Abschnitt, dem wichtigsten Abschnitt zwischen Flandern und den Vogesen. Pétain wird als Retter von Verdun in die Geschichte eingehen.

Um 10 Uhr am 25. Februar 1916 setzt wie immer seit vier Tagen das deutsche Trommelfeuer ein. Der Angriffsbefehl läßt jedoch wieder auf sich warten, genau wie am Vortage. Ungeduldig harren die Truppen in ihren geringen Unterständen und rasch gebauten Schützenlöchern. Es verfinstert sich der Himmel. Leise rieselt der Schnee. Für den Tagesangriff ist dieser Schneefall nicht sehr gün-

stig. Endlich, um 16 Uhr, als es schon zu dunkeln beginnt, kommt der Angriffsbefehl. Von einem Angriff auf das Fort selbst steht nichts in diesem Befehl.
Unmittelbar hinter der Feuerwalze schreiten die Vierundzwanziger in die Schlacht. Ganz dicht, schier greifbar nahe liegt der Koloß vor den Augen der deutschen Soldaten. Jetzt oder nie, jetzt gilt's. Oberleutnant v. Brandis, der Führer der 8. Kompanie, Leutnant Radtke und Hauptmann Haupt, Führer der 7. Kompanie, beschließen gleichzeitig und unabhängig voneinander, mit ihren Leuten das Fort zu nehmen.
Und der Befehl? Ja, wo bleibt denn der Befehl? Er ist nicht da, er wird überhaupt nicht ausgegeben. Einerlei, in diesem Falle liegt die Entscheidung im Drang nach Tat und Vorwärts, und dies alles ist stärker als jegliche Rücksichtnahme. Die deutschen Soldaten sehen sich in einer Zwangslage. Nie wieder dürfte ihnen der glatte Sturm auf das Fort so gelingen wie jetzt, da sie, nur 1000 Meter von der Feste entfernt, auf der gewonnenen Höhe 345 stehen, zwischen Chauffour- und Hassoulle-Wald. Sie sehen, wie das Gelände im Schutze der Dämmerung geräumt wird.
Ganz deutlich erkennt man französische Einheiten, die sich auf die Feste zurückziehen. Werden sie dort die Fortbesetzung verstärken oder gar vom Douaumont aus gleich im Gegenstoß gegen die Deutschen anrennen. Niemand kennt ihre Absichten, niemand kann sie erraten. Vielleicht ist die Räumung der schlechten Grabenstellung im französischen Plan vorgesehen.
Der Flockentanz hat sich verstärkt. Im Rücken eines abziehenden Gegners nachstoßen ist immer schon ein hal-

ber Erfolg, zumal die Grabenbesatzungen ihre schweren Maschinengewehre teilweise in den MG-Nestern stehenließen. Es wäre unklug, diese Umstände nicht zu nutzen. Bald werden sich die französischen Einheiten in der verhältnismäßigen Sicherheit der Kasematten sammeln, neu ordnen und als entschlossene Gegner den deutschen Angriff abfangen. Man braucht nicht viel von Taktik zu verstehen, um diese Entwicklung voraussehen zu können. Haben die Poilus nach Überwindung des seelischen Schocks, durch das Trommelfeuer verursacht, wieder Atem geschöpft, dann haben die Deutschen ihre besten Chancen verspielt.
Bleibt der in Bewegung geratene Gegner in Bewegung, so steigen die Möglichkeiten, auf seinen Fersen das Fort durch Handstreich nehmen zu können. Zumindest ist in diesem Augenblick, kurz vor Eintritt der Dämmerung am späten Nachmittag des 25. Februar 1916 die Gelegenheit günstig wie nie. So etwas wiederholt sich nicht.

Ohne Unterbrechung trommelt die deutsche Artillerie auf den Sargdeckel, das heißt auf die langgestreckte Kuppe der Panzerfeste. Dort ist das Ziel, ein geradezu klassisches Ziel. Bei Tage bietet sich der Sargdeckel allen Batterien und allen Beobachtungen viele Kilometer im Umkreis als sichtbarer Anhaltspunkt der Front.
Die deutsche Artillerie trommelt auf den Douaumont, und währenddessen werfen sich die Vierundzwanziger rücksichtslos in den Feuerorkan. Die Sturmlinien arbeiten sich planmäßig gegen die Festung vor. Und jetzt stehen sie vor einem sehr breiten Drahthindernis. Unangetastet liegt es da, schier mannshoch.

Luftaufnahme Douaumont

Luftaufnahme Douaumont nach der Beschießung

Was bedeutet jetzt noch ein Drahthindernis, jetzt im Augenblick des Griffes nach dem Fort! Drahtscheren werden hervorgeholt. An mehreren Stellen gleichzeitig ist's ein fieberhaftes Knipsen und Knacken. Und da heult es durch die Luft, und schwere Einschläge liegen mitten im Drahtverhau.

Haben die Franzosen den Angriff auf Fort Douaumont entdeckt?

Beginnt jetzt schon die Abwehr?

Sind's wirklich französische Einschläge?

Die Stürmer lauschen. Es kommt schon die zweite Salve daher, und siehe, sie heult von hinten heran, aus dem Rücken der deutschen Angriffsfront –

Deutsche Granaten sind es, die zwischen den Douaumontstürmern bersten. Natürlich, alles in Ordnung. Es muß ja so sein, denn nach dem Plan der deutschen Heeresleitung darf jetzt noch kein deutscher Soldat so weit gedrungen sein. Die Hauptwiderstandslinie hat zwischen Chauffour- und Hassoulle-Wald zu liegen, dicht vor dem Dorf Douaumont. Ein Angriff auf das Fort ist nicht vorgesehen.

Die schwere deutsche Artillerie hämmert Salve um Salve in den französischen Drahtverhau um Douaumont. Und auch drüben, auf dem Sargdeckel, tanzen die Einschläge mit dumpfem, hohlem Klang. Vergebens verschießt Leutnant Radtke seine Signalraketen mit der an diesem Tag gültigen Farbe:

»Artillerie schießt zu kurz, Feuer nach vorne verlegen«, heißt es. Nichts, kein Lichtschein, keine Signalrakete dringt nach hinten. Dicht und unerbittlich hat sich ein Schleier von Schneeflocken zwischen den Douaumont

und die deutsche Artilleriebeobachtung geschoben. Von hinten jaulen immer weiter die schweren Granaten der deutschen Artillerie heran, eine rücksichtslose Beschießung durch die eigenen Kameraden, und vorne, nur zwei Sprünge weit, lockt das rettende Fort. In seinen betonierten Kasematten ist Sicherheit. Das Ziel ist schon ein Opfer wert; das Fort muß erobert werden.
Entweder drauf und dran ohne Zaudern und Zagen, oder man wird hier im Stacheldrahtgewirr von eigener Artillerie zerfetzt und gejagt, ohne sich gegen ein grausames, sinnloses Ende wehren zu können. Halt, sie könnten ja einfach den Armeebefehl ausführen, diese Männer, und sich auf Punkt 345 und in die Stellungen zwischen Chauffour- und Hassoulle-Wald zurückziehen. Ja, das könnten sie. Aber warum das Erreichte aufgeben? Die Offiziere der so weit vorgeschnellten Kompanien verwerfen rasch den Gedanken an einen Rückzug in die Stellungen. So billig wird man diesen Geländestreifen niemals wieder besetzen können, so unblutig wird niemals mehr ein deutscher Soldat in den inneren Drahtverhau des Douaumont gelangen, vielleicht gar in das Fort selbst. Warum sollte man sich durch enges Anlehnen an einen Befehl die Lage erschweren. Jetzt sind sie da, und das Fort liegt greifbar nahe vor ihnen. Und da schreit Hauptmann Haupt: »Drauf und ran! Das Fort ist unser! Was fällt, fällt! Vorwärts!«
Und da ist das Drahthindernis überwunden. Die Parole heißt: Douaumont! Es gibt nichts anderes mehr als dieses Ziel. Von allen Seiten streben jetzt die Männer gegen die Feste. Ein Hindernis erhebt sich als letzte schwere Bedrohung. Um den Wallgraben, um diesen Schutz des Kern-

werks, erhebt sich ein starker hoher Eisenzaun. Die pfeilartigen Stäbe stehen steil nach oben gerichtet, etwa fünf bis sieben Meter hoch. Ihre Spitzen aber drohen nach vorne und sind mit Stacheldraht untereinander verbunden. Ein Überklettern dieses Hindernisses ist so gut wie ausgeschlossen. Unerhört viele und kostbare Zeit würde dabei verlorengehen. Der kühne Kletterer böte den Schützen im Fort ein willkommenes Ziel. Diese Scharfschützen sind da und halten die Stürmenden in der Visierlinie ihrer Gewehre. Woher kommen diese wohlgezielten Schüsse? Vom nahen Kirchturm des Dorfes Douaumont belfert ohne Unterbrechung ein französisches Maschinengewehr und wirft die Angreifer in die Trichter.

Dort drüben auf dem Kirchturm haben sich einige Kühne festgesetzt und jagen Streifen um Streifen in das Drahthindernis und auf die kleine Gruppe der deutschen Angreifer, halten auch das deutsche Gros wirksam nieder und bilden eine stete Bedrohung für die Männer vorne am Gitter. Die kupfernen Spitzgeschosse singen und johlen und pfeifen, und die Querschläger miauen wie Katzen. Und dabei wird es von Minute zu Minute dunkler. Die Maschinengewehrschützen im kaum 400 Meter entfernten Kirchturm haben ihr Maschinengewehr gut eingeschossen. Sie brauchen nicht mehr zu zielen. Sie brauchen nur noch abzudrücken. Die Garbe erreicht auch so ihr Ziel.

Soll dies ganze bisherige Unternehmen und der ganze Drang nach vorwärts an diesem dummen Festungsgitter scheitern? Es muß doch irgendwo eine Lücke sein, irgendwo! Jawohl, eine Lücke wird endlich gefunden. Man ruft sich diese erfreuliche Tatsache zu, und die Stürmer klettern durch das Loch, das eine deutsche Granate gerissen hat. Die Bresche ist da. Und während dieser Zeit wird an der Nordostecke des Grabens eine zweite Bresche entdeckt. In diesem Augenblick schlägt ein deutscher Volltreffer dicht neben den vorgehenden Schützen in den Boden des Glacis. Hauptmann Haupt stürzt und bleibt liegen. Steine und Erdbrocken fallen auf ihn, und durch die Reihen gellt der Ruf: »Der Hauptmann ist gefallen.« Nein, er ist nicht gefallen. Er richtet sich wieder auf, er ist wieder da! Nur für kurze Zeit war er betäubt vom Luftdruck und von herabfallenden Erdmassen. Er ist da und springt mit den anderen Männern in den Graben. Dieses Hinabgleiten in den Wallgraben ist nur an den beiden Einschußstellen möglich, weil zahlreiche Trümmer umherliegen und eine schiefe Gleitbahn bilden. Obendrein finden die vordersten Stürmer drunten einige Stangen, die sie rasch aufrichten, um ihren nachrückenden Kameraden das Hinabgleiten in den Graben zu erleichtern.

Und nun sind sie im Graben, etwa hundert Deutsche, darunter neunzehn Offiziere. Sie stehen im Wallgraben und glauben schon alles geschafft zu haben. Na also, es ging doch alles besser und rascher als gedacht. Sie fühlen sich als Sieger, und nur einige Offiziere wissen um die unerhörte Gefahr des Augenblicks. Es braucht jetzt nur ein Mann, nur ein einziger Gegner da zu sein, ein Poilu, der die Lage überblickt und entsprechend handelt, aber er muß rasch handeln, dieser Poilu, sonst ist auch für ihn und für das ganze Fort die letzte, günstigste Chance bald vertan.

Die Deutschen stehen dicht unter den drohenden Mündungen der Grabenstreichen, ja, sie stehen unter den runden, eiskalten Augen mehrerer französischer Maschinengewehre, die vielleicht in der nächsten Sekunde losbelfern werden.
Warum schießen sie nicht?
Warum speit der Douaumont nicht Tod und Verderben?
Nur ein einziges Maschinengewehr braucht zu sprechen, und innerhalb weniger Sekunden liegen hundert Deutsche zuckend und sterbend am Boden. Ein einzig entschlossener Mensch kann das Schicksal der Feste noch wenden.
Doch dieser einzige entschlossene Mann findet sich nicht. Es befindet sich in diesem Augenblick auch kein französischer Offizier im Fort Douaumont. Der Retter der Festung ist nicht da.
Der entschlossene Mann, der alles noch wenden könnte, ist im Augenblick dieser großen geschichtlichen Entscheidung nicht zur Stelle.
Woran liegt es?
Warum sind die schweren Maschinengewehre, die den Kehlgraben bestreichen sollen, jetzt, gerade jetzt nicht besetzt?
Und wie steht es mit der Besatzung der Feste überhaupt?
Aber noch sind Franzosen auf dem Fort, denn oben auf dem Sargdeckel brüllt in regelmäßigen Abständen ein französisches Geschütz. Die Deutschen spüren genau jeden Abschuß. Heiß streicht der Luftdruck über ihre Köpfe hinweg. Das französische Festungsgeschütz schießt und schießt ohne Unterlaß gegen Norden, und pausenlos antwortet die deutsche Artillerie. Unvermindert schlägt das

deutsche Vernichtungsfeuer auf die Festung, die nun von den Vierundzwanzigern unter Oberleutnant v. Brandis besetzt, aber noch nicht durchsucht ist.
Rasch werden die Gruppen verteilt. Unter Führung der Offiziere dringen die Deutschen von mehreren Seiten in das Fort. In den Gängen, auf den Treppen und in den betonierten Kasematten ist's nur das dumpfe Hallen der benagelten Soldatenstiefel. Unheimlich die Ruhe in der Feste, sobald die Deutschen stehenbleiben, um zu horchen. Hier lauert irgendwo verborgene Gefahr. Tote Poilus liegen zwischen Ausrüstungsgegenständen und Waffen. Aber von Lebenden keine Spur. Das Fort ist wie ausgestorben.
Ist es wirklich ausgestorben und verlassen?
Mißtrauisch gleiten die dünnen Lichtbündel der Taschenlampen über alle Wände und leuchten in alle Winkel. Langsam, schußbereit die Gewehre, die Offiziere mit entsicherten Pistolen, streifen die Deutschen durch die Gänge. Jeder Mann ist allerhöchste Kampfbereitschaft.
Und währenddessen ist ein Unteroffizier mit der gelbroten Artillerie-Signalflagge auf den Sargdeckel geklettert, auf dem deutsches Vernichtungsfeuer wirbelt, und hat dort, im Toben der Explosionen, im Sausen der Splitter, den Rahmen mit spitzen, eisenbewehrten Stiel in den Boden gewuchtet. Sie soll stehen und der Artillerie das erreichte Ziel anzeigen. Doch die Artilleriebeobachter sehen nichts. Es ist inzwischen zu dunkel geworden, und die Scherenfernrohre auf den Beobachtungsständen, die bis zur sieben Kilometer entfernten Chambrette-Ferme vorgezogen sind, starren wieder einmal in das weiße Nichts des unablässig niederrinnenden Schneeschleiers.

Und nun stößt Leutnant Radtke drunten im Fort auf Franzosen. Er fordert sie zur Übergabe auf. »Hände hoch, jeder Widerstand ist sinnlos!«
Sie lassen die Gewehre fallen, heben die Hände und geben sich gefangen. Nicht genug, von allen Seiten werden gefangene Franzosen herbeigeführt, siebenundsechzig Mann. Darunter sind auch die letzten Artilleristen vom Geschütz drüben im Panzerturm auf der Kuppe des Sargdeckels. – Der Douaumont schweigt jetzt.
Dunkel und tot liegt die langgestreckte Riesenkuppe.
Im Schein der Taschenlampen sehen sich die Deutschen einmal diese siebenundsechszig Gefangenen genauer an und staunen, denn nur zehn Poilus können als wirkliche Gegner gelten – es sind die Artilleristen, die im Panzerturm bis vor Minuten noch das Geschütz bedient haben. Die anderen siebenundfünfzig Männer sind biedere, brave Landstürmer, keiner weniger als vierzig Jahre alt.
Wer hat hier auf französischer Seite versagt? Man wird später Schuldige suchen. General Chrétien wird sich für das Versagen seiner Untergebenen verantworten müssen.
Die Riesenfeste Douaumont fiel zwar den Deutschen in die Hand wie eine überreife Frucht, aber konnte einer der Angreifer, die ohne Rücksicht auf die eigene Sicherheit das Fort angingen, konnte einer von ihnen überhaupt nur ahnen, daß sich – außer den zehn Artilleristen oben auf der Panzerkuppe – so gut wie keine Verteidiger in Gängen und Kasematten mehr aufhielten?
Nein, dies konnten sie nicht wissen, und ihr großes Verdienst bleibt, diesen Vorstoß überhaupt gewagt zu haben.

General Pétain wird später den Oberleutnant v. Brandis und dessen Männer als Helden bezeichnen. Heldenhaft, so wird er sagen, sei der Entschluß gewesen, diesen Panzerkoloß überhaupt anzugehen, denn jeder vernünftige und nachdenkende Mensch mußte doch in den Flanken der Feste den an allen Ecken und aus allen Scharten lauernden sicheren Tod vermuten.

Daß ein französischer Befehlshaber ein solches Fort auch nur eine Minute ohne seine kampfbereite Besatzung lassen würde, konnte wirklich niemand annehmen.

Dies nahmen die Deutschen, die jetzt im Bau der gepanzerten Feste saßen, tief unterm langgestreckten Sargdekkel, ja auch nicht an, nein, sie glaubten selbst nicht so recht an ihren Sieg. Eine Festung wie Douaumont gibt man nicht so leicht auf.

Daß sie aber leichten Herzens aufgegeben wurde, kann nur einen besonderen Grund haben. Liegt diese Preisgabe im großen Verteidigungsplan? Was hat dies zu bedeuten? Eine Falle?

Natürlich, eine Falle! Die Franzosen haben nur diese schwachen Kräfte in der Riesenfeste gelassen, weil sie die Absicht haben, alles in die Luft zu sprengen.

Liegt nicht irgendwo schon die rauchende Zündschnur? Der Pionierleutnant Voigt wird ausgeschickt, die Leitungen abzusuchen und eine drohende Gefahr festzustellen, um sie noch rechtzeitig abwenden zu können. Er sucht gewissenhaft und kann an keiner Stelle irgendeine Zündung oder überhaupt nur die Möglichkeit einer solchen entdecken.

Nun kommt ein neues Gerücht auf: Wahrscheinlich haben die Franzosen die Möglichkeit, von Verdun oder von

Deutsche Flammenwerfer im Angriff.

... und währenddessen auf der Gegenseite.

Der unbekannte Soldat, ein deutscher Tambour, gefallen beim Angriff. Ringsum deutsche und französische Gefallene. Kein Heeresbericht spricht von diesen Männern.

einem anderen Fort aus, irgendeine versteckte, eingegrabene Sprengmasse zu zünden. Vermutlich gibt es auch einen unterirdischen Gang, durch den sie an den Douaumont herankönnen.
Nein, es gibt weder eine Fernzündung zum Sprengen der Feste noch einen unterirdischen Verbindungsweg zu anderen Forts. Man überschätzt die Vorsicht der Gegner. An die Möglichkeit einer Sprengung des Douaumont nach der Besetzung durch einen Feind haben die Erbauer nicht gedacht. Die Heeresleitung hat auch solches niemals vorgesehen. Die Riesenfeste Douaumont ist wirklich voll und ganz in deutscher Hand. Gewiß, die beginnende Dämmerung, das Schneegestöber und das rasche Vordringen auf dem Fuß der weichenden Franzosen, haben den Deutschen dies Vorgehen bedeutend erleichtert. Dennoch blieb das Wagnis groß, und Douaumont bleibt ein Markstein im Kampf um Verdun.
Verdun wird fallen. Verdun muß fallen. So hofft es die öffentliche Meinung in Deutschland. So will es die leidende und kämpfende deutsche Fronttruppe, die ihre schwere Pflicht erfüllt und ernsthaft glaubt, mit der Einnahme von Verdun eine lange Ruhepause, vielleicht sogar das Ende dieses furchtbaren Krieges zu verdienen.
Ohne Murren, ohne Zaudern hat man alles mitgemacht, sich in das Schneegestöber geworfen und in den Hagel der feindlichen Geschosse. Man hat auf warmes Essen verzichtet und auf eine menschenwürdige Unterkunft. Man hat mit jeder Minute dem kalten Tod ins Auge geschaut und für sich persönlich oftmals die Hoffnung auf glückliche Heimkehr vergessen. Aber dafür, für dies Hundeleben und für diese schweren Opfer darf man schon einen

Preis verlangen. Dieser Preis ist nicht zu hoch, denn er ist mit Blut und Leben erkauft.
Verdun ist dieser Preis!

Kampf um das Dorf

Der Douaumont ist in deutscher Hand. Im Hinterland glaubt man es nicht, man kann es einfach nicht glauben. Deshalb schlägt noch immer der Feuerwirbel der deutschen Artillerie unvermindert auf den Sargdeckel, auf die Kuppe der Festung. Wird die aufgepflanzte Artillerieflagge noch oben stehen? Wohl kaum. Dies ist ja auch jetzt einerlei; eine Meldeflagge hat nichts mehr zu sagen. Ehe der Morgen graut, muß sichere Nachricht nach hinten gelangt sein, die Meldung von der Einnahme der Feste Douaumont. Man wird vielleicht zweifeln, man wird an diesen Erfolg nicht glauben wollen.
Fort Douaumont eingenommen? Ausgeschlossen, so etwas gibt es ja gar nicht. So etwas darf es nicht geben, weil es doch weit über den ausdrücklichen Befehl der Heeresleitung hinausgeht. Bei der Heeresleitung selbst werden sie sagen:
»Die Feste Douaumont kann nicht genommen sein, diese Einnahme steht ja nicht im Plan der Ausblutungstaktik!«
Diese Erwägungen liegen auf der Hand. Deshalb schickt Hauptmann Haupt einen Offizier zur Berichterstattung nach hinten. Es ist Oberleutnant v. Brandis, der die Nach-

richt bringen soll. Aus dem Munde des mitstürmenden Offiziers sollen alle Dienststellen, die es angeht, die Wahrheit erfahren.
Oberleutnant v. Brandis verläßt gegen 19 Uhr, bei tiefster Dunkelheit, die Feste Douaumont. Unangefochten gelangt er in den Kehlgraben. Er schwingt sich wieder durch eine Bresche unter den Eisenzaun hinweg, er durcheilt eine der Gassen im mannshohen Drahthindernis. Mit untrüglicher Frontwitterung weicht er Einschlägen der deutschen Artillerie aus und erreicht endlich, nach langem, beschwerlichem Weg, die deutschen Batterien. Hier erfährt er, daß man immer noch den Sargdeckel beschießt und noch stundenlang weiter zu beschießen gedenkt, denn »im Douaumont sitzen ja die Franzosen«.
Die Franzosen im Douaumont! Irrtum, nein, seit einigen Stunden schon ist der Douaumont von den Deutschen erobert und besetzt. Allerdings sind es nur hundert Mann, zusammengewürfelt aus mehreren Truppenteilen, die jetzt im Fort weilen, Pioniere und Infanteristen. Aber schon sind neue Verstärkungen unter dem Befehl von Major v. Klüfer unterwegs.
Die Batterieführer vernehmen staunend diese Nachricht und lassen das Feuer vorverlegen. Sie tun es zwar nur zögernd. Aber sie glauben diesem Oberleutnant, der so eindringlich spricht und ihnen den Hergang in knappen Worten schildert.
Weiter rückwärts bei den Stäben wundert man sich nicht schlecht und läßt sich Einzelheiten erzählen. Kein Zweifel mehr, die Panzerfeste Douaumont ist in deutscher Hand!
Alle Nachrichtenstellen fiebern.

Der Draht arbeitet.
Die Fernsprecher summen.
In den Morseapparaten tickt und lebt die Nachricht, und ehe eine weitere Stunde vergangen ist, vernimmt man es in der Heimat. Man hört es und atmet auf. Endlich! Das ist eine Tat, eine befreiende Tat! Und dann kommt der Tagesbericht der Obersten Heeresleitung und meldet:
»Die Panzerfeste Douaumont, der nordöstliche Eckpfeiler der permanenten Hauptbefestigungslinie der Festung Verdun, wurde durch das brandenburgische Infanterieregiment 24 erstürmt und ist fest in deutscher Hand.«
Im Laufe des späten Abends hatte Hauptmann Walter Bloem an der Spitze des ersten Bataillons der 12. Grenadiere unter schweren Verlusten und unsagbaren Mühen das Weichbild des Dorfes Douaumont erreicht. Bloem wußte nichts von der Wegnahme der Feste durch die Vierundzwanziger. Er schickte sich an, beim Morgengrauen den letzten Satz gegen die Panzerfeste zu wagen.
Da meldeten vorgeschickte Patrouillen:
»Die Feste ist bereits besetzt, die Vierundzwanziger hokken drin.«

Der 26. Februar wird große Überraschungen bringen, das wissen die Eroberer der Feste, das wissen auch alle Stäbe, die gestaffelt auf dem ganzen Kampfgelände verteilt liegen. Niemand wagt, an einem machtvollen französischen Gegenstoß zu zweifeln. Unter allen Umständen werden die Franzosen, das steht nun einmal fest, mit den letzten Mitteln, mit einem letzten Aufgebot von Menschen und Material, diese Scharte auszuwetzen versuchen. Noch nie haben jene Männer, die jetzt in der Feste

Douaumont die Stellung halten, so sehnsüchtig und doch mit solch heimlichem Bangen den jungen Tag erwartet. Was wird ihnen der Tag bringen?

Das Schneegestöber hört gegen Morgen auf. Ein strahlend-heller, kalter Tag leuchtet über dem Schlachtfeld von Verdun. Oberleutnant v. Brandis hat sich auf das Dach der Hauptkaserne im Fort begeben und hält Umschau. Er sieht auf allen Straßen und Anmarschwegen französische Kolonnen, die in Stellung rücken und vermutlich den Auftrag haben, das Fort Douaumont wiederzuholen. Noch schweigt das Massenfeuer der Artillerien. Wahrscheinlich nimmt man auch bei den Batterien die notwendigen Umgruppierungen vor. Natürlich müssen auch die Munitionsstapel ergänzt werden. Über der verschneiten Landschaft liegt nur noch geringes Störungsfeuer.

Der einsame Beobachter hoch oben auf dem Kasemattendach der Feste Douaumont auf der Spitze des Sargdeckels, 388 Meter über dem Meeresspiegel, überschaut das ganze weite Hügelgelände ringsum, das Schicksalsfeld zweier tapferer Völker, die sich hier bis zur Vernichtung bekämpfen und doch die Träger von Kultur und Fortschritt auf jeglichem Gebiet sein könnten. Im Rund seines Feldstechers entdeckt er vollbesetzte französische Kraftwagen, die bis an die »Kalte Erde« heranrücken. Genau bis dorthin reichen auch die gezielten Geschoßgarben der deutschen Maschinengewehre. Und dann sieht er französische Regimenter, die Offiziere zu Pferd, in Marschrichtung auf das Dorf Fleury. Ohne Furcht vor Entdeckung zieht diese Truppe dahin, in dichtgedrängter Kolonne. Von weiter rückwärts, aus der Etappe, arbeiten sich endlose Menschenschlangen an Souville vorbei und ergießen sich gegen Norden in den Chapitre-Wald und in das Gehölz von La Caillette, wo sie wahrscheinlich im Gestrüpp verborgene, gut ausgebaute Stellungen beziehen. Über diese Tatsache, über dieses Bild der in den Kampfraum einströmenden Menschenmassen würde sich der Planer der Verdunschlacht, General v. Falkenhayn, zweifellos freuen. Kanonenfutter rückt dichtgedrängt an – Futter für das Trommelfeuer. Ganz nach Plan!

Und dann dreht sich der Beobachtende gegen Norden und hält Ausschau nach deutschen Reservetruppen. Vergebens. Nichts bewegt sich hinter der deutschen Front, als hie und da Verwundetentransporte, die jetzt die Feuerpause nutzen, die blutige Beute der Schlacht bei den Verbandsstellen abzuholen. Es sieht der Beobachter auf der Höhe des Sargdeckels auch noch zahlreiche Sanitäter mit Tragbahren durch den Schnee stampfen. Überall kleinere Trupps Sanitäter. Sie verschwinden in den Trichtern, und wenn sie wiederauftauchen, sind die Bahren schwer, und die Männer schreiten dann rasch, aber behutsam dahin. Von Ersatztruppen aber, die im Anmarsch wären, oder von frischen Reserven weit und breit keine Spur. Nur weit hinter Azannes aus dem Wald von Spincourt und geradeaus vom Romagnerücken herunter sind Munitionskolonnen unterwegs, und bringen nochmals Granaten für die Batterien, obwohl die Zeit für solche Fahrten bereits ungünstig geworden ist, weil schon wieder die französischen Fesselballons aus tausend und mehr Meter Höhe das deutsche Hinterland beobachten.

In den nächsten Stunden muß die Entscheidung fallen. Wenn jetzt nicht sofort die deutschen Reserven anrücken und die augenblicklich herrschende Ruhe des Schlachtfeldes nutzen, um ihre Einheiten möglichst rasch und ungehindert bis mindestens auf die Höhe des Chauffour-Waldes heranzutragen, dann ist alles verpaßt. Und dann war die Einnahme der Feste Douaumont nur eine Episode, und Frankreich wird den Sieg einer Wiedereroberung feiern können. Wird es so sein? Es scheint fast. Denn die deutschen Reservetruppen bleiben aus, und Frankreich hat jetzt wohl den Namen Douaumont zu einem Symbol gemacht, zu einer Fahne entschlossenen Widerstandes.

Gewiß, das Fort ist verloren, aber noch steht das Dorf, dessen letzte Häuser nur einhundertfünfzig bis zweihundert Meter von der Feste entfernt liegen. Der Name Douaumont muß seine Bedeutung behalten. Und wenn das Fort unrühmlich verlorenging, so wird das Dorf Douaumont die Scharte auswetzen. Über den Eingängen der Feste steht die mahnende Inschrift, wie überall in allen französischen Festungen:

»Man läßt sich unter den Trümmern begraben, aber man ergibt sich nicht!«

Doch siehe, die Festung hat sich ergeben. Der Riese Douaumont ist von schwachen deutschen Kräften überrumpelt worden; und wenn's auch nur ein Handstreich war, so bleibt diese Tat dennoch ein bemerkenswertes Wagnis. Es wurde alles gewagt und alles gewonnen. Und jetzt ist die Festung in Feindeshand. Aber das Dorf wird sich rächen. Und wird das Fort rächen!

Jawohl, das Dorf rächt sich. Es hat alle Angriffe der deutschen Grenadiere abgewehrt. Und nun erheben sich, nach kurzer Artillerievorbereitung, aus dem Chauffour-Wald heraus die Sturmwellen des deutschen Infanterieregiments 52, bewegen sich auf das Dorf zu. Dreimal versuchen die Deutschen, den Dorfrand zu erreichen. Dreimal werden die Schützenlinien blutig in den Schnee geworfen, denn hier, im Trümmerhaufen der Ortschaft, sitzen Männer wie der gefallene Oberstleutnant Driant. Hier befehligt der Regimentskommandeur de Belenet, unterstützt von Major Compeyrot. Die Soldaten stammen aus Einheiten des zusammengeschmolzenen 95. Infanterieregiments anderer Elite-Truppen.

Gewiß, die Kompanien zählen nur noch wenige Gewehre, und die Keller des Dorfes sind gefüllt mit Sterbenden und Verwundeten, aber die beiden Offiziere haben sich geschworen, unter keinen Umständen die weiße Fahne zu hissen, unter keinen Umständen den Rückzug anzutreten. Wohin auch? Wohin soll sich eine geschlagene französische Truppe jetzt begeben? Vielleicht zum Fort Douaumont? Nein, das ist jetzt besetzt und verloren. Leider verloren für Frankreich. Solange aber das Dorf Douaumont noch steht, bleibt der Deutsche da oben auf der Feste einsam und ohne Kampfmöglichkeit. Dorf Douaumont will stehen. Dorf Douaumont wird halten! Wird halten für Frankreich!

Wird es an diesem Tag dem III. Deutschen Armeekorps, verstärkt durch zwei Regimenter, gelingen, die »Kalte Erde« zu gewinnen, über die Zwischenwerke von Thiaumont hinweg?

Inzwischen gelingt der deutschen Infanterie endlich die Wegnahme des kleineren Hardaumont-Werks. Dies geschieht mit Hilfe schwerer deutscher Artillerie. Mehrere Granaten treffen das Werk an seinen verwundbaren Stellen, und als eine 42-Zentimeter-Granate mit Höllengetöse die Feste in ihren Grundpfeilern erschüttert, geht sofort die weiße Fahne hoch. Hundertzwanzig Franzosen ergeben sich.

Dieser neuerliche Verlust eines Festungswerkes, das zwar kein ausgebautes Fort ist, aber dennoch ein beachtliches Zwischenwerk, zwingt die französische Heeresleitung zu einer besonderen Maßnahme. Die Panzerfeste Vaux soll in die Luft gesprengt werden.

Warum?

Will man die Festungswerke überhaupt jetzt nach und nach vernichten, aufgeben, um dem Gegner nicht den Triumph einer Einnahme zu gönnen?

Soll der Feind nur Trümmer finden statt der Kernwerke mit zermürbter Besatzung und guter Bestückung?

Es scheint so.

General Balfourier ist zu diesem Entschluß nicht zuletzt durch die deutsche Beschießung gezwungen worden. Ein schwerer Mörsereinschlag, Kaliber 42 Zentimeter, hat die Panzerfeste Vaux an einem verwundbaren Punkt getroffen, nämlich mitten auf der Kasematte, die zahlreiche Geschosse barg. Der Schuß durchschlug die Panzerdecke und richtete im prallvollen Kasemattenraum unerhörte Verheerungen an. Mit gewaltigem Krachen und Donnergetöse flogen die entzündeten Kartuschen in die Luft. Die anderen Teile des Kernwerkes wurden in ihren Grundfesten erschüttert. Fast überall zeigten sich handbreite Risse und Sprünge. Die Kampfkraft des Panzerforts Vaux hatte gewaltig gelitten. Daher auch der Befehl des Generals Balfourier, das Fort unverzüglich in die Luft zu sprengen.

Zur Ausführung dieses Befehls kommt es nicht mehr, denn die Deutschen greifen erneut an. Die Linie Douaumont–Pfefferrücken wird an diesem Tag erreicht, und die französischen Generale finden, daß die Feste Vaux wahrscheinlich noch eine gewisse Rolle spielen könnte.

An diesem Tag hat der Oberbefehlshaber Joffre schwere Sorgen und geht mit sich zu Rate, ob er das rechte Maasufer überhaupt räumen soll, um links des Flusses desto erbitterter Widerstand leisten zu können. Die Maasniederung zwischen sich und die Gegner legen ist kein schlechter Plan. Aber dann müßte ja Verdun fallen. Nein, Verdun darf nicht fallen! Das ist unmöglich! Das ist undenkbar! Die Soldaten des Kronprinzen dürfen nie auf den Kasernenhöfen von Verdun ihren Parademarsch des Sieges üben. Und nun erläßt Joffre seinen berühmten Befehl: »Jeder Führer oder Unterführer, der auf dem rechten Maasufer noch einen Rückzugsbefehl gibt, wird rücksichtslos vor ein Kriegsgericht gestellt. Die jetzigen Stellungen müssen unter allen Umständen gehalten werden.«

Das ist ja gerade das, was die deutsche Armeeführung will. Über diesen Befehl des französischen Oberkommandierenden empfindet General Erich v. Falkenhayn größte Genugtuung. Gerade einen solchen Befehl hatte er – als Erfüllung seiner Ausblutungstaktik – ja dringend gewünscht. Jetzt weiß er, daß Verdun zur Fahne Frankreichs erklärt ist, zur Fahne, für die man zu sterben hat, die man aber nie und nimmer hergibt.

Diese Genugtuung wird aber im Armeequartier des deutschen Kronprinzen keineswegs geteilt. Kronprinz

Wilhelm ist zwar ein sportlicher Mann, dem jede Zimperlichkeit fremd ist, aber diesen großen Aderlaß, der jetzt erst richtig anheben wird, billigt er keineswegs. Sehr zu Unrecht wird man den Kronprinzen in späterer, von schlecht unterrichteten Autoren verfaßter Geschichtsschreibung als »Schlächter von Verdun« bezeichnen. Nein, Kronprinz Wilhelm war ein Gegner der grausamen Ausblutungstheorie. Aber ehe sein Wille durchdringt, um mit dem sinnlosen Abschlachten zweier tapferer Nationen Schluß zu machen, sollen noch Wochen vergehen, Wochen voll Blut und Grauen, wie nie zuvor ein menschliches Hirn sie ersann und nie ein Soldat, ob Feldgrauer oder Poilu, sie schaudernd erleben mußte.

Stierhorn »Dorf Douaumont« bricht ab

Am 27. Februar soll das XVIII. Deutsche Armeekorps weiter vordringen. Mit dem Spuk im Dorf Douaumont wird man jetzt endgültig Schluß machen. Darüber hinaus sollen die deutschen Sturmtruppen gegen die Feste Vaux vordringen und auch diese Drohung aus der Welt schaffen. Das Regiment 52 versucht mit seinen stark gelichteten Verbänden einen erneuten verlustreichen Angriff auf das Dorf Douaumont. Wild bellen die französischen Maschinengewehre. Das Sperrfeuer röhrt und wirft nicht weniger als dreihundert der tapferen Märker blutig in den Schnee. Das Dorf aber bleibt unbesiegt. Das Dorf rächt das Fort.

Noch einmal setzen die Deutschen zum Sturmangriff auf die Ortschaft an. Das dritte Bataillon des Infanterieregiments 24 und die 3. Lübbener Jäger gehen durch die Hassoulle-Schlucht vor. Sie stürmen nicht unmittelbar auf das Dorf zu, sie wollen es von hinten packen und zuerst einmal den Caillette-Wald pflücken, diese Bedrohung im Süden der Feste Douaumont. Von dort aus wird es nur noch eine Kleinigkeit sein, dem hartnäckigen Trümmerdorf Douaumont den Lebensfaden abzuschneiden. Die so tapferen Verteidiger dieses vielfach zusammengeschossenen und immer wieder unterhöhlten Trümmerhaufens werden dann in die Zange des Flankenfeuers geraten. Aber es kommt anders, als der harte Siegerwille der Jäger und der Vierundzwanziger es gewollt hat.
Aus dem Trümmerhaufen bricht das Feuer der Poilus elementar in die Flanke der Stürmer. Der weite unbedeckte Hang bietet den Feldgrauen keine Deckung. Unmöglich ist's, sich hier einzugraben zum Schutz gegen das peitschende Maschinengewehrfeuer, das aus jedem Trümmerstück hervorbellt. Jedes Mauerstück, jeder Steinhaufen, alles speit Tod und Verderben. Bis zum Einbruch der Dunkelheit liegen die deutschen Sturmkolonnen regungslos auf dem Hang. Sie können ihr Ziel nicht mehr erreichen, und die tapferen Jäger verlieren nicht weniger als sechs Offiziere und vierhundertsieben Mann. Fast das ganze Jägerbataillon wird somit in kurzer Zeit aufgerieben. Wirklich, das Dorf Douaumont wetzt die Scharte aus.
Wieder weht starkes Schneegestöber über die Landschaft. Der Winter hat mit verspäteter Macht eingesetzt. Und die Truppe ist müde, ausgepumpt, erledigt, während drü-

ben, von Stunde zu Stunde, neue Verstärkungen heranrücken. Noch einmal stürmen die Hundertfünfer, unterstützt von den 12. Grenadieren und den 3. Pionieren, und versuchen, das Dorf Douaumont durch Handstreich zu nehmen. Wieder kommen die Deutschen nur bis zum Drahtverhau am Dorfeingang.

Es ist eine Qual um dieses Dorf, gegen dessen Hartnäkkigkeit auch das Trommelfeuer versagt. Niemand weiß, daß sich unter dem Trümmerhaufen ein wahres Gewirr von festungsartig ausgebauten und betonierten Gräben hinzieht. Wie ein Maulwurfshügel oder wie ein Fuchsbau, mehr noch wie ein Ameisenhaufen, so ist das Dorf Douaumont unterhöhlt. Die Häusertrümmer bilden nur noch harmlose Tarnung für die Festungswerke, die hier in kurzer Zeit ausgebaut worden sind. Unterstand reiht sich an Unterstand. Aus gutgetarntem Versteck bietet sich den französischen Scharfschützen ein übersichtliches Schußfeld.

Der deutsche Angriff auf Verdun scheint hier, am Rande des zertrümmerten Dorfes Douaumont, seinen Todesstoß zu erhalten. Zwei Tage lang geschieht nichts. Aber dann, am 2. März, muß endlich das Dorf Douaumont fallen. Durch Überläufer haben die Deutschen erfahren, daß sich im Trümmerhaufen das beste Regiment der französischen Armee zur zielbewußten Abwehr befindet. Es ist das Eliteregiment 33, dessen Kommandeur früher General Pétain war. Und dieser Name ist seit einigen Tagen Symbol geworden. Pétain hat immer schon seine Stimme erhoben und eine rücksichtslose Verteidigung des befestigten Lagers von Verdun verlangt. Seinem Einfluß ist es teilweise zu verdanken, daß der Oberbefehlshaber Joffre den ursprünglichen Gedanken an die Räumung des rechten Maasufers so rasch aufgab. Keinen besseren General konnte Joffre mit der Verteidigung des Platzes Verdun beauftragen. Von seinem Hauptquartier im Rathaus von Souville aus befehligt Pétain nun das Festhalten um jeden Preis.

Und dennoch wird an diesem Tag, dem 2. März 1916, der stärkste Zahn in dieser Verteidigung ausgebrochen. Das Regiment 52, dieses tapfere, ausgeblutete märkische Regiment, wird noch einmal gegen das Dorf angesetzt. Und diesmal soll ihm der Einbruch in das Ziel gelingen. Wirksam wird das Vorgehen der Musketiere durch das Maschinengewehrfeuer vom Fort aus unterstützt.

Aus den Schießscharten der oberen Panzertürme, vom höchsten Punkt des Sargdeckels, schlägt plötzlich, just im Augenblick, da sich die Märker zum Sturmangriff rüsten, deutsches Maschinengewehrfeuer in das Dorf Douaumont.

Die Verteidiger sind grenzenlos überrascht, achten jedoch zunächst gar nicht auf diese wohlgezielte Garbe, denn ihre ganze Aufmerksamkeit gilt den Männern, die jetzt am hellen Mittag des 2. März mit Hurra-Geschrei über das Schneefeld rasen und sich unbeirrt, trotz schwerer Verluste, dem Stacheldraht nähern. Dieses Drahthindernis, durch das Vorbereitungsfeuer der Deutschen zerfetzt, bietet ihnen Gassen und breite Lücken. Vom Fort herunter und vom Rücken des Sargdeckels belfern die Maschinengewehre und mähen die Franzosen aus der Flanke nieder.

Und da sind die Märker auch schon im Dorf. Sie springen über die Trümmer, man sieht sie in den Straßen über um-

gefallene Mauern klettern, man erblickt sie zwischen zahlreichen Franzosen, die sich überrascht ergeben und es nicht fassen können, daß ihre Reihen so unverhofft durch Flankenfeuer gelichtet wurden. Das tapfere Regiment 33, Frankreichs Elitetruppe, muß erkennen, daß den Deutschen ein Überraschungsvorstoß voll und ganz gelungen ist, wenn auch nur unter erheblichen Verlusten.
Rund tausend unverwundete Franzosen kommen aus ihren Verstecken und unterirdischen Festungswerken und strecken die Waffen. Sie werden zuerst in den Wallgraben des Douaumont geführt und treten von dort aus den Gang in die Gefangenschaft an.
Vergebens versuchen die Zweiundfünfziger ihren Siegeszug weiter nach Süden auszudehnen. Es gelingt ihnen nicht mehr, über das Dorf hinwegzukommen. Die Kraft der Truppe ist erschöpft; zu groß waren die Verluste der letzten Tage; das Regiment 52 besteht nur noch aus Trümmern. Die Ausblutungsschlacht hat zwar planmäßig in vollem Maße eingesetzt, aber auch bei der deutschen Truppe.
Rechts entbrennt jetzt der zweite Teil der gewaltigen Schlacht um einen neuen Zahn im Festungswerk des befestigten Lagers Verdun, und dieser Zahn ist Fort »Vaux«.

Opfergang der Zwanzigjährigen

Die Schlacht um Verdun gewinnt nun langsam ein anderes Gesicht. Das Kampffeld dieses erbitterten Ringens verteilt sich auf zahlreiche Abschnitte. Es ist nicht mehr der Großangriff in weiter Front wie an den ersten Tagen, das zielbewußte Drauf und Ran mit dem Durchbruch bis vor die brüllenden Mündungen der französischen Batterien und gar noch darüber hinaus. Nein, jetzt flutet der Kampf hin und her und verweilt Tage und Wochen auf einem engbegrenzten Raum. Die Schlacht teilt sich auf und verbeißt sich in nervenzermürbende Einzelheiten. Und das ist noch schlimmer und aufreibender als eine große zielbewußte Kampfhandlung. Die heldenhaften Anstrengungen um einzelne Bergrücken, Höhen, um durchwühlte Kuppen und zerfetzte Waldstücke, das zähe Ringen um einige Fußbreit gemarterter Erde hat jetzt begonnen.

Die Menschenmühle an der Maas mahlt und mahlt. Jetzt brüllt die Zermürbungsschlacht in vollem Umfange. Das ist kein Stellungskrieg mehr, aber auch kein Vormarsch. Es ist etwas Neues. Es läßt sich nicht genau erklären. Taktisch gesehen, nach dem Plan der deutschen Heeresleitung, kann man es nur als Ausblutungsschlacht bezeichnen, als Ausblutungsschlacht in höchster Wucht. Für die Regimenter, die es aushalten müssen und diesen Schrecken überleben, ist es einziger, großer, unlöschbarer Begriff, der bis an das Ende ihrer Tage durch ihre Seelen geistern wird:

Es ist die Hölle um Verdun!

Divisionen kommen und werden innerhalb weniger Tage in diesem Glutofen der Schlacht zu Schlacke gebrannt. So geht es hüben, und so geht es drüben. Die Franzosen ziehen ihre abgekämpften Divisionen schon nach kurzer Zeit aus dem Feuer, schicken sie in weit zurückliegende Ruhequartiere. Selten dauert bei ihnen der Einsatz eines Truppenteils länger als zehn Tage. Auf deutscher Seite verfolgt man eine andere, viel blutigere Taktik.

Die vorne liegenden Regimenter werden stets durch frischen Ersatz aufgefüllt. Da rollen die Transportzüge ununterbrochen aus der Heimat, sie rollen heran und bringen unerfahrene Rekruten, bringen die knapp ausgebildeten Soldaten des Jahrgangs 1896. Um Verdun soll die Feuertaufe dieser jungen Menschen sein, eine Feuertaufe sondergleichen.

Verdun ist die Schlacht der Schlachten, das gewaltigste Kriegserlebnis aller Zeiten. Und in diesen Schmelztiegel wirft man den frischen Ersatz. Ohne Erfahrung und ohne die notwendige Frontwitterung, die sich nur bei längerem Frontaufenthalt und in längerem Zusammenleben mit älteren Kameraden erlangen läßt, marschieren diese Rekruten hilflos auf das gräßlichste aller Kampffelder. Dort wird ihnen der Krieg seine wildesten Schrecken zeigen, seine schlimmste Seite. Sie aber kommen daher, bewältigen das Trichterfeld, das immer furchtbarer, immer hoffnungsloser, immer grundloser wird. Sie marschieren gegen die jagende Wand der heranbrausenden Granaten. Jetzt sind sie schon in der Sperrfeuerzone, und ihre Reihen lichten sich. Stumm, ohne begriffen zu haben, fallen sie. Ihr Opfer ist groß, aber nutzlos.

Ganz plötzlich, ganz brutal muß hier der Rekrut zum Krieger werden, muß sich innerhalb von Stunden wandeln oder sterben. Viele packt es gleich am ersten Tag, ja schon kilometerweit hinter den Kampfgräben, noch am Rande der Etappe.

Über Nacht reifen sie zum Manne, und dann wird ihr kampferfülltes Tun nüchterner Alltag. Der deutsche Jahrgang 1896 leidet und blutet grauenhaft um Verdun. Und wer hier übrigbleibt, der gehört später, während der Rückzugsschlacht im Herbst 1918, zum Gerippe des letzten zielbewußten Widerstandes.

Mit groß aufgerissenen, schreckerfüllten Augen im lehmüberkrusteten Gesicht starren sie in das Unfaßbare, das sich hier bietet. Von ehemals dichten Wäldern mit verfilztem Unterholz stehen nur noch verbrannte Stümpfe, und dort, wo sich früher Äcker und Gärten dehnten, greift ein Granattrichter in den anderen. Alle Dörfer der Kampfzone sind niedergewalzt, der Feuerorkan der Artillerieschlacht hat Dächer, Mauern und alles Werk von Menschenhand zertrümmert, zuletzt noch die Fundamente aus dem Boden geschossen, als gelte es, nur noch völlig verbrannte Erde zu hinterlassen. In dieses Chaos von Tod und Vernichtung, in dieses weite und breite Blutfeld um Verdun, über dessen gemarterte Flur der bittere Brodem der Verwesung weht, in diese von Unmenschlichkeit ersonnene Menschenmühle, wirft ein Federstrich diesen Jahrgang 1896. Hier fallen sie in Massen. Verdun, die Ausblutungsschlacht fordert Hekatomben. Der neue Ersatz liefert sie.

Bei Langemarck war der große Opfergang deutscher Kriegsfreiwilliger.

Ohne Lied auf den Lippen, stumm und ergeben in ein grausames Geschick, aber wissend und hart, sterben die Zwanzigjährigen in der Hölle um Verdun.

Diese Art der Ergänzung und des Nachschubs, wie sie auf deutscher Seite gehandhabt wird, hat einen großen Nachteil. Die Truppe bleibt zu lange in der Kampfzone. Sie wird überhaupt erst aus dem Feuer gezogen, wenn sie völlig abgekämpft und unerträglich geschwächt ist. So kommt es denn, daß diesen schwachen, zusammengeschrumpften und ihrer alten Kernmannschaft beraubten deutschen Regimentern stets frische, ausgeruhte französische Truppen gegenüberstehen. Auch hier, in der Frage der Truppeneinheiten und der Möglichkeit ihres Ersatzes, will die deutsche Heeresleitung unbedingt den Stier an den Hörnern packen, will ihn dort angreifen, wo er am stärksten ist. Diese besten Regimenter Frankreichs sind gerade gut genug, um den deutschen Sturm abzuwehren und dabei planmäßig zu verbluten.
Nun aber soll für die deutsche Front auf dem rechten Ufer der Maas Luft gemacht werden. Die weittragenden französischen Geschütze können ja die deutsche rechte Flanke unter Feuer nehmen. Zu jeder Zeit kann französische Artillerie in Massen auf der Eisenbahnlinie von Verdun aus nach Charny vorstoßen und die Front bei Douaumont seitwärts anpacken. Diese Bedrohung auf dem linken Ufer muß endlich weg. Zu lange schon dauert der Spuk. Unhaltbar ist's, daß der Feind mit seinen Mündungen in der Flanke sitzt. Daraus ergibt sich für die deutsche Heeresleitung die Notwendigkeit, von Avocourt herüber bis zur Maas die Front gradlinig abzukürzen, somit die

wichtige Höhe bei Bethincourt, ferner die Höhe 304, den »Toten Mann« und andere Punkte in die Hand zu bekommen.

Am 6. März beginnt der planmäßige deutsche Angriff auf dem linken Maasufer.

Fast alle bisherigen Angriffe, von der Ausgangsstellung am 21. Februar bis jetzt, am 2. März, wurden von denselben Regimentern durchgeführt. Und nun stellte sich eine unausbleibliche Ermüdung ein. Die Truppe muß abgelöst werden. Es muß ihr die Möglichkeit einer längeren Ruhepause gegeben werden. Die Überlebenden des rücksichtslosen Angriffskampfes sind todmatt, ihre Uniformen zerrissen, ihre Glieder halb erfroren. Seit dem 21. Februar haben die meisten Stürmer kein warmes Essen mehr gesehen. Sie haben sich, so gut es ging, von den mitgenommenen eisernen Portionen verpflegt und auch die französischen Unterstände nach Lebensmitteln durchsucht. Nun muß die Truppe endlich zurück in die Ruhequartiere.

Das deutsche Artilleriefeuer schweigt auf der ganzen Linie. Man will während der Zeit der Ablösungen jede größere Kampfhandlung vermeiden. Der Gegner soll fast den Eindruck gewinnen, daß man sich mit dem Erreichten zufriedengeben will. Vielleicht glaubt er es auch und sammelt nunmehr seine Streitmacht zum Gegenstoß.

Während die deutschen Regimenter in Ruhestellung wanken und eine neue, frische und ausgeruhte Truppe die bisher erreichten Linien besetzt und ausbaut, fegt wachsendes Störungs- und Vernichtungsfeuer über das

Kampffeld. Ein großangelegter französischer Gegenangriff scheint sich vorzubereiten, denn Pétain hat ja jetzt Truppen genug. Er hat auch Artillerie genug. Foch hat ihm die gesamte Schwerartillerie seiner X. Armee geschickt.

Aber drüben bei den Deutschen rührt sich nichts, gar nichts. Unheimlich diese Ruhe.

Pétain lauert.

Er findet jetzt nicht den Mut zum ersten Schlag. Vielleicht will er günstigere Temperaturen abwarten; das Tauwetter hat plötzlich eingesetzt. Der Schnee ist geschmolzen und hat das weite Feld um Verdun in schlittrigen und glatten Morast verwandelt. Alle Wege sind wieder grundlos geworden. Es dauert viel zu lange, bis die schwere Artillerie der X. Armee in die Feuerstellung gebracht werden kann.

Und da ist der 6. März gekommen. Die frischen deutschen Ablösungen haben ihre Sturmstellung bezogen. Langsam werden die deutschen Batterien noch weiter vorgezogen. Alles deutet auf eine Fortsetzung der deutschen Offensive. Der Deutsche steht wieder bereit.

Punkt 11 Uhr, am 6. März, rast das deutsche Trommelfeuer. Nicht lange – – auf dem linken Maasufer tragen die Deutschen jetzt den Angriff vor. Ihre Sturmwellen brechen aus dem Forges-Wald. Voran einige Kompanien der Regimenter 38, 51 und des Reserveregiments 82. Der Cumières-Wald ist ihr Ziel. Und ein weiteres Ziel ist ein seltsamer Bergrücken, der einen noch weit seltsameren Namen trägt. Im Volksmund heißt diese Höhe »Toter Mann«.

Dieser Angriff auf dem linken Maasufer wird für die

Franzosen eine große Überraschung. Sie haben nicht mehr damit gerechnet. Für Pétain stand fest, solange die Deutschen nur auf dem rechten Maasufer kämpfen, wird man sie aufhalten können. Wehe aber, wenn sie ihren Sturm- und Drangwillen auf die andere Seite des Ufers tragen. Was dann?

Die Antwort auf diese Frage möchte die schwere französische Artillerie geben. Zwischen Verdun und Charny, fast in der Flanke der Deutschen, hat General Herr alle seinem Befehl unterstellten schweren Eisenbahngeschütze der X. Armee vorfahren lassen. Und von hier aus donnern nun die großen Kaliber in die angreifenden deutschen Schützenlinien. Aber die zentnerschweren Riesengeschosse finden fast keinen harten Aufschlag und wühlen sich mit glucksendem Geräusch in die Sumpfwiesen um das Dorf Forges. So versagt die Wirkung der schweren Artillerie; fast alle Geschosse sind Blindgänger. Und dann gelingt es den Deutschen, die Höhe 165 zu nehmen.

Die folgenden Tage sind ausgefüllt mit schwerem Kampf um das Dorf Bethincourt und um den Besitz der Höhe »Toter Mann«. Es geht nicht rasch voran auf dem linken Maasufer. Zäh halten die Poilus, denn es handelt sich jetzt um das Rückgrat der französischen Verteidigung auf dem linken Maasufer. Um die Höhe »Toter Mann« geht es in erster Linie. Täglich, bis zum 14. März, greifen die Deutschen hier an. Stück um Stück wird den Franzosen das Vorfeld entrissen. Die Deutschen wollen den »Toten Mann«, sie wollen die Kampflinie dieses hohen Rückens, der sich nach rechts und nach links von Avocourt bis zur Maas erstreckt.

General Pétain hat die Absicht der Deutschen erkannt. Bisher war ihm das linke Maasufer nur Nebensächlichkeit, ein Kampffeld zweiten und dritten Ranges. Man kümmerte sich kaum um diese Gegend. Es genügte, daß sie besetzt war und die französischen Batterien aus ihren betonierten Stellungen heraus den angreifenden Deutschen ein wohlgezieltes Artilleriefeuer in die Flanke jagten. Jetzt aber wird das Kampffeld hier ein Entscheidungsgelände erster Ordnung. Mit verbissener Hartnäkkigkeit wirft Pétain seine besten Regimenter in die blutige Schale der Schlacht, die sich hier auf entsetzlich kleinem Raum zusammendrängt. Hier gibt es keine Großzügigkeit. Nein, an einzelnen kleinen Grabenstükken, an Sappenköpfen, an Blockhäusern und Betonklötzen zerschellen Angriffe und Gegenangriffe.
Gerade dies hat General v. Falkenhayn gewollt. Das ist die Ausblutung, wie man sie nicht besser wünschen kann, das ist eine Zusammenballung von Truppenmassen, wie sie sonst an keiner Stelle der Front möglich geworden wäre. Und in diese Massen wuchten nun die Hammerschläge der schweren deutschen Artillerie.
Unbarmherzig hauen die Geschosse in die französische Elitetruppe, die nicht weicht, weil ihr Halten oder Sterben auf dem hohen Kamm befohlen wurde. Zuerst nur Hilfsunternehmen zur Entlastung des rechten Maasufers, wird der Kampf auf der anderen Seite bald schon Mittelpunkt der Schlacht um Verdun. Immer mehr gilt jetzt der Krieg um den »Toten Mann« als Inbegriff aller Furchtbarkeit.
Und alle Fronttruppen hüben und drüben fürchten diesen Abschnitt. Die Doppelkuppe der Höhe mit dem seltsa-

men Namen sieht grauenvoll aus, durchfurcht und durchpflügt, Tag und Nacht von Granaten gequält.
Es dampft die Höhe wie ein Vulkan, verliert bald ihre Gestalt und Farbe, wird leuchtend weiß vom aufgeworfenen hellen Kreidegrund. Und von dieser Kuppe hinüber zur Höhe 304, über den sumpfigen Heckengrund hinweg, ist das Gelände bald nur noch ein einziges ununterbrochenes Trichterfeld.
Hier stirbt jeder Tote zweimal.
Hier werden die Leichen immer wieder aus dem Boden gewuchtet, hineingestampft, zerrissen, zerfetzt.
Die vordersten Kampflinien sind nur noch an den Toten, Verwundeten und an zahlreich herumliegenden Waffen und Ausrüstungsgegenständen zu erkennen.
Und so gelingt denn am 20. Mai der deutsche Vorstoß über den Kamm hinweg. Das Ziel ist erreicht. Jetzt endlich kann die deutsche Artillerie ihre Geschosse in die französischen Batterien des linken Maasufers schleudern. Jetzt endlich kann man die Batterien des Generals Herr, soweit sie bisher mit Flankenfeuer das rechte Maasufer beherrscht hatten, zum Schweigen zwingen.
Unerbittlich werden die französischen Batteriestellungen ausgeräuchert, vergast, in den Boden gestampft, zerschlagen, um den bedrängten Kämpfern drüben auf dem rechten Maasufer Luft zu schaffen.
Am 24. Mai ist endlich der Abschluß der langen Serie ununterbrochener rasender Angriffe und zahlreicher Unternehmen. Die fast gerade West-Ost-Stellung auf dem linken Maasufer wird endlich erreicht. Sie geht von Avocourt südlich an Höhe 304 und am »Toten Mann« vorbei und stößt bei Cumières auf den Fluß. Jetzt tritt der

Kampf auf dem rechten Ufer in seinen furchtbarsten und entscheidenden Abschnitt.
Die Ausblutungstaktik hat bisher ihre furchtbaren Folgen gezeigt, denn in drei Monaten, das heißt vom 21. Februar bis 21. Mai 1916, haben die deutschen Angriffsregimenter zusammen 174215 Mann verloren. In derselben Zeit hat die französische Verteidigung 190000 Mann eingebüßt. Die französischen Geschützrohre haben in dieser Zeit nicht weniger als 9795000 Schuß abgefeuert. Auf beiden Seiten sind weit über 20 Millionen Granaten und Minen verschossen worden. Macht 240000 Abschüsse und Einschläge je Tag, oder 10000 Explosionen in der Stunde, Tag und Nacht, ohne Pause, ohne Erbarmen, 10000 Schuß in der Stunde, durch Wochen, durch Monate. Es ist schon genug zum Wahnsinnigwerden! Und das haben Menschen ausgehalten.
Menschen? Nein, Helden!!!
Aber es ist nicht das Heldentum, das diese Kämpfer in früheren Geschichtsbüchern lasen, das Heldentum, das ihnen als Vorbild in der Schule geschildert wurde, das Heldentum des Sterbens im weiten und breiten Feld als »schönsten Mannestod«. Hier haben sie erkannt, daß kein Tod schön sein kann. Hier, im Toben des ständigen Orkans von Stahl und Eisen, hier im Wehen der Gasschwaden hat der Verdunkämpfer hüben und drüben den Wert eines Menschenlebens erkannt. So seltsam es klingen mag, je länger die Qual der Verdunschlacht dauert, je rasender das Feuer tobt, desto geringer wird jedes Gefühl der Feindschaft. Man bedauert den Gegner, der gerade mal wieder einen neuen Feuerüberfall durchstehen muß. Man bemitleidet die Essenholer und die Reserven, die ge-

rade jetzt auf den Anmarschwegen vom Stahlorkan überrascht und in den Boden gestampft werden.
»Arme Schweine, die Poilus da drüben, genau wie wir«, heißt es in den Schützenlöchern der Deutschen, »die können auch nichts dafür, daß sie hier liegen und auf uns schießen müssen; die wären auch viel lieber zu Hause bei ihrer Madame.«
Gerade bei diesen wilden Kämpfen auf dem »Toten Mann« rücken die vordersten Linien so nahe wie möglich aufeinander zu. Deutsche und Franzosen liegen dann meist nur auf Handgranatenwurfweite voneinander entfernt, um dem Trommelfeuer möglichst wenig Ziel zu bieten. Man achtet sich gegenseitig. Die Infanteristen in Feldgrau und in Horizontblau achten sich, und ginge es nach ihnen, so würden sie sich jetzt sofort die Hand reichen. Zwischen ihnen herrscht kein Haß, sondern kameradschaftliches Verständnis wie zwischen Männern, die alle dasselbe furchtbare Schicksal zu tragen haben!
Und dies ist ihr Heldentum, das ihnen niemals geschmälert werden soll; sie haben ihre harte Pflicht erfüllt. Erfüllt, wie das Vaterland dies forderte. Aber Haß! Nein, Haß haben sie nie gekannt. Im Trichterfeld um Verdun, angesichts des Todes, angesichts der apokalyptischen Schrecken, die allen gleich grauenvoll auf der Seele lasteten, war kein Platz mehr für kleinlichen Haß.

Die Heilige Straße

Die Festung Verdun liegt in der Zange der deutschen Angriffstruppe. Seit der Einnahme der Riesenfeste Douaumont durch einen kühnen deutschen Handstreich liegen alle französischen Anmarschwege und Bahnlinien unter Fernfeuer. Die deutsche Artillerie kann jetzt so weit vorgezogen werden, daß die Bahnlinie und alle nach Süden führenden Wege der Verteidiger einem steten Vernichtungsfeuer ausgesetzt sind.

Jetzt, nach der Einnahme der Höhe »Toter Mann«, hat die deutsche Beobachtung eine zweite, ganz ausgezeichnete Fernsicht. Es wird General Pétain von Tag zu Tag schwieriger, seine Truppen zu proviantieren, die tägliche Menge an Munition, an Waffen, an Granaten, an Nachschub herbeizuschaffen, weil alle Wege und Straßen Tag und Nacht unter dem deutschen Fernfeuer liegen. Die Stadt Verdun selbst duckt sich schicksalergeben unterm deutschen Eisenhagel.

Mit unerbittlicher Regelmäßigkeit sausen die schweren Mörsergeschosse in die Häuserzeilen. Mauern krachen nieder, die Stadt wird bald nur noch ein Chaos von Trümmern sein.

Verdun birgt längst keine Zivilisten mehr. Alle Einwohner wurden schon bei Beginn der Schlacht nach Südfrankreich abtransportiert. Aber alle Keller sind voll mit Soldaten und Reservetruppen. Hier sind die Verluste durch die tägliche Beschießung sehr hoch. Die Stadt Verdun wird zum Schrecknis für jeden Poilu. Alle Truppenteile sind ja gezwungen, immer wieder ihren Weg durch die

Trümmerstadt zu nehmen. Kurz vor den Toren machen sie halt, sichern nochmals ihr Gepäck, schnallen die Koppel fester, und dann geht's durch im Laufschritt. Nur rasch die gefährliche Zone durchquert!

Aber nicht jedem Poilu gelingt es, unversehrt die Trümmerstadt zu durchlaufen. Mancher bleibt unterwegs liegen und muß von nachkommenden Sanitätern zum Friedhof geschafft werden. Glücklich preist man jene, die nur verwundet werden und somit einem weiteren beschwerlichen und gefährlichen Marsch zu den Höhen entgehen.

Hinter den letzten Häusern fallen die ermatteten Menschen wieder in Schritt. Verdun ist die Stadt des Grauens und des Todes. Verwilderte Katzen und feiste Ratten huschen durch die Trümmer. Hier vermischt sich der bittere Brodem von Gas und Pulverqualm mit süßlichem Leichendunst; denn überall unter den Trümmern liegen tote Soldaten.

Und dann hört man andere Schritte. Es ist das langsame, schlürfende, müde Dahinschreiten deutscher Soldaten, deutscher Kriegsgefangener. Hier durch die Stadt Verdun führt man täglich die armselige Beute der Schlacht. Will man den Gefangenen die unbesiegte Stadt Verdun vor Augen führen? Will man ihnen zeigen, wie es in Verdun aussieht? Peinvoll ist die Vorstellung. Und dann führt man die Gefangenen hinaus, gen Süden, auf die Heilige Straße. Hier werden sie schanzen, zusammen mit zahlreichen Territorial-Kompanien, die sorgen, daß die Straßendecke immer befahrbar bleibt. Denn siehe, Verdun hat nunmehr, ab Anfang März, nur noch eine einzige, kaum sieben Meter breite Zufahrtstraße.

Auf der Karte ist diese Straße als Chaussee Nr. 60 bezeichnet. Sie führt nach Bar-le-Duc. Ihre Decke ist längst aufgeweicht. Bis zu den Achsen versinken die Geschütze und andere Fahrzeuge im tiefen Schlamm. Nur mit letzter Anstrengung gelingt es den Bespannungen, ihre Fahrzeuge durch diesen zähen Schlamm zu bringen. Manchmal bleibt eine ganze Batterie stecken und bildet für Stunden ein sperrendes Hindernis. Deshalb kommt jetzt ein Befehl, der jeglichen Wagen- und allen Fußgängerverkehr von dieser Straße verbannt, von dieser einzigen Lebensader der Feste Verdun. Es dürfen nur noch Lastwagen darauf verkehren.
Zuerst sind's dreitausend Lastwagen, die eingesetzt werden. Aber bald steigert sich die Zahl auf täglich achttausend Fahrzeuge. Die Straße wird in ununterbrochener Tag- und Nachtarbeit um mehrere Meter verbreitert, und so können dann die französischen Kolonnen ihre Bahn ziehen, Fahrzeug hinter Fahrzeug.
Mannschaften und Munition, Lebensmittel, alles wird auf diesen Lastwagen herbeigeholt, alles über diese einzige Straße. Die überschweren Geschosse für die Artillerie, die Sprengladungen und viele andere Dinge, die einen besonders holprigen Transport nicht aushalten können, befördert man auf der Kleinbahn. Aber auch diese Kleinbahn läuft dicht neben der Straße, bildet mit ihr sozusagen eine Einheit, die einzige Verbindungsader. Und diese Ader bekommt den Namen »Heilige Straße«.
Für Verdun ist sie heilig und für Frankreich ist sie heilig. Denn sie ist die letzte Möglichkeit für Blutzufuhr vom Herzen Frankreichs zum schier abgetrennten Glied Verdun.

Diese Straße unterbunden, nur wenige Tage durch ständiges, gutgezieltes Artilleriefeuer unbefahrbahr gemacht, und die französische Armee, die an der Verdunfront kämpft, ist ohne Lebensmittel, ohne Munition, ohne Nachschub.
Jedes Gewehr, jede Granate, jedes Brot, jede Patrone, jedes Paket Tabak für die kämpfende Truppe da vorne muß über die »Heilige Straße« herangeschafft werden.
Aber nicht nur die deutsche Artillerie ist das große Hindernis für den Nachschub, vielleicht ebensosehr der Schlamm. Diese einzige Straße nach Bar-le-Duc ist nach Tagen schon so ausgefahren, daß ihre Fahrdecke, zermalmt und im Schmelzwasser zu dünnem Schlamm geworden, seitwärts wegfließt. Und unter dieser aufgerissenen Decke gibt es keinen Fels, keinen festen Boden, sondern Lehm, immer nur Lehm, den berüchtigten Verdun-Lehm, zäh wie Kleister. Die Straße wird bald zur Schlammbahn, in der sich die Gespanne fast bis zum Bauch abmühen. Man spannt Lastwagen vor die Geschütze, die nach vorne in Stellung sollen, aber die Räder der Lastwagen wühlen nur noch tiefer im Lehm, mischen erst recht einen dünnen, zähen Brei und drehen sich auf der Stelle, während die Motoren im ersten Gang aufheulen. Der Schlamm wird bald zum Gegner Nummer eins, trotz allen Bemühungen, die Fahrbahn durch Steine und Schotter zu festigen.
Es ist aber noch eine zweite Straße da, die Nationalstraße von Verdun nach St. Menehould. Sie liegt im Bereich der deutschen Artillerie und kann jederzeit beschossen werden. Sie ist sogar tagsüber von den deutschen Beobachtungsstellen aus gut zu überschauen. Pétain hat jeden

Verkehr bei Tage auf dieser Straße verboten. Man will die Deutschen nicht auf die Möglichkeit dieses Anmarschweges aufmerksam machen. Und deshalb unterbleibt auch jede stärkere Beschießung dieses wichtigen Verbindungsweges. Hier werden nachts die Verwundeten abtransportiert. Über diese Straße wanken nach Anbruch der Dämmerung die Trümmer zusammengeschossener Regimenter ins Hinterland. Als Zufahrtstraße dient nur die »Heilige Straße«.

Auf deutscher Seite sind die Anmarschwege geradezu entsetzlich. Durch das ganze Hinterland führen nur zwei Straßen, die einen solchen Namen verdienen. Und sie sind eigentlich erst vom schlechten Feldweg zur Fahrstraße aufgerückt, nachdem ihnen die deutschen Pioniere durch Anfahren unheimlicher Mengen Kies und Steine einen einigermaßen festen Untergrund verschafft haben.

Als Hauptverbindung zählt die Straße, die von Longuyon nach Spincourt führt. Allerdings ist sie in ihrer ganzen Länge einzusehen; den Beobachtern hinter den Scherenfernrohren auf den Kuppen der Forts Souville und Tavannes bleibt keine Feldküche, kein Bagagewagen, keine Infanterie-Abteilung verborgen. Im Scherenfernrohr sehen diese Beobachter die meisten Wagen und Abteilungen sechs Kilometer südlich Longuyon rechts abbiegen und die zwar schmale, aber schnurgerade Straße auf Pillon benutzen. Diese Straße verschwindet dann kurz vor dem Ort Pillon in einer Geländefalte. Nicht einmal die Beobachter in den französischen Fesselballons, die wie unförmige Riesenwürste eintausend und mehr Meter hoch am

Himmel stehen und an ihren dünnen Stahltrossen zerren, vermögen die weite und recht tiefe Geländesenke einzusehen. Aber ein Blick in diese Senke beim Dorf Pillon würde auch nicht viel ändern, denn dort stehen nur Lazarettbaracken und Lazarettzelte. Ein ganzes Tal voll Lazarettbaracken ist's, um die armseligen Opfer des Kampfes aufzunehmen. Lazarettbaracken überall rechts und links von Pillon, getarnt im dichten Gehölz von Warphemont. Und dann am südwestlichen Ausgang von Pillon, steigt die Straße wieder auf die Hochfläche und bietet sich den Scherenfernrohren. Bis Mangiennes ist die schnurgerade Straße einzusehen.

Daß Mangiennes bis unter die morschen Dachziegel von deutschen Truppen belegt ist, wissen die Franzosen längst.

Die Straße von Mangiennes nach Azannes liegt haargenau im Bereich der französischen Artillerie. Die schnurgerade Abzweigung nach rechts auf das Dorf Romagne und den Romagne-Rücken zu bezeichnet man als »Deutsches Eck«. Rheinische Regimenter haben diesem Zusammentreffen zweier Straßen den Namen gegeben, denn so treffen sich in der Heimat der Rhein und die Mosel im sogenannten »Deutschen Eck«, genau in demselben Winkel.

Völlig einzusehen ist auch die Straße von Damvillers nach Süden auf Flabas zu, besonders vom Pfefferrücken aus. Neben diesen Haupt-Anmarschstraßen gibt es für die Deutschen nur noch Feldwege, die kreuz und quer, meist unter Benutzung von Schluchten und Geländefalten, das Hinterland durchziehen. Von Gremilly aus verläßt die Straße nach Etain das Gewirr der Front, und dann

Der unbekannte Soldat, ein Poilu vom Trägerzug, im weiten Trichterfeld tödlich getroffen, während er seinen Kameraden das Geschirr mit Trinkwasser bringen wollte. Kein Heeresbericht spricht von ihm.

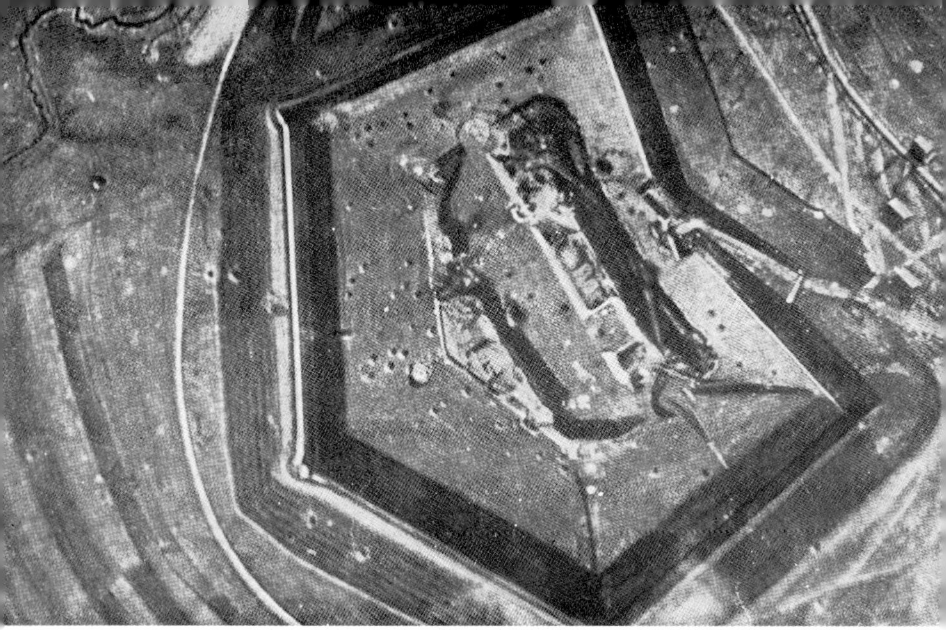

Fort Douaumont zu Beginn der Schlacht. Nur wenige Einschläge deutscher Granaten liegen auf dem Festungsgelände. Man erkennt deutlich Straßen, Schützengräben, Felder und Häuser.

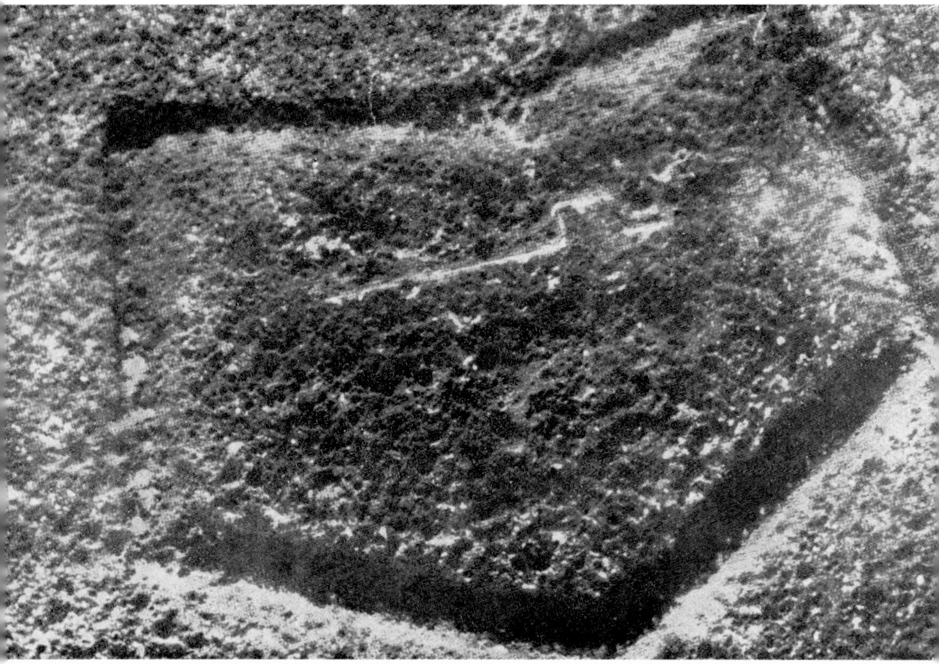

Im November 1916 sind nur noch auf der Luftaufnahme die Umrisse der Panzerfeste Douaumont zu erkennen. Die Landschaft ist tausendfach zerstampft und durchwühlt.

sind's nur noch schlechte, aufgeweichte Pfade. Die einzelnen Dörfer sind durch unausgebaute, grundlose Wege verbunden. Alles ist schlammig, grundlos, gräßlich. Kein Wunder, zuerst der langanhaltende Regen und dann die plötzliche Kälte, die ein rasches Versickern des Wassers unterband und die Feuchtigkeit als Eiskristalle festhielt. Und dann kam plötzlich Tauwetter, untermischt mit Schneegestöber und Regenfällen. Die Front befand sich um diese Zeit vorne am Douaumont.

Es galt nun, jede Kiste Munition, jede Handgranate, jedes Kommißbrot über das grundlos gewordene Trichterfeld herbeizuschaffen. Nein, der deutsche Angreifer bei Verdun hat keine »Heilige Straße«. Ihm steht keine Kleinbahn zur Verfügung. Die Feldbahnlinie von Azannes über Gremilly nach Ornes und darüber hinaus an Bezonvaux vorbei, gegen Vaux und Fleury, ist so zertrümmert, zerfahren und vom Trommelfeuer in den Boden gestampft, daß sie nicht mehr benutzt werden kann. Nur eine ganz kleine Strecke zwischen Ornes und Gremilly wird noch zum Abfahren der Schwerverwundeten benutzt. Diese Bahn fällt also für die deutsche Angriffsfront aus.

Auch die am Maasufer entlangführende Chaussee von Verdun nach Mezières ist nicht mehr benutzbar. Das Trommelfeuer hat sie zermalmt. Stellenweise ist nicht einmal ihre Spur im Trichterfeld zu entdecken.

Für die deutschen Divisionen, die vorne im Schlamm um Verdun kämpfen, muß alles durch Trägerzüge herbeigeschafft werden. Die abgetriebenen Bespannungen bleiben im Schlamm der unergründlichen und grundlosen Wege stecken. Nacht für Nacht fahren sich Kolonnen fest, können nicht mehr vorwärts, nicht mehr rückwärts. Ein seitliches Ausweichen in den Hohlwegen ist meist unmöglich. Gewiß, Feldküchen und Munitionsfahrzeuge versuchen möglichst nahe an die kämpfende Front heranzukommen. Aber dies gelingt ihnen nur mit letztem Kraftaufwand. Und wenn dann, in einem Hohlweg, in irgendeiner Schlucht, auf einem dieser ausgefahrenen Wege, die von wassergefüllten Trichtern unterbrochen werden, Menschen, Pferde und Fahrzeuge in tiefster Dunkelheit zusammengeballt stehen und sich zu entwirren versuchen, heulen die französischen Granaten daher, säen Tod und Schrecken. Alle Ablösungen sind gefürchtet.

Manche Truppenteile verzichten lieber auf die zugebilligten fünf Ruhetage, weil es doch keinen Zweck hat, sich in das grundlose Trichterland zu begeben, wo der einzelne Mensch nur umherirrt. Von allen Wäldern sind nur noch verkohlte Baumstümpfe übriggeblieben, am zerwühlten Boden ein wirres Wurzelwerk, das mit Stacheldraht, Ästen und umgeschossenen Stämmen schier unüberwindbare Hindernisse bildet. Verschwunden auch die Dörfer. Kein Kirchturm, kein Haus, keine Mauer mehr. Nichts ist zu finden, nichts. Der Krieg hat alles niedergewalzt, ausgewischt, erledigt. Fertig, Schwamm drüber!

Weite Strecken dieses Trichtergeländes sind schon ohne Grasnarben, ohne Spur von Bepflanzung. Wird hier jemals wieder Gras wachsen? Werden hier wieder Bäume blühen und Menschen wohnen? Nein, diese Zone scheint für viele Jahrzehnte verurteilt und bleibt Stätte des Todes.

Der Trägerzug ist die Seele der ganzen deutschen Verproviantierung. Wer singt das Lied des Trägerzuges bei Verdun? Der Mann des Trägerzuges ist ein tapferer Soldat wie jeder andere, aber von ihm meldet kein Heeresbericht. Ihm ist es nicht vergönnt, als erster in befestigte Werke des Feindes zu dringen. Er wird nicht mit der geballten Handgranatladung die Stollen des Gegners ausräuchern. Er schreitet nicht an der Spitze der stürmenden Kompanie, in der Faust die kupferne Feuerlanze des Flammenwerfers. Nein, er trägt nur Brot!

Den langen Fronttag verbringt der Mann des Trägerzuges vorne im Granatloch, in Frost, Kälte und Feuchtigkeit. Er hört die Verwundeten jammern, er vernimmt das ekle Quietschen der vollgefressenen Leichenratten nebenan im nächsten Trichter. Er liegt in der Kampflinie, das Gewehr in der Faust, den ausgemergelten Körper in Mantel und Decke gehüllt, den spitzenlosen Helm als Kopfkissen zwischen Steine gedrückt.

Aber sobald die Abenddämmerung niedersinkt, erhebt sich der Mann des Trägerzuges. Er kriecht von Granatloch zu Granatloch und sammelt die Kochgeschirre und Feldflaschen seiner Kameraden ein. Mancher Leichtverwundete vertraut sich seiner Führung an. Beim Rücktransport Schwerverwundeter steht er den Sanitätsmannschaften zur Seite, und sobald die Fernsicht verschwunden ist, hat sich der Trägerzug zusammengefunden und bewegt sich eiligst rückwärts. Die Männer gehen hintereinander, in langer Reihe, mit weiten Abständen. Jetzt sind sie in der Zone des Störungsfeuers, das niemals abreißt, um diese Stunde der werdenden Nacht aber ganz besonders rücksichtslos anschwillt. Es rauscht

und gurgelt ringsum, und die Stichflammen der berstenden Granaten tanzen über dem Gelände. Aber der Trägerzug geht unbeirrt seinen Weg. Er kennt nur seine Pflicht. Und auch hier heißt es unausgesprochen:
»Wer fällt, der fällt! Vorwärts!«
Bald ist die Strecke des Sperrfeuers überwunden. Drüben in irgendeiner Schlucht sollen die Feldküchen warten. Sie haben sich herangearbeitet und müssen rasch, noch ehe wieder der neue Tag anbricht, den Feuerbereich der französischen Geschütze hinter sich haben. In Eile werden die Kochgeschirre gefüllt. In die Feldflaschen gurgelt heißer Kaffee. Hoffentlich wird man dies alles, zusammen mit den verlockenden Kommißbroten und den Fleischbüchsen, den Leuten vorne in den Trichtern und Schlammlöchern bringen können. Warmes Essen ist fast so wichtig wie Munition.
Und dennoch gelingt oft dem Trägerzug die Rückkehr nicht mehr. Irgendwo erreicht ihn das Soldatenlos. Eine Granate wuchtet nieder. Ihre Splitter fetzen in die Gruppe der Essenträger. Die gefüllten Kochgeschirre poltern blechern über das Trichterfeld, und der kostbare Inhalt, das heiße Essen, verspritzt, den Ratten ein willkommener Fraß.
Still und einsam stirbt der Trägerzug im weiten und breiten Feld. Vielleicht findet man nach Stunden oder Tagen – durch Zufall die toten Männer vom Trägerzug.
Wahrscheinlich wird man sie nie mehr sehen. Sie gelten als vermißt, werden dann, nach einiger Zeit, für tot erklärt.
Der Moloch Verdun hat sie verschlungen.
Ihr Erdenwallen verweht.

Still bleichen die Gebeine im Lauf der Jahreszeiten. Über das nächtliche Trichterfeld hastet längst wieder ein neuer Trägerzug – – –

Im weiten Trichterfeld hausen die gefürchteten und ekelerregenden Ratten. Es gibt auf der ganzen Welt keine entsetzlicheren Tiere als die Ratten auf dem Schlachtfeld bei Verdun. Wo kommen sie her? Was treibt sie in diese Gegend?

Jeder Verdunkämpfer kennt sie. Man trifft sie in jedem Trichter, man wirft ihnen Handgranaten nach, man vernichtet sie, wo man kann, und doch nimmt ihre Zahl nie ab. Das Trommelfeuer läßt sie unberührt. Und wenn im Wirbel von Stahl und Eisen ganze Dörfer, ganze Landschaften in Rauch und Flammen untergehen, wenn alles in Trümmer sinkt und jedes Leben erstirbt und erstarrt, dann bleiben immer noch die Ratten übrig, die furchtbaren Verdunratten. Vermutlich sind es nur die Ratten aus den zerstörten Frontdörfern.

Niemals haben sie so viel Nahrung gefunden und niemals so kampflos und so sorgenlos gelebt wie jetzt. Mit Vorliebe benagen sie die toten Pferde der Feldküchenbespannungen und nähren sich von jeglichem Abfall. Es gibt viel Abfall auf dem Schlachtfeld bei Verdun.

Die Soldaten aber hassen die Ratten, diese rundgefressenen, bequem gewordenen Nagetiere, deren freches Gekreisch oft wie das Zanken eines ganzen Spatzenfluges durch die unheimliche Stille der Trichternächte dringt.

So ist's bei den Deutschen, so ist's beim Gegner drüben. Man verscheucht die unheimlichen Tiere, aber sie kom-

men wieder, immer wieder und – Entsetzen! – sie fressen die Gefallenen an. Das ist ihr Todesurteil.
Seitdem man weiß, daß sich die Ratten von dem Fleisch der gefallenen Soldaten nähren, werden sie mit letzter Rücksichtslosigkeit verfolgt und beschossen. Heute benagen sie den armseligen Körper unseres toten Kameraden, morgen vielleicht dich oder mich oder ihn. – Die Verdunratten sind furchtbar.
Das ganze Gelände hinter der deutschen Front ist eine einzige große Furchtbarkeit. Hier lauert der Tod an jedem Trichterrand, an jedem Hohlweg, in jeder Schlucht. Es gibt Strecken, die man stets, genau wie drüben die Stadt Verdun, nur im Laufschritt durchqueren kann. Grauenvoll die Ornes-Schlucht, entsetzlich alle diese Geländefalten, in denen ein bitterer Brodem nach Verwesung weht.
Das rechte und das linke Maasufer ist ein einziges, großes Entsetzen, von der vorderen Linie bis an den Rand der Etappe, ein ununterbrochenes Trichterfeld, in dem die Ratten herrschen und dessen Gefahren und Trostlosigkeit die tapferen Männer vom Trägerzug Nacht für Nacht in unerschütterlicher Pflichterfüllung zum Wohle ihrer Kameraden auf sich nehmen.

Hammerschlag gegen Panzerfeste Vaux!

Nach dem erfolgreichen Sturm auf Dorf Douaumont scheint das Schicksal der benachbarten Festung Vaux besiegelt. Jetzt ist Vaux der Eckpfeiler und hat die Aufgabe der Riesenfeste Douaumont übernommen. Und nun faßt die deutsche Heeresleitung den Entschluß, am 8. März in diesem Abschnitt erneut anzugreifen und die Festung zu überrennen. Im stillen hofft man auch auf einen Handstreich wie bei der Feste Douaumont, obschon man ihn nicht gerade so dringend wünscht. Was man auf deutscher Seite anstrebt, ist die Bildung einer neuen Großkampfstelle, an der sich der Gegner verbluten soll.

Die Gelegenheit ist günstig, denn die Masse der französischen Artillerie ist auf dem linken Maasufer beschäftigt und schießt mit einem beispiellosen Munitionsaufwand die Kuppe der Höhe »Toter Mann« um sechzehn Meter herunter. So dürfte das Ziel unter allen Umständen zu erreichen sein. Gewiß, das Fort lockt. Aber eine Überraschung wird es nicht geben, denn General Pétain hat die Verteidigung aller Festungswerke befohlen. Fort Vaux ist besetzt. Es sind zwar nicht viele Soldaten in der Festung; aber ihr Führer hat sich geschworen, die Scharte von Douaumont auszuwetzen. Er wird das versuchen, was man in Douaumont vergessen hat, nämlich die Verteidigung bis zum Äußersten. Für ihn ist der Spruch vorne auf der Stirnfront der Feste keine leere Phrase. Er ist tatsächlich entschlossen, sich unter den Trümmern der Feste begraben zu lassen, wenn es sein muß, weil es Frankreichs Ehre so verlangt.

Dieser Offizier heißt Raynal und ist Bataillonskommandeur. Er befehligt hier eine Elitetruppe, zusammengestellt aus Jägern und ausgesuchten Infanteristen. Während sich draußen das Feuer der deutschen Artillerie immer mehr verdichtet und am 8. März in der Frühe seine ganze Wucht zusammengeballt auf die Feste Vaux wirft, versucht Kommandant Raynal, aus den benachbarten Reservegräben weitere Verstärkungen in das Fort zu ziehen. Er hat den bevorstehenden deutschen Angriff einwandfrei erkannt, aber ist entschlossen zu stehen.
Um die Mittagsstunde bricht der deutsche Infanteriesturm los. An der Spitze arbeiten sich die Schützenlinien der Douaumontstürmer, der tapferen Vierundzwanziger, gegen die Panzerfeste vor. Ihr Ausgangspunkt ist das Werk Hardaumont. Greifbar nahe liegt vor ihnen der Vaux-Berg. Aber scharf rechts herüber, aus dem Caillette-Wald, schlägt ihnen schweres Feuer in die Flanke.
Die Schützenlinien schwanken, bleiben schließlich liegen und versuchen, sich einzugraben. Und auch die Lübbener Jäger, die sich links anschließen, kommen keinen Schritt mehr vorwärts. Der Angriff auf die Feste Vaux ist gescheitert.
Vergebens versucht das Res.-Infanterieregiment 19 um 16 Uhr, das Dorf Vaux durch Handstreich zu überrumpeln. Es kommt nur halbwegs vom »Pfeifenkopf« aus bis an die ersten Häuser. Und auf dieser Strecke hat das Regiment fünfzig vom Hundert Verluste. Was kann nun geschehen? Nein, was muß nun geschehen? Die Lage der deutschen Sturminfanterie ist unhaltbar geworden. Drüben in der Feste Vaux ist Sicherheit und Ziel. Das Fort muß unter allen Umständen erreicht werden.

Bis zum Anbruch der Dunkelheit liegt die deutsche Infanterie frei, ungedeckt im Flankenfeuer des Caillette-Waldes, im rasenden Wirbeltanz des unerhörten Vernichtungsfeuers. Stumm und ergeben in ein grausames Schicksal fühlen die Feldgrauen das unerbittliche Nahen des Unsichtbaren. Langsam, unbeirrt schreitet Feldmarschall Tod über die Abhänge, und hinter seinen Schritten liegen blutüberströmte Männer. Wo die Schlegel des großen Trommlers wirbeln, da geht das Sterben um.
Ein Ende mit dieser Furchtbarkeit!
Ein Ende mit dem entsetzlichen Flankenfeuer!
Gibt es keine Rettung, keinen Ausweg?
Es muß doch einen Ausweg geben!
Jawohl, es gibt nur eine Möglichkeit, und die heißt: *Vorwärts!* Sonst ist die Lage unerträglich!«
Bei Einbruch der Dunkelheit erheben sich die gequälten Soldaten. Sie haben es satt, sich hier ohne Gegenwehr erschießen zu lassen. Satt, abgeschossen zu werden wie Kaninchen. Schwere deutsche Maschinengewehre belfern im Rücken und senden ihre Geschoßgarben über die Köpfe der Stürmenden hinweg in das Nest des französischen Widerstandes. Und da brechen die Stürmer mit Hurra über die ersten Drahthindernisse. Die Verteidiger strecken die Waffen. Das Dorf Vaux ist genommen. Es hat viel Blut gekostet, aber es ist genommen.
Und während sich die Verbände wieder neu ordnen, schweifen unwillkürlich alle Blicke geradeaus zur Höhe hin, wo nun die schwarze Masse der Panzerfeste im Abenddämmer verschwindet. Eine Kompanie macht sich sturmbereit, und schon geht's los. Und jetzt wiederholt sich das, was sich damals bei der Einnahme der Feste

Douaumont ereignet hat. – Mit verbissener Anstrengung gelangen die Deutschen bis in das äußere Drahthindernis und schneiden schon die Gassen. Von mehreren Seiten her wird das Fort berannt.

Und da, genau wie am Douaumont, heulen schwere Granaten daher und schlagen mitten in die deutschen Schützenlinien.

Und auch hier sind's deutsche Geschosse.

Schwer wuchten die deutschen Granaten nieder und erfassen die Feldgrauen, reißen die besten Männer, die kühnsten Stürmer in Fetzen, verwunden zahlreiche Soldaten und zwingen die Überlebenden zum Rückzug. Die deutsche Artillerie hat den ersten Anlauf auf die Panzerfeste Vaux vereitelt.

Wird es nochmals gelingen, die Feste überraschend im Sturm zu nehmen?

Wohl kaum! Denn jetzt ist der Kommandant auf seinem Posten. Und während sich die Deutschen langsam, stumm, in Verzweiflung über diesen Fehlschlag, den die eigene Artillerie verursachte, etwa vierhundert Meter weit zurückziehen, um endlich diesem hartnäckigen deutschen Artilleriefeuer zu entgehen, während sie sich für die Nacht in alten französischen Schützengräben einschanzen, in zertrümmerten Stollen für ihre mitgeschleppten Schwerverwundeten Unterschlupf suchen, trifft Kommandant Raynal seine Gegenmaßnahmen. Er hat ruhig und sachlich festgestellt, daß die Deutschen nur um Haaresbreite die Feste verfehlten und Vaux nicht einnehmen konnten, weil ihre eigene Artillerie die vordersten erschlug. Wird sich so etwas wiederholen? Wohl kaum! Mit solchem Zufall darf man nicht rechnen.

Gewiß, er hätte dem Angreifer einen heißen Empfang bereitet, aber mit welcher Mühe und welchem Einsatz wäre ihm eine restlose Säuberung der Feste gelungen. Nun weiß er genau, dieser tapfere Raynal, daß er morgen seinen schwersten Tag haben wird. Der 9. März wird über Leben und Tod der Panzerfeste Vaux entscheiden. Kein Zweifel, die Deutschen werden erneut angreifen.

In dieser Stimmung und Überzeugung begibt sich der Kommandant auf die Geschütz- und Maschinengewehrstände, überprüft nochmals alle Verteidigungsanlagen, sorgt für sachgemäße Aufstellung von Posten und geht dann hinunter in die Kasematten zu seinen Soldaten. Nochmals erteilt er ihnen letzte, eindringliche Ermahnungen zu äußerster Pflichterfüllung. Und dann läßt er einen Poilu kommen, einen Mann, der im Zivilberuf Schreiner ist.

»Hier mein Sohn«, sagt der Kommandant, »hier liegt Holz. Such mir zwei schöne Eichenbretter heraus und fertige sofort ein Grabkreuz.«

Der Soldat ist darob verwundert, aber er tut's. Befehl ist Befehl. Er bringt das fertige Kreuz seinem Kommandanten. Und dieser betrachtet es, nickt zufrieden und erklärt:

»Mit der schwarzen Farbe dort im Kessel wirst du mir jetzt eine schöne Inschrift malen, eine deutliche Inschrift für das Kreuz, verstehst du!«

»Was soll ich malen, Kommandant?« fragt der Soldat.

Raynal antwortet ganz ruhig und sachlich:

»Schreibe bitte: Hier ruht der Kommandant der Panzerfeste Vaux, Major Raynal. Gefallen am 9. März 1916.«

Eine unheimliche Nacht bricht herein. Einige deutsche Offiziers-Patrouillen gelangen im Schutz der Dunkelheit kriechend und sichernd fast bis an den Rand des Wallgrabens. Ohne Unterbrechung zischen aus der Festung die französischen Fallschirmleuchtraketen, erheben sich, tänzeln über dem grellbeleuchteten Kampffeld. Die Soldaten des Kommandanten Raynal sind auf ihrem Posten und halten scharfe Wacht. Eine Überrumpelung im Schutze der Dunkelheit gelingt den Deutschen nicht. Der Handstreich von Douaumont bleibt einmalig.

Es kommt der Tag. Ein Infanteriezug eröffnet den Kampf durch einen Vorstoß kurz nach 7 Uhr. Das ist sozusagen ein erstes Vorfühlen, ein Betasten des Gegners. Doch Raynal wacht. Die deutschen Infanteristen brechen im wohlgezielten Feuer der französischen Festungsmaschinengewehre zusammen.
Beim Morgengrauen des 9. März liegen die Regimenter 19, 16 und das Reserve-Infanterieregiment 6 dicht am Fort und haben es fast in der Zange. Jetzt gilt's, jetzt oder nie! In wenigen Minuten kann das Fort erledigt sein. Die deutsche Artillerie soll endlich ihr Feuer vorverlegen oder schweigen. Immer noch schießt die deutsche Artillerie zu kurz. Unter diesen Umständen ist der letzte gewagte Anlauf zum greifbaren Erfolg so gut wie ausgeschlossen. Die Artillerie muß zuerst benachrichtigt werden. Sie muß erfahren, wie die Dinge hier vorne aussehen und daß die vordersten deutschen Linien schon im

letzten Sprung geduckt bereitliegen. Jawohl, es muß einmal dahinten gesagt werden, wie vorne die wirkliche Lage ist.
Aus diesen Erwägungen heraus schreibt der Kommandant des 1. Bataillons vom Reserve-Infanterieregiment 6 folgende Meldung: »Habe mit drei Kompanien 7 Uhr vormittags Fort Vaux erreicht. Habe links Anschluß an 4. Kompanie Infanterieregiment 6, rechts an 2. Bataillon Infanterieregiment 19. Trete den Vormarsch mit einer Kompanie weiter an.«
Eine kurze, schlichte Meldung. Sie bezeichnet ganz richtig die Lage. Die Feste Vaux ist erreicht, das heißt, die deutschen Truppen liegen rechts und links auf der Höhe des Panzerforts. Dies entspricht durchaus den Tatsachen.
Von einer Einnahme der Feste Vaux aber steht nichts auf diesem Papier.
Rittmeister v. Scheele, der Schreiber dieser Meldung, ahnt nicht die verhängnisvolle Auswirkung seiner Mitteilung, die man falsch deutet, weil sie doch allen Erwartungen entgegenkommt.
Gegen 9 Uhr, während sie vorne noch angriffsbereit liegen, schrillen beim Generalkommando die Fernsprecher. Große Aufregung bei allen Stäben. Man beglückwünscht sich, man schüttelt sich die Hand. Was ist geschehen? Die Panzerfeste Vaux ist genommen! Hier in dieser Meldung steht doch deutlich: »Trete den Vormarsch weiter an.«
Wenn ein Punkt erreicht ist, und man tritt den Vormarsch darüber hinaus an, dann heißt es auch, daß dieser Punkt im Besitz des Vormarschierenden ist. So rechnen

und überlegen die Stäbe und finden den Verlauf der Dinge ganz natürlich. Man kennt die verheerende Wirkung der schweren deutschen Artillerie. Man weiß, daß den deutschen 42-Zentimeter-Geschossen keine Panzerfeste widerstehen kann. Natürlich, das Fort Vaux hat kapituliert oder ist durch Handstreich genommen worden, genau wie der Douaumont. Anders kann es gar nicht sein.
Zufällig befindet sich der Kronprinz beim zuständigen Divisionsstab, als die Meldung eintrifft. Wie gern will man dem hohen Gast eine freudige Nachricht zukommen lassen. Hier, das ist ja die Nachricht aller Nachrichten. Kann es etwas Schöneres geben zur Begrüßung des Armeeführers, als die Meldung von der Unschädlichmachung der Feste Vaux!
Der Kronprinz vernimmt es und heftet dem Divisionskommandeur den Orden Pour-le-Mérite an. Und dann wird die Meldung sofort nach Deutschland durchgegeben. Auf allen Straßen in den Städten der belagerten Festung Deutschland rufen es die Zeitungsjungen aus, und rasend werden die Extrablätter gekauft.
Die Kirchenglocken läuten, und die Landesfahnen flattern hoch an allen Masten.
Das ganze deutsche Volk feiert den Sieg.
Heiße Dankgebete steigen zum Himmel.
Die Jugend bekommt schulfrei – Siegesferien.
Die Panzerfeste Vaux ist ja mit »stürmender Hand« genommen. –
Und währenddessen lichtet sich der Dunst über dem Schlachtfeld. Die Scherenfernrohre, die unbestechlichen Augen der Schlacht, starren über das Gelände. Sie haben alle in diesem Augenblick nur eine Richtung – die Pan-

zerfeste Vaux – die in einigen Kilometern Entfernung das Schlachtfeld überragt, dicht hinter dem Sargdeckel vom Douaumont. Jawohl, Fort Vaux ist genommen, denn da vorne sieht man ja deutlich eine schwarzweißrote Fahne wehen. Wieder rasseln die Fernsprecher bei den Stäben:
»Es stimmt mit der Feste Vaux. Oben auf der Kuppe flattert die schwarzweißrote Fahne.«
Wieso stimmt es?
Hat jemand daran gezweifelt?
Natürlich ist Vaux in deutscher Hand. Die prachtvollen Regimenter aus Posen haben eine Glanzleistung hinter sich. Jawohl, eine wirkliche Ruhmestat, von der man in tausend Jahren noch in den Geschichtsbüchern mit Ehrfurcht lesen wird.
Und wieder beugt man sich hinter die Scherenfernrohre und starrt hinüber. Das Gewölk verzieht sich. Es wird von Viertelstunde zu Viertelstunde heller. Ein frischer Wind hat sich erhoben und fegt den letzten Dunst von den Höhen.
Und da schreit einer auf vor Entsetzen und Enttäuschung. Er hat sein Scherenfernrohr auf die Panzerfeste Vaux eingestellt und keine Flagge, keine schwarzweißrote Fahne, entdeckt.
Ja, woher sollte auch eine schwarzweißrote Fahne kommen?
Welche vorstürmende Kompanie kann sich mit einer Fahne belasten? Man kann dies Symbol des Vaterlandes mitnehmen, wenn man mit Bestimmtheit weiß, daß man in absehbarer Zeit auf einem besiegten Punkt stehen wird, über dem die Fahne flattern kann.
Wußte gestern ein einziger Mann dieser Posener Regi-

menter, daß in der Frühe des 9. März die Feste Vaux in deutscher Hand sein würde?
Nein, niemand hätte gewagt, daran zu glauben.
Das Fort ist blank und ohne Fahne.
Ja, wo ist sie denn hingeraten, die Fahne? Man hat sie soeben noch deutlich gesehen. Das Scherenfernrohr rückt seitwärts, und nun erscheint sie im Rund des Blickfeldes. Ganz groß und ganz deutlich steht sie da, die Fahne. Ihre Farben sind einwandfrei zu erkennen.
Es ist eine sogenannte Artillerieflagge, es ist weiter nichts als jenes zweifarbige, gerahmte Tuch, das der deutschen Artillerie jeweils den Stand der Infanterie melden soll.
Im Laufe der Nacht, in der Verzweiflung über die furchtbare und rücksichtslose Beschießung durch eigene Granaten, haben die deutschen Infanteristen diese Meldeflagge in ihren Linien aufgepflanzt. Diese Linien liegen dicht am Fort Vaux; die Feste selbst aber ist unbesiegt.
Und das Grabkreuz des tapferen Kommandanten steht immer noch unbenutzt in der Enge einer feuchten Kasematte, die als Kapelle dient.

Die Kunde vom deutschen Sieg über die Panzerfeste Vaux wird inzwischen in aller Welt bekannt. Um 9 Uhr 30 Minuten steht ein Nachrichtenoffizier vor General Pétain: »Mein General, es ist entsetzlich. Raynal und seine Leute – – – Das hier ist die neueste Funkmeldung der Boches. Der Eiffelturm gab sie uns vor fünf Minuten durch – – –«
Der Offizier ist erregt und reicht dem General das Tele-

grammblatt hin. Und Pétain liest die Siegesmeldung. Er liest zweimal, dreimal und schlägt auf den Tisch.
Hier hat sich etwas Unerhörtes ereignet.
Hier hat der französische Meldedienst versagt.
Warum weiß er, der Armeeführer, nichts von der Einnahme der Panzerfeste Vaux durch den Feind?
Warum hat man ihm diese Nachricht bisher unterschlagen?
Wer ist hierfür verantwortlich?
Wer hat versagt?
Eine Schmach, daß Frankreich wieder eine Feste verloren hat.
Eine doppelte Schmach, weil dieser Verlust erst durch die Funknachricht des Gegners bekannt wurde.
Sofort entsendet Pétain zwei tüchtige Offiziere nach vorne. Sie sollen die Lage überprüfen und baldigst Meldung erstatten.
Gegen Mittag schon kehren die beiden Offiziere zurück, treten hocherfreut vor Pétain hin und melden:
»Das Fort ist in französischer Hand und wird vorläufig auch französisch bleiben, obwohl die Deutschen schon im Stacheldrahthindernis liegen und immer wieder kleine Teilangriffe auf den Panzerkoloß versuchen.«
Währenddessen hat man nun endlich bei den deutschen Befehlsstellen den peinlichen Irrtum erkannt. In der ersten Begeisterung und im Siegestaumel der frühen Morgenstunden hat man die Meldung herausgegeben. Leider läßt sich diese Meldung nicht mehr zurücknehmen. Der nächste Heeresbericht schweigt. Aber es gibt noch eine Möglichkeit, die Scharte auszuwetzen. Man hat die Feste Vaux als besiegt erklärt. Gut, sie muß besiegt werden.

Am kommenden Tag, am 10. März, muß die Feste fallen. Es geht jetzt um die Ehre und darum, einen peinlichen Irrtum aus der Welt zu schaffen.
Schon gegen Mittag dieses 10. März setzt ein wahnsinniges Trommelfeuer ein. Schwere und schwerste Granaten trommeln auf den Panzerdeckel, und bei einbrechender Dunkelheit stürmen die deutschen Infanteristen aus ihren Behelfsstellungen.
An der Spitze der vordersten Sturmlinie marschiert Rittmeister v. Scheele. Man hat seine Meldung falsch verstanden. Vielleicht hat er sich nicht deutlich genug ausgedrückt. Mag sein, daß man in der freudigen Erregung seine Sätze nicht genau durchlas und die vergleichende Karte nicht zu Rate zog. Zu schön und zu willkommen war ja die Einnahme dieser Festung.
Der deutsche Offizier ist bereit, die ganze Verantwortung für die falsch verstandene Meldung auf sich zu nehmen. Er wird die Panzerfeste Vaux besiegen, so, wie es der deutsche Heeresbericht bereits in die Welt hinausfunkte und dem deutschen Volk meldete, oder er wird sterben. Ein Zwischending gibt es nicht mehr für Rittmeister v. Scheele.
Der Offizier kommt gut voran. Das Schicksal scheint ihm hold. Rechts und links werden Stürmer durch Maschinengewehrfeuer niedergemäht. Er aber dringt durch, immer durch! Und hinter ihm eine entschlossene Kompanie, die gleichfalls bisher wenig Verluste hatte. Jetzt ist schon das feindliche Drahthindernis erreicht und schnell überschritten.
Keine zwanzig Meter geradeaus, hinter dem Glacis, senkt sich die Wallmauer steil in den Kehlgraben. Wer dort ist,

wer dieses Ziel erreicht, für den kann es kein Zaudern mehr geben. Mit den Grabenstreichen will man schon fertig werden. Nicht umsonst folgen Rittmeister v. Scheele einige Maschinengewehre auf den Fersen. Sie haben den bestimmten Auftrag, die Scharten und Grabenstreichen unter Punktfeuer zu nehmen und rücksichtslos zu schießen, während die Stürmer den Wallgraben überwinden.

Der Sieg ist nahe, das sieht Rittmeister v. Scheele, und sein Erfolg wird zur glanzvollen Wiedergutmachung, wenn überhaupt etwas wiedergutzumachen ist. Tapfer, unbeirrt bahnt sich der Offizier einen Weg durch Vernichtungsfeuer und wirbelnde Einschläge.

Da fährt jäh ein Blitz nieder, blendet den Stürmenden.

Für ihn schwindet das Grauen der Hölle um Verdun.

Das Donnern der Geschütze, der Stahlwirbel unzähliger Einschläge setzt langsam aus, dröhnt und summt nur noch weit und schier unmerklich, geht über in sanfte, seltsame Melodien.

Ganz weich und still werden Luft und Erde.

Und eine seltsame Wohligkeit überkommt den Offizier – – –

So stirbt Rittmeister v. Scheele den Soldatentod fürs Vaterland, knappe fünf Meter vom Kehlgraben der Panzerfeste Vaux.

Alle Angriffe des Abends werden abgeschlagen. Im Schneetreiben, das eisig niedergeht, liegen die deutschen Truppen Stunde um Stunde. Und dann geht der Mond auf und beleuchtet fast taghell die Landschaft. Was sich jetzt noch regt und bewegt, wird vom Fort aus erkannt und durch wohlgezielte Schüsse niedergehalten. Der Angriff

auf die Panzerfeste Vaux ist abgeschlagen, beendet, in Blut und Tod erstickt.
Die Granaten heulen das grauenhafte, mißtönende, entsetzliche Lied der Materialschlacht.
Still geht der Mond. Windgepeitschte Wolkenfetzen jagen quer vor seiner Scheibe her.
Trotzig, dunkel, wie ein zum Sprung geducktes Raubtier, liegt das unbesiegte Panzerfort.

Die Nachricht von der angeblichen Einnahme der Feste Vaux läßt dem Oberkommandierenden aller französischen Streitkräfte, General Joffre, keine Ruhe. Er begibt sich noch im Laufe des 9. März zu General Pétain, um endlich die einzige und reine Wahrheit über das Schicksal des Forts zu erfahren. Nun, was ist die Wahrheit?
Wahr ist, daß die Feste immer noch verteidigt wird.
Wahr ist auch, daß an diesem 9. März General Pétain nicht weiß, ob er überhaupt das linke Maasufer halten kann. Artillerie muß her, immer mehr Artillerie, um die Überlegenheit der Deutschen zu brechen, ihren Angriffsschwung zu lähmen, ihre Einheiten zu lichten!
Artillerie? Der Oberkommandierende Joffre kann der Verdun-Front keine Artillerie mehr überlassen, denn in allernächster Zeit will er die große Durchbruchsschlacht an der Somme schlagen, zusammen mit den britischen Verbündeten. Diese Sommeschlacht wird wohl die Deutschen zwingen, ihre Divisionen und ihr Material von Verdun abzuziehen, um den britisch-französischen Durchbruch nach Norden abzufangen.
Aber wird sich die Verdunfront bis dahin halten können?

Die täglichen Verluste aller französischen Einheiten vor Verdun belaufen sich auf dreitausend Mann – dies gibt Pétain dem Oberkommandierenden zu bedenken.
Dreitausend Männer werden innerhalb von vierundzwanzig Stunden getroffen, getötet, zu Krüppeln geschossen!
Und auf deutscher Seite sind es ebenfalls an die dreitausend Männer.
Fast sechstausend Männer Tag für Tag!
Und einige Kilometer weiter nach Norden und Süden, gerade die Tagesleistung eines Fußgängers, weiß man schon nichts mehr von dieser Hekatombe. Und wüßte man es, man könnte es sich nicht vorstellen, weil alles, was um Verdun geschieht, was sich auf diesem geringen Raum in einer Breite von 15 Kilometern und einer Tiefe von nur 5 Kilometern abspielt, unfaßbar ist.
Unglaubwürdig ist es und unfaßbar für jeden Menschen, dessen Augen dieses Grauen, dieses Chaos aus Blut und Vernichtung nicht sahen.
Ein Eisenbahnunglück, eine Bergwerkskatastrophe, ein Brandunglück mit Verlust von Menschenleben beschäftigen tagelang, wochenlang die Öffentlichkeit. Die Presse bringt Einzelheiten. Man sucht Schuldige, man fordert strenge Untersuchung der Ursachen. Die größte Kohlenstaubexplosion, die je einen Massentod durch Gänge und Strebe jagte, das Unglück von Courrières im März 1906 forderte eintausendzweihundert Tote. Wochenlang beschäftigte sich die Öffentlichkeit aller Kulturstaaten mit diesem Geschehen.
Aber was war Courrières, was waren alle bisherigen Katastrophen, gemessen am blutigen, entsetzlichen Ge-

schehen im Gebiet bei Verdun! Das ganze Schlachtfeld ist nur 260 Quadratkilometer groß, das sind 26000 Hektar oder 104000 Morgen, Ackerland, Wiesen und Wälder, Dörfer mit Straßen und Gärten einbegriffen – also nicht viel mehr als Großgrundbesitzer im Osten, in Schlesien, Polen und in Ungarn, ihr eigen nennen.
Tag um Tag wird hüben und drüben auf dieser Fläche zahlenmäßig die Bevölkerung eines Marktfleckens vernichtet.
Tag für Tag!
Und nur die jüngsten, die besten, die kräftigsten Männer sind es, die ins Gras beißen müssen.
Ins Gras? Nein, es gibt schon kein Gras mehr auf diesem konzentrierten Schlachtfeld; aller Wuchs ist bis in die Wurzeln zerstört und zerrieben.
Sechstausend Menschen, sechstausend deutsche und französische Männer zwischen zwanzig und fünfunddreißig Jahren, müssen täglich bluten und verbluten!
Es ist schon zum Irrsinnigwerden!

Leerlauf, aber keine Entscheidung

Auf dem rechten Maasufer wird trotzdem weitergestritten. Die Wucht des Kampfes liegt zwar nun, nach dem verunglückten Angriff auf die Panzerfeste Vaux, in der Gegend um den »Toten Mann« und die »Höhe 304«. Aber dennoch ist's auch hier, um den Caillette-Wald, ein stetes, heftiges, verbissenes Ringen, eine tägliche und stündliche Verlustmühle für Freund und Feind. Aber Frankreich hat wieder Mut gewonnen. Seit dem 1. April hat General Pétain angegriffen. Wenn auch das berüchtigte I-Werk und die Nordspitze des entsetzlichen Caillette-Waldes am 2. April in die Hände der Württemberger fallen, so ist damit der Angriffswille der Franzosen nicht gebrochen.

Gewiß, die täglichen Verluste an Toten, Verwundeten und auch an Kranken zehren an der Moral der Truppe. Aber Frankreichs Divisionen können immer wieder ersetzt werden und brauchen sich nicht bis zum letzten Punkt ihrer Kraft und bis zum letzten Tropfen ihres Blutes zu erschöpfen.

Der Monat April bringt kaltes Regenwetter. Alle Granattrichter füllen sich mit Wasser. Und an den Rand dieser Vertiefungen gepreßt, kauern die frierenden und hungernden Deutschen. Und drüben sitzen die Franzosen genauso in überschwemmten Granattrichtern und warten auf den Zeitpunkt ihres Angriffs. Sie sind genauso übel dran wie die Deutschen. Nur einen Vorteil haben sie: – ihre Verpflegung ist reichlich und kräftig.

Die belagerte und ausgehungerte Festung Deutschland kann ihren Soldaten nicht einmal mehr genügend Brot und sattmachende Verpflegung liefern. Zu Beginn der Kämpfe und auch schon Wochen vorher gab es sogenannte Großkampfverpflegung, 750 Gramm Brot pro Tag und doppelte Fleischrationen, nicht zuletzt fette Wurst oder reichliche Schmalzportionen als Brotaufstrich. Jetzt aber, im April, werden die Fett- und Fleischrationen stark gekürzt, nur die Brotmenge bleibt. Anstelle von Fett liefern die Proviantämter vielfach Marmelade, hergestellt aus Kürbissen und Möhren, das Ganze mit Sacharin gesüßt. Auch wird ein neuer Brotaufstrich ausgegeben – die Truppe bezeichnet ihn spöttisch als »Heldenfett«. Kein Mensch weiß, aus welchen Grundstoffen dieser Brotaufstrich besteht. Man munkelt, es sei weiter nichts als das zu einer Art Margarine verarbeitete Fett gefallener Pferde.

Der Feldgraue und der Horizontblaue erleiden stumm und ergeben ein hartes Schicksal, der Freldgraue aber leidet obendrein noch bitteren Hunger.

Die Kämpfe leben blutig auf. Immer wieder werfen deutsche Maschinengewehrgarben und wohlgezieltes Infanteriefeuer, zusammen mit dem Toben der Sperrfeuergranaten, die französischen Sturmtruppen auf die blutige Walstatt. Und trotzdem brechen immer wieder neue Regimenter vor. Der Poilu gehorcht dem Befehl, der ihn zum Sturm antreten läßt, genauso wie der Feldgraue. Beide Gegner sind müde, todmüde und erschöpft. Aber die Batterien hüben und drüben toben ununterbrochen. Mit jedem Tag scheint sich das Trommelfeuer auf beiden Seiten noch zu verstärken. Pétain hat jetzt eine zahlenmäßige Übermacht erreicht. Und so verwandelt sich das Kampffeld des wieder beginnenden Stellungskrieges langsam in eine einzige große Sumpf- und Trichterfläche.

Jeder noch so kleine Erfolg der Franzosen wird jetzt ausgewertet. Es muß eine moralische Stützwand geschaffen werden. Frankreich will Erfolge sehen und nicht nur blutige Verluste hinnehmen. Ja, es ist höchste Zeit, auch etwas für die Truppe zu tun, ihr einen inneren Halt zu ge-

ben. Und so erläßt Pétain den berühmten sogenannten Verdun-Befehl. Er lautet:
»Der 9. April war ein glorreicher Tag für unsere Waffen. Die wilden Angriffe der Soldaten des Kronprinzen wurden überall abgeschlagen. Infanteristen, Artilleristen, Pioniere und Flieger der II. Armee haben einen wahren Wetteifer im Vollbringen von Heldentaten gezeigt. Ehre ihnen allen! Die Deutschen werden ohne Zweifel weitere Angriffe versuchen. Jeder Mann hat zu arbeiten und zu wachen, daß die gleichen Erfolge wie gestern erzielt werden. Mut, man wird sie kriegen!«
Dieser Tagesbefehl, besonders der letzte Satz, wird in allen Gefechtsstellen wiederholt. Die Poilus lernen ihn auswendig. »Mut, man wird sie kriegen! On les aura!« wird geflügeltes Wort für die französische Armee um Verdun. Der Bedrängte braucht solche Schlagworte, um seinen Willen zu stützen.
»Mut, man wird sie kriegen!« Wie das singt und klingt! Es ist wie der Aufruf zum Kampf und zum letzten Widerstand.
»On les aura!« sagen auch die beiden Divisionsgenerale Mangin und Nivelle. Beide sind beseelt vom Angriffsgeist, der sich keineswegs durch noch so hohe Verlustziffern entmutigen läßt.
»On les aura!« sagt Mangin, der alte, stahlharte Kolonialsoldat, der für seine Männer, die Poilus der 5. Division, genausowenig Schonung kennt wie für sich selbst. Was dieser Fünfzigjährige sich zumutet an Strapazen und Ertragen von Not und Gefahr, das verlangt er auch von seinem letzten Soldaten. Mangin wird schon bald von sich reden machen, ebenso Nivelle.

Pétain, der sich für möglichste Schonung der Truppe einsetzt, wird man dann überstimmen. Die Öffentlichkeit Frankreichs verlangt Erfolge, gut, Mangin wird sie bieten. Mangin und Nivelle werden sie bieten, leider auch um den teueren Preis eines Blutstromes. Aber davon weiß und sieht die Öffentlichkeit vorerst nichts.

Für die deutschen Angriffstruppen ist die Lage um Verdun Ende April nicht besonders günstig. Die Erfolge im Februar und März hatten mit der Wegnahme der Feste Douaumont ihren Höhepunkt erreicht. Aber dann hat sich der gegnerische Widerstand durch Hinzuziehen von Reserven und gewaltigen Artilleriemassen sowie durch Zusammenfassung des Befehlsmechanismus beträchtlich gesteigert. Der Kampf wurde langsam in das Festungsgelände verlegt. Auch der schwersten deutschen Artillerie ist es inzwischen nicht gelungen, die sicheren Kasematten der französischen Forts zu zerbrechen. Von jetzt ab gewinnen weitere deutsche Vorstöße kaum noch Boden; die Verluste aber steigern sich unerträglich. Und die Menschenmühle mahlt und mahlt – – –

Den Franzosen steht eine hervorragende Feldartillerie zur Verfügung. Die Feldartillerie ist seit Napoleons Zeiten eine ausgezeichnete Waffe. Das französische Feldgeschütz ist das beste seines Kalibers, und der Artillerist gilt als Elite-Soldat. Alle Geschütze feuern aus guten Verstecken und gedeckten Batteriestellungen, lassen sich nicht leicht niederkämpfen und außer Gefecht setzen. Wochenlang schon liegt die deutsche Infanterie teils im Flankenfeuer, teils sogar im Rückenfeuer, das aus den französischen Batteriestellungen vom linken Maasufer herüberheult. Der Materialtransport leidet unter dieser Beunruhigung des rückwärtigen Geländes. Zum richtigen Schanzen sind die deutschen Regimenter in all den Wochen nicht gekommen, denn die Spatenblätter dringen überhaupt nicht in den harten Kalkboden, der sich kaum fußtief unter dem zähen Lehm dahinzieht.

Als besonders niederschmetternd für die Truppe erweist sich der Befehl, daß sie jeweils zwei Tage vor einem angesetzten Sturm in der vordersten Linie zu sein hat. Auf dem Hinmarsch und in der Stellung selbst erleiden die Kompanien starke Verluste, ehe sie überhaupt Gelegenheit finden, an den Feind zu gehen. So treten die Truppen stark geschwächt zum Sturmangriff an.

Die deutschen Truppen sehen ein, daß sie diesem steten Trommelfeuer, das Tag und Nacht mit anschwellender Heftigkeit losdonnert, nicht mehr entrinnen können. Ein Sturmangriff, der in ruhigere und feuerärmere Gräben führt, könnte der Truppe durchaus Erleichterung verschaffen. Hier aber ist überall das gleiche Wüten und Toben. Der Soldat findet keinen Unterschied zwischen seinen eigenen zerschossenen Gräben und den zerschossenen Gräben des Gegners.

Und dann fehlt der Truppe die Zeit und die Kraft, gleichzeitig die rückwärtigen Verbindungen und die Stellungen nach rechts und nach links auszubauen und somit die Angriffe vorzubereiten. Es wird nur immer Division um Division in die Hölle geworfen. Und dann, nach Tagen, kehren von den stolzen Regimentern nur Trümmer zurück.

Man hatte gehofft, dem Gegner die dreifachen Verluste beizubringen. Und nun halten sich die deutschen und die französischen Verluste schier die Waage. Hatten die Planer der Ausblutungs-Theorie damit gerechnet?

Furchtbarer als der Sturm ist immer das Ertragen des feindlichen Feuers, das sofort auf die eroberten Stellungen niedergeht, die Truppe zermürbt und in Fetzen schlägt. Entsetzlich die Anmärsche durch die Schluchten und zerstörten Wälder. Übermenschlich der Meldedienst, der Verwundetentransport und das bittere aufopferungsvolle Leben der Männer vom Trägerzug.

Bei der deutschen Artillerie macht sich mit der Zeit eine unverhältnismäßig große Abnutzung der Geschützrohre bemerkbar, und auch die Geschoßstapel werden kleiner, die Nachschübe an Granaten geringer und dünner. Immer weiter die Anmarschwege von der festen Straße bis zu den feuernden Batteriestellungen, immer ausgefahrener und grundloser die Wege um Verdun. Es muß etwas geschehen. Es muß bald etwas geschehen. Die Schlacht um Verdun schreit nach einer Änderung. Und da kommt der Wendepunkt, kommt genau im Mai 1916.

Generalissimus Joffre blickt mit großen Erwartungen auf Mangin, von dessen Draufgängertum er mehr erwartet als vom Zaudern des menschensparenden Pétain. Allerdings hat er keinen Grund, den bewährten General Pétain kaltzustellen, deshalb überträgt er ihm das Kommando über eine ganze Armeegruppe. Die II. Armee, die Verdun-Armee, wird dem ebenfalls draufgängerischem Nivelle unterstellt. Und Nivelle wird seinem Untergebenen Mangin alle Freiheit des Handelns lassen, das weiß Joffre. Somit sind alle Vorbedingungen für eine erfolgreiche Gegenoffensive geschaffen. Bald wird sich dies alles auswirken. Bald muß es sich auswirken, denn das Land wird un-

ruhig. Die Poilus werden mißmutig. Man vernimmt hie und da defaitistische Äußerungen. Wirklich, es muß bald etwas geschehen, um die drohende Katastrophe zu verhindern.
Ja, es wird bald etwas geschehen!

Und die Menschenmühle mahlt, mahlt – –!

Es steht nun fest, daß die Alliierten-Armeen Verdun entlasten werden. Die Forderungen des französischen Generals Joffre nach tätiger Hilfe durch Alliierte sind nicht verhallt. Die Engländer haben eine große Offensive sowohl oben in Flandern als auch an der Somme zugesagt. Zu diesem Zweck werden General Pétain nur noch 52 Divisionen belassen. Damit hat er die Festung zu halten, und zwar immer so, daß 24 Divisionen in vorderster Linie kämpfen. An der Somme aber werden Franzosen und Engländer recht bald in 60 Kilometer Frontbreite zum Angriff schreiten, um zahlreiche deutsche Divisionen auf dieses neue Schlachtfeld zu zwingen.
Von dieser Frontbreite wird Frankreich, das heißt die Armeegruppe Foch, 35 Kilometer übernehmen. Auf dieser Strecke sollen 30 französische Divisionen, unterstützt von 1700 schweren Geschützen, den blutigen Totentanz einleiten.
Auch die deutsche Heeresleitung hat von diesen Absichten Kenntnis erhalten und steht abwartend an der Somme. Bei Verdun aber wird man zu neuen Angriffen

schreiten, und zwar wieder auf breiter Grundlage. Es sollen nicht wie bisher die einzelnen Divisionen selbständig vorstoßen, sondern große Frontteile mit gewaltigem Einsatz von Menschen und Munition überrannt werden.
Zwei frische Korps rollen an. Fieberhaft wird geschanzt, um gangbare Annäherungswege zu schaffen. Denn es gilt jetzt, die zum Sturm bestimmten Mannschaften möglichst verlustlos nach vorne zu bringen und ihnen die Qual eines verlustreichen und langsamen Vorarbeitens über das endlose Trichterfeld zu ersparen.
Auf dem linken Maasufer sind die Kämpfe seit Tagen schon mit größter Erbitterung im Gange, und zwar um die Höhe »Toter Mann« und die »Höhe 304«. Und nun soll auch rechts des Flusses wieder wirksam angegriffen werden.
Der Wiederbeginn der Angriffe wird auf den 7. Mai angesetzt, und zwar nach folgendem Plan: Um 11.25 Uhr vormittags soll das Reservekorps mit der 19. Reserve-Division und der 6. Infanterie-Division den Thiaumont-Wald südlich der Feste Douaumont sowie den Caillette-Wald erobern.
Um 19.30 Uhr am gleichen Tag hat sich das 5. Reservekorps mit der 1. und der 50. Infanteriedivision diesem Vorgehen anzuschließen. Es soll hier versucht werden, in überraschender Bewegung die Panzerfeste Vaux sowie das im Fumin-Wäldchen liegende I-Werk zu stürmen. Schwerste 42-Zentimeter-Geschütze werden die Panzerfeste beschießen. Die feindlichen Batterien sollen vor dem Sturmangriff wirksam mit Grünkreuz-Gasmunition eine halbe Stunde lang vergast werden.
Das ist klipp und klar. Das ist eine harte, aber deutliche

Sprache. Besser jetzt aus diesen unhaltbaren Stellungen heraus als noch unendlich lang die fürchterliche Qual des im Schlamm unmöglich gewordenen Stellungskrieges.

Am Vortage des Angriffes gelingt es einer französischen Offiziers-Patrouille, durch Handstreich einige deutsche Vorposten auszuheben. Man erfährt aus der Vernehmung der Gefangenen die Nachricht von dem bevorstehenden deutschen Angriff. Nun wissen's die Franzosen. In fieberhafter Eile verstärken sie ihre Fronttruppe, sichern ihre Reserven und nehmen die deutsche Hinterfront unter schwerstes Vernichtungsfeuer.

Überall, wo Sturmtruppen vermutet werden, prasselt ohne Ruhe und ohne Erbarmen das Trommelfeuer nieder.

Die deutschen Anmarschwege liegen unter ständigem Beschuß.

In den Schluchten sind die deutschen Verluste unerträglich hoch. Der Sturm kann unter solchen Umständen nur noch eine Erlösung sein.

Jawohl, der Sturm wird diesmal zur Erlösung aus endloser, untragbarer Qual.

Wie befohlen schlägt am frühen Vormittag das deutsche Trommelfeuer in die feindlichen Linien. Das überraschende Gasschießen bringt zahlreiche französische Batterien zum Schweigen, löscht sie langsam aus, eine nach der anderen, und macht sie für Stunden kampfunfähig.

Und dann, Punkt 11.25 Uhr brechen die deutschen Divisionen vor.

Und diesmal ist schon dieser Vorstoß eine Überraschung für den Gegner. Er sieht keine Schützenlinien mehr vor sich, keine breite Welle, die sich den belfernden Maschinengewehren als willkommenes Futter bietet, nein, bei den Deutschen übt man jetzt eine andere Angriffstaktik. Die Truppe geht in kleinen Haufen vor, in Rudeln zusammengeballt, Offiziere und Führer an der Spitze, die Soldaten keilförmig Mann an Mann dahinter, eine fast antik scheinende Kampfesart. Aber siehe, die Neuerung bewährt sich. Zwischen den einzelnen Rudeln entstehen große Zwischenräume, in denen das französische Feuer wirkungslos verpufft. Die Thiaumont-Ferme wird an diesem Tag durch deutsche Truppen eingeschlossen, bleibt aber in französischer Hand.

Aber südlich vom Fort Douaumont und auch im Caillette-Wald rennen die tapferen Stoßtruppen vergebens gegen die gut betonierten französischen Maschinengewehrnester. Der mit viel Hoffnung und viel Mut begonnene Angriff kommt hier ins Stocken. Und nebenan, beim 5. Reservekorps, wüten die französischen Maschinengewehrgeschosse und Granatsplitter. Die Höhe um das Fort Vaux ist das Ziel des 5. Reservekorps. Aber jetzt bricht aus allen Mündungen und Rohren ein rasendes Schnellfeuer gegen die Stürmer.

Einige Kilometer zurück, auf einem der Gefechtsstände des 5. Reservekorps, steht der Chef des Generalstabes des deutschen Feldheeres, General Erich v. Falkenhayn, und starrt in das Scherenfernrohr. Er will Augenzeuge sein von der Einnahme der Panzerfeste Vaux. Aber nichts ist zu sehen.

Der Vaux-Berg dampft wie ein Vulkan.

Schwarze Rauchfahnen stehen wohl hundert Meter hoch über seiner Kuppe.

In kleinen, aufgelockerten Verbänden hasten die Ablösungen und Verstärkungen nach vorn, vorbei an gefallenen Kameraden. Am Horizont dampft und flammt die Erde unterm Trommelfeuer. (Ullstein, Berlin.)

Einige Stunden später arbeiten sich die Feldgrauen gruppenweise über das Trichterfeld vor. Ablösungen bei Verdun sind gefürchtet.

Männer vom Trägerzug hasten durch das Trümmerfeld. Ihre Gesichter sind hart und mager von Entbehrungen und Todesnot. Im Hintergrund ragt der Sargdeckel des Douaumont empor.

Erst am Rande des Trichterfeldes, in alten, verlassenen Gräben, darf der Mann des Trägerzuges für Minuten rasten und aufatmen.

Der Feldherr sieht nur, wie seine tapferen Sturmsoldaten im Feuerwirbel niedergehämmert werden.
Bataillon um Bataillon marschiert in den Orkan, so wie es der Befehl will. Der Feldherr sieht sie marschieren und sterben, und dieser Anblick verschafft ihm eine der schwersten Stunden seines Lebens, aber er muß hart bleiben, weil sein Plan ihm diese Härte vorschreibt.
Über die Hänge des Vaux-Berges wälzen sich dichte Rauch- und Gasschwaden, verschleiern die Sicht. Unerhört, urgewaltig, wirbelt das Trommelfeuer über die deutschen Stellungen, zertrümmert Unterstände, läßt Stollen zusammenbrechen. Die deutschen Sturmtruppen versuchen, feuerarmen Raum zu gewinnen, drängen nach rechts, drängen nach links. Die Verbindung zwischen den einzelnen Sturmabteilungen geht auf diese Weise verloren. Und dann schlagen die französischen Granaten in das aufgestapelte deutsche Gerät. Handgranaten explodieren. Flammenwerfer entzünden sich und sprühen ihren heißen Strahl zwischen die deutschen Soldaten. Die ganze Gegend ist erfüllt mit Masut-Rauch und Gasschwaden. Die bereitgestellten, geballten Ladungen platzen und reißen große Löcher in den Boden. Alles Pioniergerät, alle Sprengladungen gehen in die Luft. Die deutsche Truppe erleidet ungeheure Verluste.
Kann unter solchen Umständen der deutsche Sturmangriff hervorbrechen? Nein, unmöglich! Wenn gestürmt werden soll, muß auch die innere Bereitschaft vorhanden sein. Eine Truppe, die vor dem Sprung ins Niemandsland, ja, sogar noch in der Deckung der Gräben teilweise durch eigene Waffen schwere Verluste erleidet, ist an sich schon erschüttert. Der Blutzoll allein ist nicht so viel wie die

Furchtbarkeit, die Kameraden rechts und links durch eigene Waffen fallen zu sehen.
Um 19.30 Uhr sollen Regimenter erneut den Graben verlassen, um den Sprung gegen die feindlichen Stellungen zu wagen. Aber nichts rührt sich, nichts als höchstens starke Offizierspatrouillen, die zögernd vorfühlen und im Sperrfeuer gegen die feindlichen Gräben vortasten. Aber jetzt verdreifacht, nein, verzehnfacht sich das französische Abwehrfeuer. Der Vorhang der jagenden Sperrfeuergranaten wird dichter und dichter, und über das dämmerige Feld bellen die Maschinengewehre. Sogar dieses Vorfühlen der Offizierspatrouillen wird im Keim erstickt.
Die deutsche Truppe schanzt sich für die Nacht ein. Sie hat leiden gelernt, ohne zu klagen. Sie wird auch diesen Schicksalsschlag auf sich nehmen, sich auch diesmal wieder vom unerbittlichen Gang der Mühle um Verdun zermahlen lassen. Auf der ganzen Linie ist der Angriff gescheitert. Die deutsche Heeresleitung wagt nicht, für den nächsten Tag einen neuen Angriffsbefehl herauszugeben. Aber in einigen Tagen, jawohl, in einigen Tagen wird man wieder kräftig genug sein zum entscheidenden Sprung.
Inzwischen tritt aber ein Ereignis ein, das mit seinen entsetzlichen Folgen die Mitschuld am schlechten Ruf trägt, den Verdun in der ganzen deutschen Armee genießt.
Verdun ist längst der Inbegriff aller Schrecken und aller nutzlos scheinenden Opfergänge geworden.
Dieses neue, furchtbare Ereignis verstärkt das Entsetzen um die Hölle an der Maas. Das Frontgerücht arbeitet und

verbreitet rasch wie eine Seuche von Truppenteil zu Truppenteil die Schreckensnachricht:
»Im Fort Douaumont, unter dem langgestreckten Sargdeckel, hat sich etwas Entsetzliches ereignet!«
Es stimmt genau, im Douaumont, unter dem Sargdeckel ist die Hölle ausgebrochen, eine Hölle aus Wahnsinn, Tod und Verderben.
Die Hölle selber ist er, der Douaumont!

Douaumont, das Grab der 650 Eingemauerten!

Als Folge dieser starken Abwehr und der erneuten Angriffsversuche deutscher Sturmtruppen sind am Abend des 7. Mai die Verluste in den Reihen der feldgrauen Stürmer unerhört hoch. Zahlreiche Verwundete werden hinüber zum Fort Douaumont gebracht. Das Fort mit den sagenhaft tiefen Kasematten, mit seinen Gängen und seinen unbedingt schußsicheren Anlagen ist für den Soldaten, der aus dem Hexenkessel muß, ein starker Anziehungspunkt.
Hier wähnen sich die Verwundeten vorläufig geborgen! Hier können sie einen günstigen Augenblick zum letzten Lauf ins Hinterland abwarten.
Wer verwundet nach hinten zur Verbandstelle strebt, weiß, daß er im Fort Douaumont Atem schöpfen kann, daß man ihm hier nie einen Schluck Wasser, einen Bissen Brot und einen schußsicheren Platz verweigern wird. Wer

als Verwundeter den Douaumont erreicht und im Schutze des gepanzerten Sargdeckels endlich freier atmen kann, der hat schon wieder halb das Leben gewonnen. Nur halb zwar, aber immerhin ...

Obendrein ist es möglich, die ganze Länge oder Breite der Festung hier im gedeckten Gelände, das heißt unterirdisch, zurückzulegen. Man dringt von Süden in die Feste ein und verläßt sie durch die Nordausgänge. Auf diese Weise ist immerhin eine gute Strecke des gefährlichen Weges unterirdisch begangen. Alle Truppen, die von hinten kommen und nach vorne in die Kampfstellungen müssen, benutzen gleichfalls das Fort Douaumont als Pausestelle zum Atemholen.

Der Douaumont ist fast wie eine geschützte Insel der Sicherheit im Meer von Tod und Grauen. Wer möchte dies nicht wahrnehmen?

So kommt es, daß in der Nacht vom 7. Mai zum 8. Mai das Fort bis zu seiner letzten Fassungsmöglichkeit besetzt ist. Für die Schwerverwundeten hat man die tieferen Schächte und Kasematten freigemacht. Hoffentlich treffen noch im Laufe der Nacht Verstärkungen für die Sanitätsmannschaften ein, zusammen mit irgendwelchen Fahrzeugen oder wenigstens mit zahlreichen Tragbahren. Man kann doch die vielen operationsreifen Soldaten nicht noch 24 Stunden länger hier liegen lassen. Am hellen Tag ist der Rückweg über das ständig beschossene Hinterland so gut wie ungangbar. Das wäre dreifacher Tod, hundertfache Angst, tausendfache Anstrengung und Entbehrung.

Außer den zahlreichen Verwundeten und den Essenholern, die zur Front streben, und den Versprengten aus vie-

len Truppenteilen befinden sich gegen Morgen des 8. Mai mehrere Infanteriestäbe in der Sicherheit der Feste. Die Nacht ist fast vorbei. Es ist gerade wieder ein Pioniertrupp mit Handgranaten und Flammenwerfern eingetroffen. Die Leute wollen sich hier nur für kurze Augenblicke ausruhen, denn der Weg zur Feste war bisher in dem Kehlgraben ein einziges Wettrennen mit dem Tode. Selten hatte das französische Zerstörungsfeuer so gewütet wie diesmal in den Stunden vor der Dämmerung.
Im Osten, jenseits der Woëvre-Ebene, kündet sich schon der neue Tag an. Die Pioniere können sich nur wenige Minuten aufhalten und müssen dann schnell weiter nach vorne, um irgendwo als Verstärkung einzuschwärmen. Sie stellen ihr Gerät am Eingang nieder. Dort werden sie es gleich wieder holen. Es hat doch keinen Sinn, mit den geballten Ladungen und dem schweren Flammenwerfer-Gerät die engen Gänge durchlaufen zu wollen.
Es ist um diese Stunde ein ganz besonders starkes Kommen und Gehen im Fort.
Verwundete und Ablösungen quetschen sich aneinander vorbei. Nein, in diesem Gewühl ist mit sperrigem Gerät nicht viel anzufangen. Es mag also ganz vorn im Gang stehen bleiben, bis man sich mal in der Feste umgesehen hat, gerade Zeit genug, um einen Schluck Tee oder ein Butterbrot zu sich zu nehmen.
Die Verwundeten strömen in diesem Augenblick ohne Unterlaß aus der Festung, Mann hinter Mann. Es sind in der Hauptsache Männer mit Armschüssen und leichteren Kopfverletzungen. Die mit Bein- und Bauchschüssen liegen ja alle noch unten und warten auf gelegentlichen Abtransport. Es wird an diesem Tag mit dem Rücktransport

auch nichts mehr sein. Bis zum Abend müssen sie dann noch warten und hoffen, daß man sie im Laufe der Nacht wegbringt.
Die Leichtverwundeten aber eilen rasch dahin. Es ist ihnen jetzt noch Möglichkeit geboten, ein gut Stück des Hinterlandes zu bezwingen. Wenigstens bis zur Chambrette-Ferme kommen sie noch im Schutze der Dämmerung und des leichten Bodendunstes, wenn sie gut laufen. Und dann sind sie ja aus dem Gröbsten heraus.
Gerade scheint die französische Artillerie Atem holen zu wollen.
Eine Feuerpause ist eingetreten.
Vielleicht müssen die Rohre gekühlt werden.
Vielleicht sind auch nur die Artilleristen übermüdet.
Da geschieht es!
Eine geballte Ladung wird im Halbdämmer der Gänge gestreift und fällt zu Boden. Einer der dahineilenden Männer tritt unbewußt auf den Abzugsknopf. Mit dem anderen Fuß schleudert er unbeabsichtigt die zusammengebündelten Handgranaten ein Stück weiter. Die Abzugsschnur strafft sich. Die Zündung ist da. Der Mann aber geht weiter, er hat nichts gemerkt; er ist gegen irgend etwas gestolpert. Hier liegt ja so viel Gerät herum, angefangen von weggeworfenen französischen Tornistern bis zum zerbeulten, unbrauchbar geschossenen Maschinengewehr. Hinter ihm kommen andere Verwundete und Soldaten, die zum Hinterland streben, Melder, Munitionsträger, Pioniere, Abgelöste und Versprengte.
Und da reißt eine furchtbare Entladung die Ruhe des Frühmorgens entzwei. Ein furchtbarer Schlag schüttert

durch den Gang. Man hört Wimmern und Schreien. Dann hastendes Laufen von Menschen.
Was ist geschehen?
Ist eine französische Granate als Zufallstreffer in den Festungsgang gedrungen?
Wohl kaum anzunehmen; man hat ja kein Heulen gehört.
Ja, was ist dann geschehen?
Die Melder und alle Männer, die jetzt schon das Kernwerk verlassen haben, beeilen sich, rasch weiterzukommen. Was im Fort geschehen ist, geht sie nichts mehr an. Sie haben genug mit sich selbst zu tun und müssen an ihr Fortkommen oder an die Ausführung des erhaltenen Befehls denken. Nur weg aus diesem gefährlichen Bereich!
Und während sie noch durch den Wallgraben rennen und sich oben auf das Glacis schwingen, um von dort aus den atemraubenden Lauf ins Tal hinunter zu beginnen, schüttert eine zweite stärkere Explosion hinten im Douaumont. Ein Erdbeben ist's fast.
Der Knall ist so stark, daß ihn das menschliche Ohr kaum wahrnimmt. Nur das entsetzliche Schüttern und Dröhnen ist da, läßt die Erde wie unter Fieberschauern erbeben. Aus dem Sargdeckel, aus allen seinen Schießscharten und Öffnungen schlagen dunkelrote Blitze.
Was ist geschehen? Hat man von Verdun aus doch noch den Weg durch einen sagenhaften und vielbesprochenen unterirdischen Gang gefunden und tief unter der Panzerfeste eine gewaltige Sprengladung in den Eingeweiden des Werkes angebracht und entzündet?
Nein, die Franzosen haben mit dieser Explosion nichts zu tun. Sie liegen drüben todmatt und unausgeschlafen in

ihren Schützenlöchern, und ihre Posten blinzeln nur verständnislos und überrascht in das Zischen der Flammen aus allen Gängen und Scharten des Douaumont. Sie vernehmen das dumpfe Erdbeben und wissen nicht, was geschehen ist.

Vielleicht hat die deutsche Artillerie zu kurz geschossen und den Sargdeckel getroffen. Dann geschieht's den Boches ganz recht. Oder irgendwo aus der Flanke hat sich eine ganz schwere französische Granate das gleiche Ziel erwählt, oder ein Deutscher hat unvorsichtig mit einer Kiste Handgranaten oder Munition hantiert. Ach was, es wird schon nicht so schlimm sein.

Die Posten melden nichts von ihren Beobachtungen. Es ist ja alles so belanglos geworden, verglichen mit täglichen Stürmen und stündlichem Sterben hier im weit und breiten Feld um Verdun.

Was geschah im Douaumont? Was geschah wirklich?

Hierüber gibt es zwei Erklärungen. Zuerst wird die zufällig und achtlos entzündete geballte Ladung als Ursache angenommen. Später heißt es, ein Soldat habe beim Ausklopfen seiner Pfeife das Lagerstroh in Brand gesetzt, wodurch dann Handgranaten entzündet worden seien. Der Brand habe auf die Flammenwerfer übergegriffen.

Jedenfalls, die geballte Ladung hat einen Flammenwerfer der Pioniere zerstört und das Öl entzündet. Rasch ergießt sich der brennende Ölbach in die Tiefe und erreicht den Stapel zurückgelassener französischer Kartuschen und mittlerer Granaten. Vergebens wollen noch einige beherzte Männer das drohende Unheil durch Aufwerfen von Sandsäcken verhindern. Sie reißen sich die Uniformröcke vom Leib und versuchen damit die Flammen zu ersticken. Zu spät! Rauch und Hitze jagen sie zurück. Dikker, fetter Masutqualm legt sich schwer auf die Lungen, und dann brüllt mitten in der Feste die zweite gewaltige Entzündung. Sie schmettert so unerhört, daß sofort alle Lichter erlöschen. Und da setzt die Panik ein – –

Unten in den Verbandplätzen und in den Hauptkasematten ist's still. Hier hat die Explosion alle Menschen durch Lungenriß getötet. In den weiter entlegenen Kasematten aber entbrennen inzwischen erbitterte Kämpfe um Luft und um den Ausgang. Schwer wie Blei drückt der bittere Masutrauch auf die Brust. Durch die Gänge schallt der Schreckensruf:

»*Gas – Gas!* Die Franzosen machen einen Gasangriff.«

In pechschwarzer Dunkelheit suchen die Menschen ihre Gasmasken. Sind die Franzosen schon im Fort?

Besonnene machen endlich Licht. Ja, nur Licht! Die Augengläser der Masken beschlagen sofort. Unmöglich, richtig zu sehen.

»Luft und Licht, Luft, Luft – –!«

Die Panikstimmung wächst. Man tastet sich durch die Zickzackgänge, Mann hinter Mann.

Man gelangt irgendwo an eine Tür. Zurück, der Weg ist falsch, hier geht's nicht ins Freie. Hier kommt kein Mensch vorbei. Alles zurück!

Man rennt, man strebt rückwärts. Eine andere Abteilung will sich vorbeiquetschen. Dazwischen stöhnen die Verwundeten. Und Schreie, entsetzliche Schreie – –!

Immer und immer wieder rollt im Inneren der Feste das dumpfe Kollern der Explosion. Die Ausgänge sind verstopft, ja, man findet sie überhaupt nicht mehr. Stock-

dunkel ist's auf den Gängen. Hie und da will der schmale Lichtkegel einer Taschenlampe die schwärzliche Dunkelheit durchdringen, reicht aber nur bis auf den Rücken des Vordermannes oder bis an das entsetzte Gesicht eines halbirrsinnigen Menschen. Alles andere, zwei Meter im Umkreis, wird von schwarzem Masutrauch verschluckt.
Ohne Unterbrechung brennt das rinnende Öl der Flammenwerfer. Die nachfolgenden Explosionen haben noch weitere Flammenwerferbehälter gesprengt und auch ihr Öl entzündet. In dichten Flocken schwebt der Ölqualm durch alle Gänge und Kasematten, schwärzt die Gesichter, verstopft die Gasmaskeneinsätze. Atemnot tritt ein.
»Luft! Luft!«
Man reißt sich die Masken vom Gesicht. Man rennt und prallt mit dem Kopf an die Wand.
Wieder vor, wieder zurück, nur heraus, endlich heraus aus dieser Hölle, aus diesem furchtbaren, entsetzlichen Fort!
Jetzt sind die ersten schon draußen. An zwei, drei Stellen ist der Weg ins Freie gefunden. Gänzlich geschwärzte Menschen stürzen sich mit irrem Geschrei in den Kehlgraben. Und jetzt ertönt draußen der Ruf:
»Alarm, die Schwarzen sind im Fort! Alarm – die Schwarzen greifen an!«
Wird aufgenommen, der Ruf, wird weitergegeben, von Gruppe zu Gruppe. Und in allen noch verschont gebliebenen Ecken und Gefechtsstellungen der Festung und ihrer Umgebung greifen die Deutschen zu den Waffen. Handgranaten fliegen den anrückenden »Schwarzen« entgegen.
Mit Verbissenheit kämpfen die Deutschen, schießen und

werfen, denn sie wissen genau, daß die Schwarzen ihre grausamsten Gegner sind. Und aus allen Gängen der Feste kommen immer mehr »Schwarze« und geraten in das Kreuzfeuer der deutschen Maschinengewehre und Handgranaten.

Und jetzt erkennt man, daß es keine Kolonialsoldaten sind, sondern eigene deutsche Kameraden, vom Masutrauch unkenntlich geschwärzt. Schwarz die Gesichter, schwarz die Uniformen, die Hände.

»Haltet ein, stopfen! Nicht schießen – es sind ja Unsere!«

Man stellt das Feuer ein, man eilt hinunter, man verbindet, man versucht zu retten, was noch zu retten ist. Aber viele liegen schon still und tot. Und über ihre geschwärzten Gesichter rinnt langsam warmes Blut. Bitterer Tod, doppelt bitter, weil aus Kameradenhand erhalten.

Mit Geistesgegenwart haben inzwischen die Ärzte des großen Verbandplatzes drinnen in der Feste die bereitgestellten Sauerstoffbomben abgezogen und alle Ausgänge versperrt. Nur so bleibt die Luft in diesen Kasemattenräumen atembar, und nur so entgehen die Verwundeten einem grausamen Erstickungstod. Droben in den dunklen Gängen verstummt jetzt nach und nach das entsetzliche Geschrei des Irrsinns und der Panik.

Langsam steigt der junge Tag empor. Aus den rückwärtigen Stellungen nahen jetzt Deutsche, wollen helfen und retten, wenn's noch etwas zu retten gibt. Sie haben von den Vorgängen in der Festung nichts vernommen als höchstens seltsames Schüttern und Beben, das dumpfe Rollen im Inneren des Werkes. Sie haben an den Einschlag eines schweren französischen Treffers geglaubt und sich weiter keine Gedanken darüber gemacht, weil sie die Männer im Douaumont in guter Obhut unter dem Panzer der Kasematten wähnten. Und dann waren unkenntlich geschwärzte Menschen, halb irrsinnig vor Angst und Schrecken, zu ihnen gekommen und hatten unzusammenhängende Erklärungen hergestottert.

Nun streben die Männer aus der Reservestellung nach vorne. Es sind in der Hauptsache die 12. Grenadiere, die sich auf den Weg machen und, zitternd vor Aufregung, ihren Kameraden zu Hilfe eilen. In diesem Augenblick treffen aus den vordersten Linien die Kaffeeholer ein. Hier im Fort standen ja Kochkessel, von den Franzosen damals beim Rückzug stehengelassen. Eine Feldküche hätte es ja doch nicht wagen dürfen, bis zum Douaumont vorzufahren. Aber das Vorhandensein der französischen Kochgelegenheit war für die vorderste Truppe eine Wohltat.

Die Essenholer müssen heute umkehren, denn auch Kessel und Küchen sind vernichtet. Die Männer gehen zurück in die Gräben und melden mit Entsetzen, daß sie im Fort Douaumont ein Stück Hölle gesehen haben. Einige schreien und können sich lange nicht beruhigen. Das Grauen hat für Stunden ihren Geist verwirrt.

Für die 12. Grenadiere und für die anderen herbeigeeilten Truppen ist jetzt sehr viel zu tun. Gasmasken vor dem Gesicht, dringen die Soldaten einzeln und in kleineren Abteilungen, untereinander von Mann zu Mann durch Gewehrreinigungsstricke verbunden, in die Festung ein. Vorneweg schreiten Offiziere und Unteroffiziere mit aufgeblendeten Taschenlampen. Sie gehen langsam, überschreiten und überspringen die Haufen halb verkohlter Leichen.

Sie kommen an noch qualmenden und noch brennenden Ölbächen vorbei und werfen die Erde aus mitgebrachten Sandsäcken darüber, das Feuer zu ersticken.
Sie dringen bis zu der Stelle vor, wo der Regimentsstab und die drei Bataillonsstäbe der Grenadiere untergebracht waren. Die Kasematten sind noch fast unversehrt. So fest gebaut ist das Fort Douaumont. Aber die Menschen sind alle tot. Keiner ist seinem bitteren Schicksal entronnen. Ob Offizier, ob Musketier, ohne Unterschied liegen die Soldaten so, wie die Explosion sie zerschmetterte oder der Masutrauch sie erstickte. Träge und heimtückisch ziehen noch dicke Qualmschwaden durch die Gänge der Festung, entweichen langsam und hüllen die Panzerfeste in einen gespenstischen Rauchmantel. Die Grenadiere und die anderen Hilfstruppen arbeiten fieberhaft. Vorerst werden alle Verwundeten geborgen. Und dann die große Frage, wohin mit den Toten? Es wird die Hitze einsetzen. Die Leichen müssen verschwinden und möglichst bald der Erde übergeben werden.
Ein großer Gang wird als Riesenmassengrab bestimmt. Man schleppt die toten Kameraden hinein. Es liegen schon viele Stille darin, die an dieser Stelle der Explosion zum Opfer gefallen sind. Sie sollen für die ganze Ewigkeit ihre Kameraden bekommen und nicht allein bleiben.
In der folgenden Nacht ist die Arbeit getan, das Massengrab gefüllt. Pioniere errichten in Eile eine feste Mauer aus Beton und Steinen, und dahinter liegen nun die Leichen von 28 Offizieren und 650 tapferen deutschen Soldaten.
Zu gleicher Zeit werden die Gefallenen draußen im Kehlgraben, diese Toten, die man irrtümlich für

Schwarze gehalten und niedergeschossen hatte, in einem riesigen Granattrichter bestattet.
Der »Sargdeckel« des Douaumont ist für die Deutschen wirklich zum Sargdeckel geworden.
Langsam verzieht sich der schwere Masutqualm, bleibt jedoch turmhoch über dem Fort hängen. Wie ein riesiger schwarzer Pilz des Todes steht die Rauchsäule über dem Werk und kündet weithin über die Woëvre-Ebene, daß hier etwas Furchtbares geschehen ist. In den Gängen und Kasematten wütete der Tod.
Die Franzosen sehen den Pilz aus Rauch und dichtem Ölqualm. Ihre Flieger können feststellen, daß rund um die Festung, im Kehlgraben, außergewöhnliche starke Bewegung herrscht. Auch das ständige langsame Entweichen des Rauches aus allen Scharten und Öffnungen des Panzerforts kann den Franzosen nicht verborgen bleiben. Und dennoch geschieht nichts. Jetzt könnte ein entschlossener französischer Unterführer diesen günstigen Augenblick nutzen und seine Sturmwellen gegen die Panzerfeste führen. Er würde kaum Widerstand finden und das Fort durch raschen Handstreich erledigen.
In der vordersten Linie sind die deutschen Truppen durch die Erzählungen ihrer Kaffeeholer so entsetzt, daß ihnen der Schrecken bleischwer in den Gliedern hängt. Und die Männer im Fort selbst denken vorläufig nicht an Kampf. Die Aufräumungsarbeiten nehmen sie voll und ganz in Anspruch. Keine fünf Minuten können sie aufschauen oder einhalten.
Überall sind kleinere oder größere Brandherde zu erstikken, mit Erde zuzudecken. Und dann muß für Durchzug, für Lufterneuerung und für Licht gesorgt werden. Alle

brennbaren Gegenstände, die halbzerstörten Flammenwerfer, die angesengten Handgranatenkisten, die verbeulten Kartuschen und die scharf gemachte französische Artilleriemunition, dies alles wird hinausgeschafft, in Granattrichter geworfen. Wer solches mitgemacht und erlebt hat, wird im nächsten Augenblick kein rücksichtsloser Kämpfer sein können. Nein, die Feste Douaumont ist an diesem Tag nicht mehr im Verteidigungszustand. Wenn jetzt die Franzosen kommen, ist es mit ihr vorbei. Die Franzosen aber kommen nicht.
Es senkt sich der Abend nieder. Sachverständige Pionieroffiziere und Männer vom Festungsbau kommen in der Nacht vom 8. zum 9. Mai nach vorne, untersuchen den Douaumont. Es soll festgestellt werden, ob das Fort überhaupt noch fähig ist, eine Beschießung auszuhalten, und ob's nicht ratsamer erscheint, durch eine letzte, mit Bedacht angelegte Sprengung alle Kasematten und Kunstbauten endgültig in Trümmer zu legen.
Aber der Douaumont wird als noch brauchbar befunden. Das Schicksal der Feste ist noch nicht erfüllt.

Nur wenige Ruhetage gönnt man der Truppe, die kurze Zeit bis zum 12. Mai. Sie soll nichts Größeres unternehmen. Das Entsetzen um den Douaumont muß vorerst überwunden sein. So denkt man im Hinterland. Aber dieses Entsetzen wird niemals überwunden werden können. Es wird allen, die es miterleben mußten, ein ganzes Leben lang bleischwer auf den Seelen lasten.
Am 12. Mai soll die 5. Infanteriedivision angreifen und die Kiesgrube südlich der Feste Douaumont sowie einige Zwischenwerke wegnehmen, um so einen Vorstoß des

ganzen X. Reservekorps vorzubereiten und den stürmenden Divisionen den Weg zu ebnen.
Die Truppenführung hat lebhafte Bedenken gegen diese Befehle. Die Kompanien sind müde und verbraucht. Trotz größter Tapferkeit wird man hier nicht mehr recht vorankommen.
Immer wieder das Anrennen gegen die Schützengräben des Feindes, immer wieder das furchtbare Trommelfeuer, das alles Leben drüben vernichten soll und doch die starken Maschinengewehrnester und die Zwischenwerke schier unbeschädigt läßt.
Immer wieder die aufopfernde Tapferkeit der deutschen Kompanien, deren Ansturm an französischer Abwehr zerschellt, und dann noch im Nacken die Furchtbarkeit des riesenhaften Massengrabes unter dem Sargdeckel des Douaumont!
Zuviel für die Nerven dieser Männer, die seit dem 21. Februar mit nur geringen Ablösungen in kurzen Pausen am Feind stehen. Der Opfergang der deutschen Sturmdivisionen um Verdun erreicht jetzt seinen Höhepunkt.
Und dennoch: befehlsgemäß wird der Angriff der 5. Infanteriedivision am 12. Mai durchgeführt. Die Sturmrudel kommen aber nicht weit. Im Maschinengewehrrattern und rasenden Artilleriefeuer brechen die Stürmenden zusammen. Die vollkommen erschütterte und dezimierte Truppe hat nur wenig über ihren Graben hinauskommen können. Und trotz dieses Mißerfolges beim Sturm auf die Kiesgrube und auf die Betonklötze südlich von Douaumont soll am 13. Mai ganz früh, um 3.45 Uhr, beim ersten zagen Licht des Tages, nochmals vorgegangen werden.

Man hat bisher immer wieder gefunden, daß die deutsche Artillerie mit ihrem Trommelfeuer die französische Abwehr rechtzeitig auf den Plan ruft. Und nun beschließt man, diesmal ohne Artillerievorbereitung anzugreifen. Es soll für den Gegner eine Überraschung sein, dieses plötzliche Hervorbrechen der deutschen Sturmwellen gegen seine Gräben. Wird es gelingen?
Schweren Herzens, aber stumm in ihrem bitteren Gehorsam, begeben sich die Feldgrauen in die Sturmausgangsstellungen. Sie wissen, daß es wiederum ein Opfergang sein wird, ein blutiges Anrennen sondergleichen gegen unerschütterte französische Stellungen und gepanzerte Maschinengewehrnester. Und es ist, als habe man die Nutzlosigkeit dieses Angriffs auch hinten beim Stab erkannt. Fast scheint es, als wolle man dem rauschenden deutschen Blutstrom endlich Einhalt gebieten. Denn kurz vor dem angesetzten Unternehmen kommt ein Gegenbefehl. Der Sturmangriff ist für diesmal auf unbestimmte Zeit abgesagt.
Am 13. Mai findet also kein Sturmangriff statt. Bei der Heeresleitung überlegt man. Soll man von weiteren Angriffen überhaupt absehen und wieder den Grabenkrieg beginnen? Es wird erkannt, daß die Stellungen des X. Reservekorps, d.h. der 19. Reservedivision, der 2. Garde-Ersatzbrigade, der 5. und 6. Infanteriedivision, auf dem hohen Rücken beiderseitig der Feste Douaumont und im Caillette-Wald auf die Dauer nicht zu halten sind, weil dort die Truppe Tag und Nacht unter nicht abbrechendem französischen Artilleriefeuer liegt. Nur im Stillhalten, also ohne eigentliche Kampfhandlung, betragen die Tagesverluste der 3. Division rund 230 Mann. Es gibt dort

weder Schützengräben noch gedeckte Anmarschwege, noch richtige Sturmbereitschaftsstellungen.
Dagegen ist eine Dauerstellung zum Übergang in den Schützengrabenkrieg erst hinter der hohen Linie von Thiaumont nach Fleury wieder möglich. Diese Linie muß unter allen Umständen erreicht werden. Man wird also wieder angreifen. Und diesmal muß es ein Angriff sein, von dessen Gelingen Führer und Truppe im voraus restlos überzeugt sind.
Als Zusammenfassung der Besprechungen dieses Tages erläßt der Kronprinz folgenden Befehl:

»An die Angriffstruppe Ost!
Auf dem östlichen Maasufer sind vorerst größere Offensiv-Unternehmungen zurückzustellen und aller Nachdruck auf den Ausbau der Stellungen zu legen. Aufgabe der Truppe ist es, daß das Fort Douaumont auch starken feindlichen Angriffen gegenüber fest in unserer Hand bleibt. Vorsappieren und kleinere Unternehmungen zur Verbesserung der Stellungen werden dazu beitragen, daß den Truppen für eine spätere beabsichtigte weitere Offensive ihre Tatkraft und Angriffsfreudigkeit erhalten bleibt.
Der Oberbefehlshaber des Deutschen Heeres:
Wilhelm
Kronprinz des Deutschen Reiches und von Preußen.«

Nicht genug! General Knobelsdorff, der bisherige Hauptverfechter der Ausblutungstheorie, bringt einen überraschenden Vorschlag. Er befürwortet die Einstellung der Angriffe, weil er den Verbrauch an Menschen, Munition und Material nicht mehr verantworten zu können glaubt.

Kronprinz Wilhelm stimmt dieser Ansicht bei, denn auch er ist nicht mehr vom guten Ausgang des »Unternehmens Gericht« überzeugt.
Während man überlegt und die Zukunft des Schlachtfeldes von Verdun zu gestalten versucht, hat Pétain das Gesetz des Handelns an sich gerissen und zwingt der deutschen Heeresleitung andere Verhaltensmaßregeln auf. Der Franzose greift an, und der Deutsche muß in die Verteidigung gehen. Die Schlacht um Verdun tritt in eine neue Phase!

Der Gegner schlägt zurück

Am 1. Mai hat General Pétain der II. französischen Armee den Auftrag erteilt, das Fort Douaumont an einem früheren oder späteren Zeitpunkt wiederzunehmen und auch die in deutsche Hände gefallenen Zwischenwerke dem Gegner wieder zu entreißen. Pétain wird bereits am 2. Mai das Kommando über die II. Armee an Nivelle abgeben, um selbst die Armeegruppe zu übernehmen, und dieser Feuerkopf bereitet nun den Angriff sorgfältig vor. Er hat nicht weniger als dreihundert Geschütze bereitgestellt, darunter zwei mächtige Eisenbahnbatterien, vier Mörser vom Kaliber 37, zwölf Steilfeuerhaubitzen mit 28-Zentimeter-Granaten, zwölf 27-Zentimeter-Mörser und acht 22,5-Zentimeter-Haubitzen. Die anderen Geschütze sind fast durchweg mittleren und schweren Kalibers. Noch nie in der Geschichte des Krieges hat ein General so viele schwere und schwerste Geschütze auf einem so kleinen Fleck vereint, denn die beabsichtigte Einbruchstelle der II. französischen Armee soll nur knapp 1400 Meter breit sein. Unerhört viel Munition steht griffbereit.

Für den Sturmangriff sind als erste Welle fünf Infanteriebataillone vorgesehen, ferner vier Maschinengewehrkompanien und zwei Grenadierkompanien. Als zweite Welle stehen zehn Bataillone bereit. In dritter Welle hält Nivelle weitere zahlreiche Reserven fix und fertig zum Angriff. Für jedes Infanteriebataillon sind nur wenig über 200 Meter Angriffsbreite vorgesehen.

Ein machtvoller Aufmarsch, ein Sturm sondergleichen wird sich gleich auf die deutschen Linien stürzen, sie durchstoßen und niederhämmern. Fünf Tage lang soll das Wirkungsschießen auf der Einbruchstelle toben. Und dort, an dieser Einbruchstelle, liegen doch nur die erschöpften Gruppen der 5. deutschen Infanteriedivision.

Planmäßig rollt am 17. Mai in der Frühe das französische Wirkungsschießen aus Schluchten und Batteriestellungen, hält den ganzen Tag an und steigert sich am 18. Mai zum wahnsinnig brüllenden Trommelfeuer.

Zug um Zug schicken die schwersten Geschütze ihre großkalibrigen Granaten auf den Sargdeckel.

Stück um Stück hauen die Geschosse die Panzerdecke des Douaumont in Brocken.

Gewiß, in den tiefgelegenen Kasematten ist man sicher vor der Beschießung. Die Riesengeschosse können nur dumpf auf die meterdicken betonierten Wände dieser unterirdischen Höhle schüttern. Aber oben über Tage werden die Mauern zu Staub zermalmt.

Alle Wände an der Kehlseite, die nach Süden gerichtet ist, brechen zusammen unter der Wucht der Geschosse. Wie große tote Augen starren nun die bloßgelegten Kasemattenräume ins Freie. Praktisch werden sie nun für die deutsche Verteidigung unbenutzbar und unhaltbar, zumal jetzt die leichten Feldgeschütze, die berühmten »Ratscher«, diese weithin sichtbaren Ziele anpeilen und mit zahlreichen Granaten belegen.
Unablässig heulen die 7,5-Zentimeter-Geschosse heran, wühlen sich in die Höhlungen und platzen im Inneren der Kasematten. Den Pionieren gelingt es, an verschiedenen Stellen hohe Sandsackbarrikaden zu errichten, als Ersatz für die eingeschossenen Mauern. Und die Beschießung geht weiter. Im Nord-West-Stollen des Forts befindet sich die deutsche Funkstation. Auch sie wird durch mehrere Volltreffer zerstört. Die westliche Grabenstreiche erhält zwei Riesentreffer und wird zermalmt.
Der Gang zum Panzerturm im Südwesten wird gleichfalls zusammengeschossen und eingeebnet. Alle drei Geschütze der Grabenwehren sind bald außer Gefecht gesetzt, und zwischen den schweren Brummern, unter deren Hammerschlägen die Panzerfeste bebt, johlen die französischen Gasgranaten daher, platzen dumpf und heimtückisch, erfüllen Gänge und Gräben rund um den Sargdeckel mit tödlichem Atem. Und wenn dann die Beschießung etwas nachläßt, wenn für einige Minuten die französischen Artilleristen unterbrechen und das Wuchten auf den Sargdeckel aussetzt, dann strömen von allen Seiten die deutschen Verwundeten herbei und suchen Schutz und Hilfe im Panzerfort.
Rasch werden die Blutüberströmten verbunden, gelabt

und dann auf den Weg ins Hinterland geschickt. Ihre Anwesenheit bildet eine stete Bedrohung für die Feste. Die Absicht der französischen Heeresleitung wird durch harte Beschießung deutlich: der Douaumont soll genommen werden. Eine Überrumpelung der mit Verwundeten gefüllten Festung scheint leicht. Deshalb weg mit allen Nichtkämpfern!

Währenddessen schmelzen draußen im Caillette-Wald die deutschen Truppen wie Schnee in der Märzsonne. Eine richtige Stellung ist schon lange nicht mehr vorhanden. Die Truppe liegt nur noch in kleineren Abteilungen verstreut im Gelände. Alle Maschinengewehre sind am Rand von Granattrichtern aufgestellt. Die tiefen Stollen sind entweder ersoffen oder eingedrückt. Alles ist eingeschossen, vernichtet, zusammengehämmert. Und am 19., am 20. und dann noch bis zur Frühe des 21. Mai rast das Trommelfeuer der Franzosen auf die deutschen Linien nieder. Linien? Es gibt keine Linien mehr, aber General Mangin, der mit seiner 5. Division angreifen und den Douaumont zurückerobern will, möchte das ganze Gelände, Schritt für Schritt, Meter für Meter restlos umpflügen. Es soll sich kein einziger Deutscher mehr darin festsetzen können. Der grimme Mangin hat sich geschworen, den deutschen Angriff abzufangen und alles verlorene Gelände in einem einzigen Lauf zu überrennen. Ohne Schonung für sich selbst, begibt er sich nach vorne, um aus einem Schützengraben seine vorgehende Infanterie zu beobachten. Dabei werden zwei seiner Begleitoffiziere verwundet.

Endlich, am Nachmittag des 21. Mai, als jedes Leben in

den deutschen Linien und in der Panzerfeste Douaumont erstorben scheint, bricht die französische Sturminfanterie vor. Die Infanteristen der 5. Division gehen mutig vor; die Poilus wissen, daß ihr Chef, General Mangin, sie von irgendeinem Punkt aus beobachtet.
Es gelingt der 5. Division, den Steinbruch von Hardaumont im Sturm zu nehmen. Pétain scheint mit diesem ersten Erfolg nicht ganz zufrieden, denn bereits am anderen Tag läßt er alle Batterien wieder trommeln. Den ganzen Tag über heult das Vernichtungsfeuer aus allen Rohren. Am Nachmittag des 22. Mai bricht der Sturm los. Diesmal gelingt es den Poilus, bis in die Trümmer des Dorfes Douaumont zu gelangen. Von dort schwenken sie ab und versuchen, die Festung durch Flankenangriff zu packen.
Im Panzerkoloß aber gellt der Alarm und ruft die Verteidiger an die Scharten. Die Fortbesatzung besteht aus zwei Infanteriekompanien, einer Pionierkompanie und aus mehreren schweren Maschinengewehrmannschaften. Jeder eilt an seinen Verteidigungsposten. Der ungeheure Betonklotz lebt und speit Feuer. Aus allen Scharten und Löchern kracht und zischt es. Trotz dieser zielbewußten Abwehr gelingt es den Angreifern, den Südwestteil der Feste bis zum westlichen Graben zu besetzen. Auf dem Südwest-Panzerturm, dessen Zugang zusammengeschossen ist, wird ein französisches Maschinengewehr in Stellung gebracht, und dann versuchen die Poilus in den Douaumont selbst einzudringen, in das Kernwerk. Sie werden mit Handgranaten empfangen.
Kaum ist dieser Angriffsversuch auf das Kernwerk abgeschlagen, da kommt eine neue Alarmnachricht. Auf der

Ostseite der Feste ist der Gegner bis zum linken Panzerturm vorangekommen. Das ganze Kampffeld um den Douaumont ist in mindestens zwanzig größere und kleinere Widerstandsgruppen aufgeteilt.
Vorne im Caillette-Wald halten sich hartnäckig die Trümmer der deutschen Grabenbesatzung und wehren sich durch Flanken- und Rückenfeuer. Im Weichbild der Feste Douaumont ist nun eine wilde Nahkampfschlacht entbrannt.
Es schießt die französische Artillerie Schnellfeuer aus allen Rohren und legt einen Sperrfeuergürtel.
Es schießt ebenfalls die deutsche Artillerie aus allen Rohren und legt einen Sperrfeuergürtel.
Niemand kann unterscheiden, welche Artillerie schießt und welche Granaten an dieser oder jener Stelle niederprasseln. Es ist ja auch einerlei, und in diesem Chaos von Titanenlärm und Vernichtungswillen ist es den Männern, die das Entsetzliche aushalten, ja, aushalten müssen, völlig gleich, ob sie von einer deutschen oder einer französischen Granate getroffen und zerrissen werden. Bei ihnen hat jedes Denken und Empfinden ausgesetzt. Auf dem Sargdeckel tanzen die Flammen, wirbeln die Explosionen der Granaten aller Kaliber aus deutschen und französischen Rohren, wirbeln Dreckfontänen empor. Die Hölle um Verdun ist wieder da in ihrer ganzen Furchtbarkeit. Es ist ein Totentanz zum Irrsinnigwerden.
Unter dieser Glocke von rasenden Explosionen, von Splittersurren und Kugelzischen, Maschinengewehrbellen und Menschengeschrei liegen und handeln die kämpfenden Männer beider Nationen ganz mechanisch, und in

ihren Seelen leuchtet nur hin und wieder ein Gedanke: »O Mutter, warum hast du mich geboren, daß ich solches miterleben muß?!«

So ist der stille Opfergang der Männer um Verdun, der Blutzoll zweier Völker, die gegenseitige Vernichtung der tapfersten Soldaten des Erdballs.

Dennoch setzen jetzt die deutschen Truppen zum Gegenstoß an. In zielbewußter Arbeit durch Beobachter von mehreren Stellen aus hat die deutsche Artillerie endlich Klarheit über die vom Feind erreichten Stellungen erhalten und deckt das verlorene Gelände mit Rauch, Feuer und Tod ein. Wütend hämmern die Granaten nieder und zerschlagen die französischen Verbände an beiden Seiten des Douaumont.

Nach dieser Beschießung gehen deutsche Sturmtruppen zum Gegenangriff vor, erobern die verlorenen Gräben im Caillette-Wald, nehmen auch das von den Franzosen vorübergehend besetzte I-Werk-Nord wieder zurück. Mit Genugtuung sehen die letzten deutschen Verteidiger im Caillette-Wald, Männer, die sich schon verloren wähnten, das Nahen der deutschen Stoßtrupps.

Durch diese Sturmerfolge wird der Douaumont wieder aus der Umklammerung befreit, aber noch sitzen die Poilus im Südwestteil der Festung. Schwere Minenwerfer müssen diese Verteidiger zermürben. Im Laufe der Nacht greifen die Bayern das Dorf Douaumont an und drängen die Poilus nach Süden ab.

Wiederum spielt der Douaumont in der Öffentlichkeit eine unerhört wichtige Rolle, diesmal in Frankreich. Der französische Abendbericht vom 22. Mai 1916 meldet die

Einnahme der Festung. Diese Siegesnachricht wird durch den Sender auf dem Eiffelturm in alle Welt geschickt.
Im Hauptquartier des Kronprinzen ist man grenzenlos überrascht. Wenn der Douaumont verlorenging, warum weiß man dies nicht bei der 5. Armee? Und warum fehlt bisher jede Alarmnachricht von den Männern unterm Sargdeckel?
Aber auch das französische Oberkommando traut seiner eigenen Meldung nicht voll und ganz. Ist das Fort wirklich so fest in französischer Hand, daß man diese Einnahme mit gutem Gewissen offiziell bestätigen kann? Die Öffentlichkeit in Frankreich lauert auf solche Erfolgsnachricht. Also, wie steht es um den Douaumont?
Um alle Zweifel auszuschalten, wird ein entscheidender Entschluß gefaßt. Sollte der Douaumont nicht voll und ganz zurückerobert sein, so müßte dies unbedingt nachgeholt werden, und zwar jetzt sofort, jetzt, noch ehe der neue Heeresbericht vom 23. Mai herauskommt. Dieser Bericht vom 23. Mai soll der wartenden Heimat den Sieg der Poilus bestätigen und der Heeresleitung eine Abschwächung ihrer Siegesbehauptung ersparen. Deshalb ergeht Befehl an ein tapferes Infanterieregiment, den Douaumont ohne Rücksicht auf eigene Verluste zu besetzen und von allen deutschen Widerstandsnestern zu säubern. Was die Angreifer am 22. Mai erreichten, aber wohl nicht restlos, nicht hundertprozentig vollendeten, das soll das Regiment 34 erledigen. Dieses Regiment ist eine Elitetruppe.
»Ihr werdet höchstens noch geringen Widerstand vorfinden«, sagt man den Vierunddreißigern, die sich während der Nacht zum 23. Mai zum Angriff fertigmachen müs-

sen. »Es wird für euch mehr oder weniger ein Spaziergang sein, um die Kameraden da vorne abzulösen und die Feste zu durchkämmen, ob sich nicht noch in irgendeiner Kasematte ein Boche versteckt hält.«

Es ist fast genau die Wiederholung des Geschehens vom 10. März, als man bei den deutschen Stäben die Meldung des Rittmeisters von Scheele allzu optimistisch auslegte.

Kurz nach Sonnenaufgang am 23. Mai steigt das Regiment 34 aus den Gräben und Trichtern. Aber der versprochene Spaziergang zum Douaumont hin wird ein Rennen auf Leben und Tod; denn wuchtig wie eine schwergepanzerte Riesenfaust schlägt dröhnend das deutsche Sperrfeuer in die vorrückenden Schützenlinien. Nur Trümmern des Regiments 34 gelingt es, sich bis an das Fort heranzuarbeiten. Aber fast alle diese Mutigen werden gefangen. Noch bis zum übernächsten Morgen hält sich eine kleine Abteilung auf dem Fort, muß sich dann aber auch zurückziehen. Der Heeresbericht vom 23. Mai kann die Einnahme des Douaumont nicht mehr bestätigen, der Panzerkoloß bleibt weiterhin fest in deutscher Hand.

Und dann ist der 24. Mai da. Dieser Tag soll der deutschen Truppe wieder einen großen Erfolg bringen. Die Panzerfeste Douaumont ist stark besetzt. Bayerische Truppen haben sich im Laufe der Nacht in die Kasematten hineingearbeitet, trotz der Bedrohung vom Südwest-Panzerturm herab. Sie haben auch schwere Minenwerfer mitgebracht, diese furchtbaren Nahkampfwaffen. Kaum 80 Meter vom Südwest-Panzerturm entfernt werden die Minenwerfer in aller Stille aufgebaut. Beim Morgengrauen, während die Bayern erfolglos einen Angriff aus dem Fort heraus gegen Süden versuchen, wuchten die Minen aus den Rohren.

Nach dem zehnten Schuß brechen die deutschen Stoßtrupps vor. Am südwestlichen Panzerturm scheint sich nichts mehr zu regen. Die vorgeschobenen Posten sind durch Volltreffer vernichtet, ihre Leiber liegen weit hierhin und dorthin über das Feld verstreut. Aber im Kern des Turmes selbst und in den umgebenden Gräben gibt es noch zahlreiche Kämpfer, die eingesehen haben, daß jeder Widerstand zwecklos ist. Es ergeben sich sechzehn Offiziere und fünfhundert Mann mit elf schweren Maschinengewehren. Nochmals unternehmen die Bayern einen Vorstoß aus dem Douaumont heraus. Sie erobern das Gelände zwischen dem Dorf und der Feste und sichern den Anschluß an die Stellungen im Caillette-Wald.

Auf französischer Seite hat man die Ereignisse am Douaumont hingenommen wie eine Unvermeidlichkeit. Leichten Kaufs sollen aber die Bayern nicht davonkommen, denn wuchtig schlägt ihnen jetzt das französische Feuer entgegen, zertrommelt auch den wiedergewonnenen Südwest-Panzerturm und tanzt in wilden Wirbeln auf dem Sargdeckel. Einige Gegenstöße französischer Infanterie werden im Keim erstickt.

Am Abend dieses 24. Mai wird die französische 5. Infanteriedivision, die Truppe des grimmen Mangin, abgelöst. Sie ist vollkommen aufgerieben, sie hat sich auf beiden Seiten des Douaumont und auf dem Südwest-Panzerturm verblutet.

Aber auch die 5. deutsche Infanteriedivision zieht abgekämpft und ausgeblutet aus den zertrümmerten Stellungen. Mangin fällt zeitweise in Ungnade, weil er sich nunmehr ganz entschieden weigert, mit den Trümmern seiner 5. Division nochmals anzugreifen. Jawohl, angreifen will er, angreifen wird er, aber nicht mit einer ausgebluteten Truppe, dies gibt er deutlich zu verstehen.

Die Bayern behaupten in diesen Tagen rund um Douaumont feste Stellungen. Endlich ist wieder eine durchgehende Infanterielinie vorhanden.

Auf dem linken Maasufer neigen sich die Kämpfe, die seit Wochen mit einer unerhörten Erbitterung und einem rasenden Munitionsaufwand geführt werden, langsam ihrem Ende zu. Die Caurettes-Höhe wird eingenommen, zusammen mit dem gleichnamigen Wald. Auf der ganzen Breite können die deutschen Geschütze vorgeschoben werden. Endlich brüllen die meisten schweren Feldbatterien auf dem Südufer des Forges-Baches und greifen von hier aus wirksam in den Kampf auf dem Ostufer ein.

Der französische Angriff auf den Douaumont ist mißlungen. Drüben aber steht das große Ziel der deutschen Truppen, die immer noch unbezwungene Feste Vaux.

Das Gelände, der Schauplatz des blutigen Geschehens vor Verdun, lag zuerst unter Eis und Schnee. Dann kam das Tauwetter mit Regen und Schlamm. Die zahlreichen Toten, die niemand bergen und beerdigen konnte, lagen zuerst unter der Schneedecke, sehr bald aber im Schlamm. Und dann wuchteten die Geschosse nieder und zerfetzten Lebende und Tote. Mancher Gefallene wurde zehnmal, zwanzigmal getroffen, zerrissen, seine Glieder hierhin und dorthin verstreut. Und an jedem Tag forderte die unersättliche Menschenmühle neues Futter, frisches

Futter, junge, gesunde Männer beider Nationen als Material für ihre unermüdlichen Mahlsteine.
Die mageren, steinigen Äcker der armseligen Dörfer nördlich von Verdun werden mit Menschenblut gedüngt. Aber hier wird so viel geflucht und so viel gebetet und so viel Todesangst ausgestanden, daß diese Erde, selbst nach solcher Anreicherung durch Blut, auf ewig unfruchtbar bleiben müßte, Land des Todes, Land des Grauens, Land der Verwesung, Land des großen Durstes.
Jawohl, Land des Durstes. Die Essenträger kommen nicht immer durch mit ihrer Last. Tagelang muß die Truppe vorne im Einsatz hungern. Aber schlimmer als der Hunger ist der Durst. Gegen den quälenden Hunger kannst du zur Not ankämpfen, überhaupt vergeht dir jede Lust am Essen, wenn du die aufgeblähten Leichen siehst. Du kannst nicht wegschauen; sie liegen überall ringsum. In den Laufgräben liegen sie, und ganze Ablösungen eilen über die Toten hinweg, weil niemand mehr Zeit hat, sie wegzuziehen. Du merkst es erst, wenn du auf etwas Weiches, etwas Schwammiges trittst, dann weißt du, hier liegt ein Mensch, ein Kamerad, ein Mensch wie du.
Du nimmst den Fuß rasch weg – aus einem Gefühl von scheuer Ehrfurcht vor dem Tod. Aber du hörst hinter dir den hohlen Tritt, den nachfolgenden Mann, der genau wie du auf den Toten treten muß. Und ein paar Schritte weiter liegt wieder einer, und der liegt nur zugedeckt unter dem Schlamm, den die Stiefel seiner über ihn hinwegschreitenden Kameraden auf ihm zurückließen. Ja, dieser Tote liegt so, daß du ihm – ob du es willst oder nicht – auf deinem nachtdunklen Pfad auf die Brust oder auf den Bauch trittst. Und unter der dünnen Schlammschicht

meldet sich der Tote und gibt einen gurgelnden Laut von sich: »ä-ä-äh.«

Nein, er lebt nicht, er ist wirklich tot.

Seit Tagen schon. Er ist schon gedunsen und niemand kann dafür, daß die Luft aus seinem wie zum Schreien geöffneten Mund entweicht, wenn wieder einer auf ihn tritt – »ä-ä-äh!«

Süßlich, ekelhaft, untragbar dieser Verwesungsbrodem, der sich mit reichlich ausgestreutem Chlorkalk zu einem Gestank vermischt, den kein Verdunkämpfer je vergessen kann, und sollte er hundert Jahre alt werden. Dieser Leichen- und Chlorkalkgestank haftet in den Uniformen der Verwundeten, die man ins Hinterland schafft. Er peinigt die Nasen der Ärzte und Schwestern in den Feldlazaretten und Lazarettzügen. Es riecht unverkennbar nach – – Verdun. Erst nach gründlicher Desinfektion weicht der Verdun-Geruch aus den Uniformen.

Regentage werden zu Segentagen, denn bei Regen hast du zu trinken. Du breitest deine Zeltplane aus und läßt es hineinregnen und schlürfst. Es schmeckt ebenfalls nach Leichen und Chlorkalk, aber es löscht den Durst. Und bei wassergefülltem Magen quält der Hunger viel weniger. Aber wenn dann wieder die Sonne strahlt, eine Freude für alle Menschen in friedlicher Gegend, beginnt für dich erneut der große Durst. Ein Glück nur, daß die lehmige Erde dieser Gegend das Wasser nicht so schnell abfließen läßt.

Tagsüber siehst du die feisten Verdunratten, groß wie Katzen und fast kahl durch die Einwirkung der Gasbeschießung, an die wassergefüllten Trichter schleichen und saufen. Du wirfst eine Handgranate dazwischen und kriechst selbst hin zum Wasserloch, um das Gesicht einzutauchen. Aber der Wasserspiegel sinkt innerhalb von drei, vier Tagen, einschlagende Granaten zerspritzen das kostbare Naß, und wenn du wieder hinkriechst, mit dikker Zunge, lechzend nach einem Schluck Wasser, findest du einen Toten im Trichter.

Der Mann muß schon lange drin gelegen haben; er ist bereits gedunsen.

Du erbrichst dich vor Ekel, aber die Qual des Durstes ist größer, und abends, wenn du den Toten in der Dunkelheit nicht mehr siehst, kriechst du wieder hin und trinkst – – –

Eine Panzerfeste wird planmäßig umzingelt

Die Schlacht ruht nun einige Tage. Am 31. Mai soll die Angriffsgruppe Ost ihren Kampf wieder aufnehmen, und zwar an dem Punkt, an dem die französischen Gegenstöße einsetzten.

Unerhörte Artilleriemassen sind inzwischen herangeschafft worden. Die verhältnismäßig ruhigen letzten Maitage haben das Anfahren von Gerät und Geschützen erleichtert. Zudem können jetzt auch die Batterien auf dem linken Maasufer wirksam angreifen. Im Laufe der Nacht vor dem Angriff besetzt die 7. Reservedivision ihre Sturmstellung. Man scheint etwas gelernt zu haben, denn man will die zum Angriff bestimmten Streitkräfte nicht tagelang vorher einem zermürbenden Vernich-

Die Beute der Schlacht bei den Deutschen: Poilus, zum Teil verwundet, warten auf den Abtransport nach Deutschland.
Die Gesichter sind ernst, aber dennoch wieder voller Genugtuung, dieser Hölle des deutschen Trommelfeuers entronnen zu sein.

Die Beute der Schlacht bei den Franzosen: Zu Tode erschöpfte Feldgraue im Gefangenenlager. Wo sie gingen und standen, sind sie zusammengesunken und schlafen, in der Seele noch das Grauen des Trommelfeuers.

tungsfeuer aussetzen. Und trotzdem erleidet die deutsche Infanterie beim Vorrücken in die Gräben gewaltige Verluste, in der Hauptsache in der furchtbaren Kasemattenschlucht. Einige Bataillone der 7. Reservedivision sind so geschwächt, daß man sie kaum noch für den Kampf verwenden kann. Aber diesmal soll eine neue Taktik der Infanterie den Weg bahnen. Mit Einsatz zahlreicher Flammenwerfer will man jetzt den Sieg erringen und das gesteckte Ziel planmäßig erreichen. Zu diesem Zweck sind nicht weniger als zehn große Flammenwerfer bereitgestellt.

Der 31. Mai zieht ins Land, ein dunkler, kalter Regentag. Über den Höhen lagern dichte Wolken. Die Kuppen verschwinden fast in der hellweißen Watte des Wasserdunstes. Dichter Nebel, vermischt mit Geschoß- und Gasqualm, erfüllt alle Niederungen. Die Sicht ist völlig unterbrochen. Keine Möglichkeit, das Schießen der Batterien zu beobachten. Der Angriff wird um vierundzwanzig Stunden verschoben.
Der 1. Juni ist Himmelfahrtstag. Es geistert von Gruppe zu Gruppe: »Kameraden, wißt ihr, daß heute Himmelfahrt ist? Heute wird mancher gen Himmel fahren!« Es klingt vielleicht frivol, aber es ist nur ein unbös gemeinter Ausbruch des Galgenhumors. Die Truppe findet sich in das Unvermeidliche, denn sie weiß, daß sie den Befehl unter allen Umständen ausführen muß. Und siehe, dieser Tag bringt noch einmal Erfolge für die Angreifer.
Strahlend geht die Sonne auf und leuchtet über dem Feld von Verdun. Die deutschen Truppen der 1. Infanteriedivision und der 7. Reservedivision sehen mit Bangen, aber

auch mit Hoffnung diesen herrlichen Tag heraufziehen. Tiefblau wölbt sich der Frühlingshimmel und läßt nichts mehr vermuten vom Dunst des gestrigen Tages. Es ist wie ein Symbol der Sieghaftigkeit des guten Lichtes über Dunkelheit und Todesnot. Die Infanterie steht bereit. Das Ziel ist klar. Der Caillette-Wald muß endlich fallen, und mit ihm die gefährlichen I-Werke, an deren Betondecke jede Granate zerschellt. Zwar halten die deutschen Maschinengewehrposten die Nordecke des Caillette-Waldes besetzt, aber der Wald selbst und die darin verborgenen Werke sind immer noch eine stete Drohung. Der Douaumont muß endlich im weiten Umkreis freigemacht werden. Und dann heißt es, heran an die Feste Vaux!

Der Caillette-Wald? Man kann um diese Zeit dies Gehölz kaum noch als Wald bezeichnen. Im Schußfeld der Deutschen liegt ein flaches, zusammengetrommeltes Gelände, aus dem nur wenige verkohlte Baumstümpfe emporragen. Wie lange noch? Bis zum nächsten Trommelfeuer. Dann werden auch sie den Splittern zum Opfer fallen. Ein Durcheilen dieses zusammengeschossenen, gestorbenen Waldes scheint fast ausgeschlossen, denn in kunterbunter Verwirrung bilden die Trümmer durch ihre Masse und Sperrigkeit ein einziges großes Hindernis. Modriger Duft welkender Blätter, vermischt mit dem süßlichen Gestank der Leichen, auf die man massenweise Chlor geworfen hat, vereinigt sich zu einem einzigen unerträglichen Brodem. Jeder Trägerzug bringt, neben der Verpflegung, einen Sack Chlorkalk mit nach vorne, damit die Luft überhaupt atembar bleibt. Selbst das Brot schmeckt nach Chlorkalk.

Der Frühling da draußen hat überall Blätter und junge Triebe aus der Erde gelockt. Und auch hier im Caillette-Wald wachsen die Blätter noch aus den gestürzten Baumriesen. Sie grünen und werden vergehen erst mit dem süßlich-herben Welken der Friedhofskränze, wenn die glühende Sonne endlich die letzte Feuchtigkeit aus den Stämmen und Ästen gesaugt hat. Es ist ein seltsamer Kampf der Granaten mit dem Wachsen und Werden der starken Natur, die mitleidig alle Wunden heilen und zudecken möchte. Es ist der Frühling um Verdun.

Strahlend und fast friedlich ist der Tag. Die Truppe steht bereit. Jeder Infanterist birgt in seinem Sturmgepäck, das jetzt in der wärmeren Zeit durch Wegfall der Decke ganz besonders leicht gemacht werden kann, vier Büchsen Dauerfleisch, zwei Beutel Keks und einige Tabletten Hartspiritus. Diese Hartspiritustabletten sind, nach Ansicht der Soldaten, vollkommen überflüssig. Denn längst hat der Infanterist erkannt, daß man seine Fleischbüchsen und seinen Kaffee geradezu vorzüglich auf einer Handgranate wärmen kann. Verboten? Natürlich ist's streng verboten, aber es wird dennoch gemacht. Ein teurer Kaffee; der Preis einer Stielhandgranate ist hoch. Immerhin, es liegen ja genügend Granaten im Gelände herum. Auf einige Kisten mehr oder weniger scheint es gar nicht anzukommen. Am Koppel trägt jeder Infanterist zwei gefüllte Feldflaschen, eine mit starkem Kaffee, die andere mit Tee und Rum. Dies ist die eiserne Verpflegung für vier Tage. Spätestens nach Ablauf dieser Kampfzeit, so sagt man der Truppe, wird man nach rückwärts in die Ruhequartiere marschieren. Dies Versprechen erfüllt alle Männer mit Zuversicht. Vergessen ist schon der schwere Anmarsch durch Schluchten und zusammengeschossene Gehölze der Hinterfront, im ständigen Hagel der jagenden französischen Geschosse. Vergessen das schlechte Wetter, die schlammgefüllten Trichterfelder, vergessen die Unebenheit des Geländes. Vergessen jeder Mißmut und jede Trostlosigkeit. Da vorne, hinter dem Caillette-Wald, lockt eine wenig zerstörte Gegend. Und dann lockt ja auch die Feste Vaux, die endgültig fallen muß. Jawohl, sie muß fallen, um die Scharte des 9. März auszuwetzen. Aber noch etwas ist da, das neben all diesen Vorteilen, neben dem schönen, heiteren, glückverheißenden Wetter das Stürmen erleichtern soll, nämlich die berüchtigten zehn Flammenwerfer, wie sie bisher auf dem Schlachtfeld von Verdun noch nie verwendet worden sind. Es ist ein ganz schweres Gerät, das von mehreren Soldaten getragen wird. Die Feuerlanzen werfen das brennende Masut-Öl mehr als hundert Meter weit in die feindlichen Linien hinein, wie behauptet wird. Auch der kleine Flammenwerfer ist schon gefürchtet, aber diese zehn schweren Apparate werden alles bisher Geschehene und bisher Dagewesene in den Schatten stellen. Das Vorgehen wird dadurch fast ungefährlich sein, so heißt es.

Um 8.30 Uhr steigert sich das deutsche Artilleriefeuer zum Trommeln. Aus drei Richtungen jagen die Granaten daher, auch vom Westufer der Maas. Der Caillette-Wald ist bald nur ein großer brodelnder Vulkankessel. Alles Leben muß hier rettungslos ersticken. Und dann, nach einer knappen Stunde, steigen die Stoßtruppen aus den Gräben, voran die Flammenwerfer. Jetzt zischen die zehn Flammenwerfer los. In flachem Bogen schleudern sie dem Gegner prasselnd brennendes Öl entgegen. Es ist ein unerhörtes, brausendes Feuermeer, hinter dem sofort die kampfbereiten Sturmlinien folgen. Und kaum haben die Flammenwerfer ihren Vorrat erschöpft, da zischt es erneut, und die in Reserve gehaltenen kleinen Flammenwerfer verbreiten ihren Schrecken. Bis zu den gefährlichen I-Werken dringen die Flammenwerfer vor, räuchern sie aus. Überall, wo die rabenschwarzen Wirbelwolken aus Masutqualm über das Gelände ziehen, geht der Tod um.

Die französischen Verteidiger des Caillette-Waldes flüchten, die Deutschen hinter sich auf den Fersen. Der Wald wird durchschritten und dahinter die Russenschlucht erreicht. Jetzt kommt der Bahndamm. Es ist dieselbe Bahnlinie, die auch durch Gremilly führt und von dort aus einen Bogen außerhalb des Kampffeldes zieht, um schließlich Fleury und später Verdun zu erreichen. Hier in der Böschung finden die Deutschen nochmals Widerstand. Hier verteidigen sich Stäbe und Befehlsstellen. Aber auch sie werden überrannt. Und dann sehen die deutschen Truppen keinen Feind mehr vor sich.

Bis zur Souville-Schlucht und noch weiter, bis zum Fort Souville, scheint das Gelände geräumt und ausgestorben. Die deutschen Stürmer schanzen sich im Bahndamm ein. Aber dann regt sich der Feind. Seine Artillerie brüllt mächtig auf. Die deutschen Geschütze antworten. Erst am folgenden Tag treten die Franzosen, mit Hilfe von einschwärmenden Armeereserven, zu kleineren Gegenangriffen an.

Als der 1. Juni versinkt, hat der deutsche Feldgraue einen seiner größten, aber auch eine seiner letzten Erfolgstage um Verdun erlebt.

Während sich die 7. Reservedivision vor dem Bahndamm einschanzt, greift links anschließend die 1. Infanteriedivision an. Vom Vaux-Berg herab und aus dem Fumin-Werk blitzt und kracht das französische Abwehrfeuer. Auch die 1. Infanteriedivision und viel weiter rechts die 2. bayerische Infanteriedivision können an diesem 1. Juni bedeutende Teilerfolge für sich buchen.

An diesem 1. Juni ereignet sich auch auf der französischen Seite etwas, das in der Geschichte der Verdunschlacht festgehalten zu werden verdient. Es ist nur eine Kleinigkeit, nur ein winziges Zahnrad in der Zermürbungsmühle der Schlacht. Aber dieses kleine Ereignis beeinflußt später den Verlauf des Kampfes und bereitet eine Tat vor, deren Glanz in den Annalen der französischen Soldatengeschichte strahlt. Auch wir, die Feldgrauen, erkennen die hohe Tat neidlos an, weil unser eigener Opfermut und unser unbeugsamer Wille dieser Tapferkeit des Gegners gleichkommt. Wir ehren den Gegner und ehren uns damit selbst. – Wie gesagt, nur eine Kleinigkeit ist's, eine unbedeutende Begebenheit.

Und dieses Ereignis heißt: »Ablösung im Fort Vaux!« Damals, im Kampf um Fort Vaux, am Ende der März-Dekade, hatte der tapfere Major Raynal das Kommando in der Panzerfeste. Er hatte seinen unbeugsamen Entschluß, das Fort unter allen Umständen halten zu wollen, durch sein Totenkreuz bekundet. Und immer noch steht jetzt, am 1. Juni, dies Grabkreuz in der Kasematte der Feste Vaux. Es steht da, und die Besatzung geht scheu daran vorbei. Der Name Raynal ist für die französischen Soldaten um Verdun schon ein Symbol geworden. Raynal gilt als der Tapferste der Tapferen.

Wenige Tage nach dem Scheitern der deutschen Märzangriffe auf Fort Vaux hatte man frische Truppen in das Panzerfort gelegt. Raynal wurde damals abgelöst. Jetzt, da sich eine neue Bedrohung zeigt, jetzt, da ein deutscher Großangriff bevorsteht und endlich das Panzerfort wegnehmen will, übergibt General Pétain die Fortverteidigung erneut dem tapferen Raynal. Der General weiß, daß er seinem Major alles anvertrauen kann. Er weiß, daß dieser Offizier unter allen Umständen Frankreichs Ehre in den Trümmern der Panzerfeste verteidigen wird. Die Ablösung im Fort Vaux, die zweite Besetzung der Panzerfeste durch den Major Raynal, ist zuerst nur ein Rädchen im großen Mahlwerk Verdun, aber bald wird's eins der wichtigsten und grausamsten menschenzermalmenden Zahnräder.
Und noch ein Ereignis lenkt an diesem 1. Juni für eine halbe Stunde nur vom leiderfüllten Alltag ab. Ein französischer Fesselballon hat sich losgerissen und schwebt in gewaltiger Höhe über die Front hinweg, Richtung Deutschland.
Wie konnte es geschehen? Wahrscheinlich ist die dünne Stahltrosse gerissen, oder sie wurde von einer Maschinengewehrkugel vom Flugzeug aus zufällig getroffen. Seit Tagen versuchen ja deutsche Flieger immer wieder die französischen Fesselballone, diese gelben Riesenwürste, abzuschießen.
Einige Flieger haben sich darin geradezu spezialisiert. Ganz tief huschen sie über den Boden hinweg und sind verschwunden, ehe die Abwehr richtig eingreifen kann. Dicht vor dem Ballon steigen sie auf und schießen. Nicht immer gelingt ihnen solch ein Vorstoß.

Wie dem auch sei, dieser Fesselballon entweicht mit seinem Beobachter, der es versäumt hat, rechtzeitig abzuspringen. Ungeheuer schnell schießt die von ihrer Stahlfessel befreite ausgefüllte Riesenwurst in die Luft, ist jetzt viertausend, bald fünftausend Meter hoch und steigt immer weiter. Vielleicht liegt der Beobachter bereits besinnungslos vor Atemnot im Ballonkorb und kann keine Entschlüsse fassen. Jedenfalls schwebt der Ballon immer höher und wird zum Platzen prall. Tausende Augenpaare verfolgen das stete Abtreiben der Riesenwurst nach Nordosten.

»Der macht es sich bequem, der geht per Luft in die Gefangenschaft nach Deutschland«, höhnen die feldgrauen und auch die horizontblauen Infanteristen. Bei ihnen gilt jeder, der nicht zur Infanterie zählt und am Boden und in den Trichtern herumkriechen muß, als Drückeberger.

Nach einer halben Stunde ist vom entfesselten Ballon nichts mehr zu sehen. Wie ein Pünktchen ist er verschwunden, schätzungsweise siebentausend Meter hoch. Man hat nie wieder von ihm und dem Beobachter gehört.

Am 2. Juni schreiten die Franzosen in der Vaux-Schlucht zum Gegenstoß. Sie werden vertrieben. Am 3. Juni erobern die deutschen Stürmer des Reserve-Infanterieregiments 66 und des Reserve-Infanterieregiments 72 drei Geschütze und machen zahlreiche Gefangene. Ein französischer Gegenstoß bricht an diesem Tage im deutschen Maschinengewehrfeuer blutig zusammen. Ja, die deutschen Stellungen können an diesem Tage sogar um volle fünfhundert Meter weiter vorwärtsverlegt werden. Und

nun steht die Souville-Schlucht da, eine stete Bedrohung. Die Schlucht sperrt den Weg und hindert jedes weitere Vordringen.
Auf dem rechten Maasufer gewinnt der deutsche Angriff wieder die Oberhand. Überall wird der Franzose in die Verteidigung gezwungen. Keiner seiner Angriffe kommt mehr zur Entfaltung. Die Bedrohung um die Feste Vaux wächst von Tag zu Tag, von Stunde zu Stunde. Bald wird die Festung fallen, und dann setzt die Geschichte einen Schlußpunkt hinter ein Geschehen, das die Nachwelt niemals vergessen darf, weder auf deutscher noch auf französischer Seite. Aber vorher werden sich auf diesem schmalen Geländestreifen noch gewaltige Kämpfe von nie gesehener Heftigkeit entwickeln. Hier in diesem kleinen Panzerfort, dessen Kern nur hundertfünfzig Meter lang ist und hundert Meter breit, soll in diesen Tagen fast noch mehr Blut fließen, als für Angreifer und Verteidiger Wasser vorhanden ist. Bis zu einer Tiefe von fast zwanzig Metern unter der Erde wird der Angriff hinabgetragen. Und wo der Deutsche eindringt, da geschieht's nur in hartem Nahkampf. Jeder Gang muß Meter um Meter erobert werden. Oftmals bricht drinnen im Fort die Panik aus, aber der feldgraue Stürmer weiß nichts davon und weiß die Stunde nicht zu nutzen. Sein hartes Schicksal heißt Kampf und nicht Zufall. Und jetzt beginnt der Kampf um die Panzerfeste!

Fort Vaux, dramatischer Höhepunkt

Reich an Episoden und Einzelkämpfen ist die Schlacht um Verdun, aber ein Hoheslied der Tapferkeit und bitterer Pflichterfüllung für Freund und Feind ist der Kampf um Fort Vaux. Das Geschehen um Fort Vaux wird zum dramatischen Gipfel, zu einer der entsetzlichsten Episoden des ganzen Weltkrieges.

Die Deutschen nutzen ihren Erfolg vom 1. Juni sehr vorteilhaft und sehr rasch aus. Sie haben am Vormittag den Caillette-Wald gestürmt, sie haben um die Mittagszeit den Fumin-Wald genommen, und nun dringen sie weiter durch. Im Schutze der zertrümmerten Bäume und des Astgewirrs auf dem Boden rotten sich die auseinandergeratenen Reihen zusammen. Es bilden sich Stoßtrupps. Die Kompanien werden neu eingeteilt, Maschinengewehre rasch geölt, die aufgebauschten Läufe rasch ausgewechselt, neue Streifen in die Kammer eingeschoben, und dann geht es aus den Waldrändern hervor gegen den Vaux-Berg.

An diesem Tage wird jedoch der Höhenrücken nicht mehr erreicht. Die Sturmtruppen bleiben liegen und schanzen sich ein. Und in der Nacht zum 2. Juni brüllt ohne Unterbrechung das deutsche Wirkungsschießen auf das Fort und die angrenzenden Stellungen. Um 4 Uhr morgens, kurz nach Sonnenaufgang, brechen die deutschen Sturmwellen vor. Aber Kommandant Raynal ist gewarnt. Er weiß genau, daß es jetzt einen schweren Kampf geben wird. Er, der alte Soldat, hat den Sinn des Wirkungsschießen erkannt. In der Tiefe der Feste fühlt er

sich mit seinen Soldaten geborgen. Er wird hier erbitterten Widerstand leisten können, das weiß er.
Die Besatzung der Feste besteht aus sechshundert Mann. Für die Beengtheit der Kasematte ist dies zu viel. Fort Vaux besitzt keineswegs die Geräumigkeit des Riesen Douaumont. Es ist eins der kleinsten, aber auch eins der stärksten Forts im Kranz der Festungswerke um Verdun. Kommandant Raynal ist nicht zufrieden mit seiner Besatzung, denn er kann höchstens auf hundertfünfzig entschlossene Poilus zählen. Die anderen sind zum Teil Verwundete und Kranke, die sich aus den benachbarten Gräben hierher geflüchtet haben. Es sind auch unversehrte Leute darunter, Versprengte und Drückeberger, die wohl draußen ihre Stellung verließen, um im Panzerfort Schutz vor der beispiellosen deutschen Beschießung zu suchen. Zur Abwehr eines deutschen Angriffs kann Raynal nur mit den hundertfünfzig Mann seiner Kerntruppe rechnen.
Dünner Nebel liegt über dem Vaux-Berg, als die 50. Division um 4 Uhr in der Frühe aus ihren Stellungen vorbricht. Innerhalb weniger Minuten sind alle Gräben um das Fort in deutscher Hand. Dann springen die Angreifer in den Wallgraben und gelangen von dort rasch auf das Dach der Panzerfeste. Ein richtiger, verwegener Panthersprung ist's bis auf die Decke des Forts. Sie haben unter sich die französische Besatzung, die bereit ist, bis zum Äußersten auszuhalten. Zwei erbitterte Gegner haben das Panzerfort besetzt. Das Drama geht dem Höhepunkt zu.
In der Tiefe der Kasematten und der Gänge kauern die Franzosen, und oben auf der ungedeckten Kuppe der Feste

sitzen die Deutschen. Und jetzt kommen die französischen Beobachtungsflieger und stellen die Lage fest. Sie sehen die Deutschen auf dem Dach der Feste und kehren zurück. Aber dennoch bleibt das französische Vernichtungsfeuer aus. Man kann es drüben einfach nicht fassen, man will es nicht glauben, daß auch die Panzerfeste Vaux in deutscher Hand ist. Wenn der Feind auf dem Dach sitzt, dann hat er doch sicher auch die Fortbesatzung längst überrumpelt. So rechnet man und will die Nacht abwarten, um sich Klarheit zu verschaffen. Und dann trifft eine Nachricht von Fort Vaux selbst ein. Eine Brieftaube bezwingt den Eisenhagel und gelangt glücklich bis nach Verdun, erreicht dort den feldmäßigen Schlag. Ihre Fußkapsel birgt eine schriftliche Nachricht des Kommandanten Raynal mit der Bestätigung, daß die Deutschen die Kuppe der Panzerfeste eingenommen und besetzt haben und Angriffe auf das Innere des Forts versuchen. Raynal fordert Vernichtungsfeuer der französischen Artillerie auf die Festung.

Wieso Vernichtungsfeuer auf das Fort?

Wie meint es Raynal? Wie könnte man auf die eigenen Leute schießen?

Am Nordosteingang des Forts steht inzwischen der französische Hauptmann Tabourot und wehrt mit Handgranaten die deutschen Stürmer ab. An dieser Stelle gelingt den deutschen Angreifern vorläufig kein Vordringen mehr. Das Krachen der Handgranaten an dem Nordosteingang hat die Männer auf dem Dach der Panzerfeste alarmiert. Sie kommen heran, sie kriechen bis an die Ränder der Feste und stehen einige Meter über dem Eingang. Sie sehen den Hauptmann Tabourot und seine

Leute, die ohne Unterbrechung Handgranaten herbeischleppen, und lassen zwei, drei geballte Ladungen fallen.

Helles Krachen der Explosionen. Der französische Hauptmann, die Seele des Widerstandes, liegt blutüberströmt. Er lebt noch. Man schafft ihn sterbend auf einer Tragbahre ins Fort. Und nun dringen die Deutschen nach. Vergebens versuchen die Poilus, ihnen den Eingang zur Feste zu wehren. Zwei Stunden lang verteidigen die französischen Scharfschützen den Zugang zum nordöstlichen Quergang. Dann ist ihr Ende da. Deutsche Handgranaten räuchern sie aus und zwingen sie in das Innere der Feste.

Hinter sich richten die zurückgehenden Franzosen Hindernisse aller Art auf. Sie verriegeln die zahlreichen gepanzerten Türen und stapeln sperriges Gerät, den Stürmern das Vorgehen zu wehren. Die Deutschen aber stoßen unbeirrt nach, bringen geballte Ladungen an, und jeweils fünfeinhalb Sekunden später dröhnt es durch die Gänge der Festung. Französische Maschinengewehre bellen aus dem Dunkeln, deutsche Handgranaten tasten die Barrikaden ab. Ein verbissener, unbeugsamer Kampfwille lebt in Stürmern und Verteidigern. Deutsche Soldaten erklettern die vordersten Barrikaden, kommen aber nur wenige Schritte vor, denn schon ist ein neues Hindernis da. Und aus den versteckten Scharten im Halbdämmer der Gänge schlägt immer wieder ein wohlgezieltes französisches Maschinengewehrfeuer. Die Geschosse peitschen gegen die Wände, springen ab, surren weiter als Querschläger, schlagen drei- und viermal auf, springen von einer Wand zur anderen, von der Decke bis zum Fuß-

boden und bilden mehrfache Bedrohung, mehrfache Todesgefahr.
So geht das nicht weiter. Es ist fast unmöglich, jetzt energisch vorzudringen. Wer weiß, wie viele Hindernisse der tapfere Kommandant Raynal in diesem Labyrinth von Gängen und Kasematten noch aufgerichtet hat. Die ganze Panzerfeste ist ein einziger riesenhafter hohler Ameisenhaufen. Hier können sich ganze deutsche Regimenter verbluten, wenn der Angriff in dieser Art weitergeführt wird, von Barrikade zu Barrikade. Deshalb Flammenwerfer vor!
Der Flammenwerfer hat seine moralische Wirkung nie verfehlt. Schon zischt die Flamme gegen eins der Hindernisse. Dichter Masutrauch erfüllt die Gänge, verstopft die Kasematten. Die Deutschen müssen selbst weichen, denn auch ihnen wird das Atmen jetzt unmöglich. Kommandant Raynal verliert durch diesen deutschen Flammenwerfer-Angriff fünfzehn seiner besten Leute.
Inzwischen versucht ein französischer Leutnant mit wenigen Leuten durch eine Schußöffnung in der Mauer auf das Dach der Panzerfeste zu gelangen. Aber kaum läßt er sich oben sehen, da krachen die deutschen Handgranaten. Ein kurzer Kampf drängt ihn wieder in die Tiefe zurück.
Und dann sinkt die Nacht über den Vaux-Berg und bedeckt mitleidig die Wunden des Tages. Die deutschen Truppen sind in Hochstimmung, denn sie wissen, daß die Feste Vaux so gut wie erobert ist und damit der Krieg, dieser zermürbende Krieg um Verdun bald beendet sein dürfte. Klar, nach dem Fall von Vaux wird man endlich aufatmen können, denken sie alle. Ihre Hoffnung auf ein

rasches Ende des grausamen Geschehens wird enttäuscht, denn als der Morgen des 3. Juni graut, beginnt schon wieder ein zermürbender Kampf in der Tiefe der Gänge und Schächte, die zur Zentralgalerie führen. Kommandant Raynal läßt überall Sandsackbarrikaden errichten und alle paar Schritte die Gänge durch eine solche Querverbindung absperren. Hier sollen sich die deutschen Angreifer verbluten. Er stellt jetzt einen genauen Plan der Feste auf und teilt sie in sechs Unterabschnitte, jeder durch eine Sandsackbarrikade verteidigt. Damit ist endgültig jede Verbindung mit der Außenwelt abgeschnitten. Keiner der Verteidiger wird jemals wieder das Licht des Tages sehen, wenn nicht bald Ersatz oder Hilfe kommt.

An diesem Tag erleidet der Kommandant einen schweren Malaria-Anfall, den er mit einer starken Dosis Chinin niederkämpft. Er hat jetzt keine Zeit mehr, müde oder krank zu sein. Die Verteidigung der Feste erfordert alle Aufmerksamkeit. Er ist auch diesmal wieder entschlossen, energisch Widerstand zu leisten. Hin und wieder erwägt Raynal ernsthaft einen Ausbruchsversuch. Als letzter Mann würde er die Feste verlassen und diese, getreu seinem Eid, hinter sich in die Luft sprengen. Aber hieße dieser Ausbruch nicht, seine braven Männer nutzlos opfern? Wenige von ihnen würden die französischen Linien erreichen; viele würden im Feuer der deutschen Maschinengewehre zusammenbrechen.

Sorgfältig aufbewahrt und behütet, als letzter Rettungsanker in der Not, stehen in der Kommandantenkasematte die Käfige mit den Brieftauben, Raynals einzige Verbindungsmöglichkeit mit seinem Land und mit sei-

nem Vorgesetzten, nachdem alle anderen Nachrichtenmittel versagen.
Den ganzen Tag über dauert der Kampf. Scheint draußen die Sonne? Regnet es? Man weiß es nicht. Eine dumpfe, warmfeuchte Moderluft durchdringt Kasemattengänge und Schächte. Die Poilus lechzen nach einem Tropfen Wasser, aber der Kommandant gibt unter keinen Umständen mehr als einen Liter pro Kopf und pro Tag ab. Er hat einen alten energischen Unteroffizier mit der Bewachung der Zisterne betraut. Der Unteroffizier sitzt nun mit geladener Waffe am Brunnen und ist bereit, jedem Durstigen den Zugang zum köstlichen Naß zu wehren, weil die geringen Wasservorräte möglichst lange reichen sollen. In erster Linie sollen die Verwundeten trinken.
Aber auch die Angreifer leiden entsetzlich unter Durst. Im Winter litten sie unter Schneefall und Kälte, unter Regenwetter und Matsch, und jetzt macht sich der quälende Durst bemerkbar. Für alle diese Menschen ist nur eine einzige Quelle vorhanden, eine versumpfte und verseuchte Wasserstelle in der Nähe des Vaux-Teiches dicht beim Dorfe Vaux.
Gewiß, es ist nicht weit bis zu dieser Wasserstelle, aber welch ein Wagnis, dort seinen Durst löschen zu wollen! Das bedeutet vielfache Lebensgefahr.
Wer wagt es, am hellen Tag bis zur Quelle zu kriechen, dort seine und seiner Kameraden Feldflaschen und Kochgeschirre zu füllen und dann wieder zurückzurasen in die Stellung, wo die Durstigen mit klebriger, schwerer Zunge warten und kaum noch Worte des kameradschaftlichen Dankes lallen können. Dabei ist es in der Hauptsache nur gärendes, stinkendes Sumpfwasser, weil Quelle

und Teich durch Granateinschläge zu einem einzigen großen Matsch vermengt und vermischt wurden.
Viele kehren von dieser Wasserstelle nicht mehr zurück, denn das wohlgezielte Feuer der Scharfschützen wirft sie blutig hierhin und dorthin in die Trichter. In den Stunden der Dämmerung schleppen sich Verwundete und vor Durst halb irrsinnig gewordene Menschen zum Vaux-Teich hinab und trinken das faulige und verseuchte Wasser. Einige, die noch einen letzten Rest von Kultur wahren wollen, filtrieren das Sumpfwasser durch ihre schmutzigen Taschentücher und glauben, damit alle Krankheitskeime zurückhalten zu können. Andere wieder löschen ihren brennenden Durst mit dem immer niedriger werdenden Grundwasser der Granattrichter, und in fast allen diesen Trichtern liegen Tote . . .
Einerlei, der Durst ist entsetzlich, quälend, unerträglich, und die Nachbarschaft des Todes ist den Männern zur Alltäglichkeit geworden. Der Durst ist stärker als das Grauen und die Angst vor Typhus und Cholera. Wer wird hier im Reich des Todes schon Krankheiten fürchten! Krankheiten – das sind Errungenschaften der Kultur, damit kannst du dich irgendwo im Hinterland abgeben, aber für Krankheit ist hier kein Platz. Hier gibt es nur eins: – Überleben oder Totsein. Das Leben hat keinen Wert mehr, wenn du vor Durst fast krepierst. Her mit dem Cholera-Wasser, her mit dem Typhus-Gebräu, und wenn zehnmal gedunsene Leichen rings um das Wasserloch die Luft mit ihrem Verwesungsgestank verpesten, nur trinken, trinken, trinken – –!

In der Nacht zum 3. Juni ruhen die Kämpfe in den steinernen Eingeweiden der Feste Vaux, weil in den Gängen eine undurchdringliche Dunkelheit herrscht. Man wartet auf den Tagesanbruch. Kurz vor Sonnenaufgang, beim ersten Büchsenlicht, das durch die Scharten dringt, krachen schon wieder die Handgranaten. Deutsche Teilangriffe gegen die Barrikaden werden abgeschlagen. Ein zweites Vordringen gegen die Sperren um 13 Uhr wird ebenfalls abgewiesen. Um 16 Uhr bringen deutsche Pioniere geballte Ladungen an. Die Explosionen wirken hier im geschlossenen Raum fast zehnfach. Vom Luftdruck stürzen die vorderen Sandsackbarrikaden ein und begraben die französischen Verteidiger.
Schon glauben die Deutschen an einen leichten Überraschungserfolg, aber beim Überklettern der zusammengeschossenen, eingedrückten Barrikaden hämmert ihnen Maschinengewehrfeuer entgegen. Der deutsche Angriff stockt. Das Fort wehrt sich mit allen seinen Kasemattengängen und -schächten. Für die Franzosen scheint die Hauptgefahr beseitigt. Kommandant Raynal sieht die Lage viel klarer, er beurteilt sie viel hoffnungsvoller. Aber gleich wird sein Optimismus durch eine furchtbare Nachricht gedämpft.
Der Unteroffizier, Wächter an der Zisterne, meldet sich und möchte ihn ganz allein unter vier Augen sprechen. Der Mann ist ganz verstört und erklärt: »Herr Kommandant, wir haben uns gestern geirrt, als wir den Inhalt der Zisterne abschätzten. Ich habe jetzt noch einmal ganz genau den Wasserstand geprüft und leider ein viel geringeres Ergebnis gefunden. Hier sind meine Berechnungen und Aufstellungen.«

Raynal liest, überlegt und schlägt dann mit der Faust auf den Tisch. Das grenzt ja fast an Verrat, das ist ja unmöglich! Im Plan der Festung ist das Wasserfassungsvermögen der Zisterne mit genau 1800 Litern angegeben und nun stellt sich heraus, daß dieser Plan überhaupt nicht stimmt. Der Brunnen ist zudem viel kleiner gebaut, als er sein soll. Schlamperei? Sabotage?
Hierauf eine Antwort zu suchen und zu finden ist aussichtslos. Man wird die Kehle noch mehr zuschnüren müssen. Man wird sich das Trinken abgewöhnen. Frankreich soll im Panzerfort seine Ehre nicht verlieren, weil sechshundert französische Soldaten Durst litten. Lieber sechshundert Durstende als ein verlorenes Fort! Raynal überschlägt rasch die Verteilung des Wasservorrats und bestimmt: »Die Wasserrationen sind pro Tag und pro Kopf auf zwei Becher herabgesetzt. Die Verwundeten erhalten drei Becher Wasser, die Schwerstverwundeten vier Becher.«
Dann setzt sich Raynal hin und schreibt mit dünner Kritzelschrift eine chiffrierte Meldung an General Pétain. Er berichtet über den Zustand der Feste, nennt die Verlustzahlen, verlangt dringend Entsatz und Verstärkung, verlangt aber in erster Linie Wasser und nochmals Wasser.
Diese Meldung dreht er zu einem kleinen Röllchen zusammen, schiebt sie in die Aluminiumhülse, die ein Unteroffizier einer starken Brieftaube am Bein befestigt. Das Tierchen wird bis an den Luftschacht getragen und dann sozusagen ins Freie geworfen. Mit Genugtuung kann Raynal feststellen, daß die Taube fliegt und wahrscheinlich ihren Weg gegen Souville genommen hat.
Mit guten Wünschen verfolgen die Belagerten in Gedan-

ken den Flug des Tierchens. Wird die Taube unterwegs irgendwo, getroffen vom Eisenhagel, ins Trichterfeld fallen? Wird sie durchkommen?
Die Brieftaube kommt durch. Man nimmt ihr die Kapsel vom Bein. Die Meldung wird sofort entziffert und zu General Pétain weitergeleitet. Aber, was soll das! Wie könnte man dem tapferen Raynal unmittelbar helfen, und zwar sofort helfen?
Man kann wirklich nichts tun, als die Kuppe der Feste immer wieder mit schweren und mittleren Kalibern betrommeln, um die Deutschen zu verjagen. Die Deutschen aber lassen sich nicht mehr verjagen. Sie sitzen eisenfest auf der Panzerdecke und sind gewillt, sich hier mit Zähnen und Nägeln festzuklammern, weil ihnen keine andere Wahl mehr bleibt.
Inzwischen wird im Bauch der Feste fieberhaft gearbeitet. Französische Pioniere errichten am Eisengitter des Beobachtungsturmes eine Steinbarrikade, dahinter zwei Sandsackbarrikaden mit Maschinengewehrständen. Draußen aber lösen sich in der Nacht zum 4. Juni die deutschen Truppen ab. Der Kampf ruht in diesen Stunden. Da drunten, in der gepanzerten Tiefe der Gänge, genießen die Franzosen die Kampfpause und stärken sich für das, was am 4. Juni über sie hereinbrechen wird.

Zu lange schon dauert dieser Spuk um Fort Vaux. Ein Ende muß gemacht werden, ein Ende! Es muß! Aber es wird Blut dabei fließen, denn beide Parteien halten zäh ihre Stellungen. In der Nacht zum 4. Juni haben die Rheinländer des Füsilierregimentes 39 und die Württemberger des Infanterieregimentes 116 die Bayern abgelöst. Mit ihnen zusammen sitzen die Soldaten der Infanterieregimenter 53 und 158 sowie die Pionierkompanie 99 im Hexenkessel um die Feste Vaux.

Unerträglich wächst die Spannung.

Niemals werden die Deutschen weichen, es mag das französische Artilleriefeuer noch so toben und schüttern.

Niemals wird man den harteroberten Bodengewinn aufgeben, selbst wenn es sich nur um feuchte und dumpfe Gänge handelt. Man wird hier festhalten, man muß sich hier festkrallen, weil der Fall der Feste Vaux endlich der Heimat und dem ganzen duldenden Volk bestätigt werden soll. Immer noch höhnt die Presse der Alliierten und auch der Neutralen über die angebliche deutsche Falschmeldung vom 9. März.

Die Franzosen in der Feste Vaux werden sich gleichfalls halten und weiterhin die Kasematten und Gänge verteidigen, Schritt für Schritt. Kommandant Raynal kennt keine Müdigkeit, kein Nachgeben, kein Erbarmen für sich selbst, keine Feigheit. Er weiß genau, daß die Entscheidung nicht mehr lange ausbleiben kann. Bald muß ja Entsatz kommen. Frankreich kann unmöglich die Feste Vaux aufgeben. Er, der Kommandant, wird so lange halten, bis die französischen Sturmwellen auftauchen und den Kehlgraben besetzen. Hundertmal hat sich Raynal diesen Anblick im Geiste ausgemalt. Dieses Bild ist sein Trost und seine Stärkung in den Stunden höchster Not. Ja, bald muß Entsatz kommen! Es muß!

In seiner Kasematte hat Raynal noch einen Käfig mit den drei letzten Brieftauben. Man hat diese kostbaren Nachrichtenüberbringerinnen von Fort Souville bekommen;

dort steht der feldmäßige Taubenschlag. Um die Tiere vor Vergasung zu schützen, hat man ihren Käfig mit nassen Tüchern umgeben. Da sitzen nun die drei Tauben in der Dunkelheit des engen Raumes, plustern sich auf und verstecken ihr Köpfchen im Gefieder. Sie sind die einzige lebendige Verbindung der Feste Vaux mit Frankreich.
Als weiteres Verständigungsmittel steht Raynal ein Blinkgerät zur Verfügung. Die Mündung des Gerätes hat man dicht an die Öffnung eines Luftschachtes herangerückt und auf Fort Souville eingestellt.

Um 8.30 Uhr am 4. Juni versuchen die Deutschen zwei Angriffe auf die französische Verteidigung. Es sollen endlich die Barrikaden und Beobachtungstürme fallen und den Angreifern den Weg ins Innere freigeben. Aber auch die Sandsacksperre am linken Schacht muß genommen werden. Die deutschen Flammenwerferpioniere arbeiten sich mutig gegen die französischen Schießscharten vor, strecken die Lanzen des todbringenden Gerätes durch die Öffnung und entfesseln den brennenden Ölstrahl.
Es knistert und prasselt wie von einer furchtbaren Feuersbrunst, und schon nach Sekunden sind die Gänge und Kasematten weithin in schwärzliche Finsternis des Masutqualms gehüllt. Dazwischen aber, hie und da, blitzt rötlich die todbringende Flamme, und ihr Prasseln übertönt die Entsetzensschreie der Verwundeten und Überbrühten. Es weichen die Franzosen, springen zurück in die Deckung eines Flankenganges. Doch auch hier wirbelt die Qualmwolke, schwarzer Schleier des Todes.
Unerträglich diese Hitze der zischenden Flamme. Steine

bersten unter dem Gluthauch des Ölstrahls. Herumliegende Gewehrmunition entzündet sich und krepiert hell und unregelmäßig wie Kinderfeuerwerk. Die Hölle ist los! Nur nicht elend verbrennen, nur nicht lebendig begraben werden hier in der Tiefe der Panzerfeste! Sterben für Frankreich – wenn's sein muß! Der Tod da draußen im Kehlgraben, der Tod auf der Panzerkuppe, jedenfalls der Tod im Freien, in Luft, Licht und Sonne, kann niemals so bitter sein wie das Vergehen hier unten in Nacht und Dumpfigkeit.

Nur atmen dürfen, atmen! Nicht ersticken, nein, nur nicht ersticken. So bricht in diesem Augenblick unter der französischen Besatzung der Panzerfeste Vaux die Panik aus. Die noch lebenden Posten der ersten Barrikade rennen auf die Zentralgalerie zu, reißen unterwegs die Reserven und die rückwärtigen Posten mit in die Flucht. Durch die Kasematten gellen wilde Schreie: »Gasmasken auf! Der Feind räuchert uns aus! Gasmasken auf! Giftgas!!!«

Die Soldaten des Kommandanten Raynal sind tapfer, aber die Drückeberger aus den benachbarten Stellungen und die zahlreichen Verwundeten verlieren jetzt ihre Nerven und schreien. Und diese Schreie verstärken die Panikstimmung. Verwundete stöhnen auf ihren Behelfspritschen und flehen um den Gnadenschuß. Gas, Giftgas! Nein, nicht ersticken. Nur nicht elend ersticken wie Ratten im Loch!

In diesem Augenblick ist die Panzerfeste Vaux so gut wie verloren. Wenn die Deutschen jetzt nachstoßen, finden sie kaum noch Widerstand. Raynal wird es nicht mehr gelingen, diese entsetzten und vor Angst zitternden

Männer zum entscheidenden Endkampf aufzurütteln. Die Angst vor einem elenden Erstickungstod sitzt ihnen bleischwer im Nacken, lähmt ihren Willen und ihre Entschlußkraft. Jetzt ein rascher Vorstoß ohne langes Zaudern oder Überlegen, und die in ihrer Nervenkraft erschütterte Fortbesatzung wird ihre Waffen strecken.

Einem raschen und entschlossenen Vordringen, das jetzt angebracht wäre, stellt sich aber die dichte Qualmwolke aus den deutschen Flammenwerfern als unüberwindbares Hindernis entgegen. Pechschwarz brütet die Finsternis in Gängen und Kasematten, und langsam nur, Schritt für Schritt, tastet sich ein deutscher Stoßtrupp gegen die Barrikaden vor. Die Männer gehen gebückt, die linke Hand suchend an der Mauer, um den Weg abzutasten. Gleich werden sie am Ziel sein, gleich werden sie auf eine Sandsackbarrikade stoßen und feststellen, daß sie unbesetzt ist, weil alle Verteidiger vor dem Masutstrahl geflohen sind, ausgewichen in das Innere der Feste. Dann werden diese vorantastenden Deutschen die unbesetzte Sandsackbarrikade überklettern und auch die nächste Barrikade unbesetzt finden – – – das wird das Ende der Feste Vaux sein. Noch nie waren die Deutschen so greifbar nahe am langerstrebten Erfolg. Innerhalb von Minuten nur könnten alle Qualen an dieser Stelle beendet sein. Die Fortbesatzung würde sich bestimmt nicht mehr wehren.

In diesem entscheidenden Augenblick findet sich der kühne, kaltblütige Mann, der alles wieder für Frankreich einrenkt und den Deutschen den schon sicheren Erfolg entreißt. Es ist der tapfere französische Leutnant Girard. Die Gasmaske übergestülpt, arbeitet sich der Offizier durch die Finsternis des Ölqualms vor, bis seine Füße an die Sandsäcke der Barrikade stoßen. Mit ausgestreckten Händen tastet er sich zu den Scharten hin. Jetzt fühlt er den metallbeschlagenen Schaft eines leichten Maschinengewehrs. Seine Finger gleiten suchend zum Abzug. Das Maschinengewehr ist geladen, er weiß es.

Er vernimmt drüben, jenseits der Barrikade, gedämpfte Befehlsworte. Ein deuscher Stoßtrupp fühlt ebenfalls zur Barrikade hin. Höchste Zeit! Es handelt sich nur noch um Sekunden!

Knapp zehn Schritte noch sind die Deutschen jetzt von der Barrikade entfernt. Da drückt Leutnant Girard ab.

Hell und klirrend hämmert das Maschinengewehr seine Geschoßgarbe in den Gang. Der deutsche Stoßtrupp empfängt die Schüsse in Brusthöhe wie eine Unvermeidlichkeit. Keinem dieser Männer gelingt es, sich noch rechtzeitig zu decken. Wenige Meter nur vor der Sandsackbarrikade bricht der deutsche Angriff im französischen Maschinengewehrfeuer zusammen.

Angelockt durch das Hämmern ihres Maschinengewehrs an der Sandsackbarrikade kommen die Poilus zögernd herbei. Das Beispiel ihres Offiziers hat gezündet. Wortlos besetzen sie wieder ihre soeben panikartig verlassenen Scharten. Noch einmal ist an dieser Stelle alles für Frankreich gerettet.

Dicht vor der Barrikade liegt der deutsche Stoßtrupp tot und verblutet. Die Feldgrauen sind alle durch entsetzliche Nahschüsse zerfetzt.

Während sich diese Tragödie in der Nähe des Beobachtungsturmes abspielt, gelingt den Angreifern im linken Schacht die Wegnahme einer Barrikade. Langsam ziehen sich die Franzosen an dieser Stelle in das Fort zurück. Gegen Mittag versuchen deutsche Flammenwerfer einen dritten Vorstoß, diesmal gegen die Burg-Kasematten. Sie haben es auf den unterirdischen Kern der Feste abgesehen und wollen endlich mit dem gepanzerten Spuk aufräumen. Doch auch hier speien die Scharten Tod und Verderben. Der deutsche Flammenwerfertrupp bricht blutig im Maschinengewehrfeuer zusammen, noch ehe er sein Gerät zum Arbeiten bringen kann. Minutenlang nur hallt das höllische Knattern, das Peitschen der Nahgeschosse, das Schrillen der Querschläger durch die Gänge.

Dann ist es still.

Für diesen Tag scheint die deutsche Angriffskraft gebrochen. Vorsichtig überklettern französische Patrouillen die verteidigte Barrikade, gelangen bis zu den toten Pionieren und nehmen ihnen das Flammenwerfergerät weg. Es soll unschädlich gemacht werden, damit es nicht mehr dienen kann. Mit ihrer Beute ziehen sich die Franzosen wieder unbemerkt hinter die Barrikade zurück. Noch immer steht der Ölqualm schwer und dicht in allen Gängen und Kasematten. Die Rußflocken sinken nur langsam nieder, bedecken Wände und Böden. Dieser Masutqualm wirkt sich verhängnisvoll für beide Parteien aus. Auf deutscher Seite erkennt man, daß der Flammenwerfer in der Tiefe der Panzerfeste nur noch im äußersten Notfall angewendet werden darf. Man überlegt sogar ernsthaft, ob es überhaupt noch Zweck hat, weitere Flammenwerfertrupps mit ihrem Gerät auf den Kampfplatz zu beordern.

Währenddessen hält auch Raynal mit seinen Offizieren eine wichtige Beratung. Es handelt sich nur um einige Kubikmeter Luft, um weiter nichts. Darf man es wagen, die Sandsäcke hinter den Kasemattenfenstern wegzunehmen? Man will doch frische Luft ins Fort lassen. Der giftige, übelriechende Qualm des Masutöls soll abtreiben. Unbedingt muß frische Luft in die Gänge und die Kasematten, sonst droht den Verteidigern ein langsamer, aber sicherer Erstickungstod. Werden aber die Deutschen die geöffneten Kasemattenfenster nicht zum Ziel ihrer geballten Ladungen machen? Es wird den deutschen Pionieren gut möglich sein, vom Dach der Panzerfeste herab, Handgranaten in die unbewehrten Öffnungen zu schleudern. Sollte es den Deutschen gelingen, einen Flammenwerfer sogar vor dem Luftschacht der Kasematte aufzustellen, dann wäre wohl alles vorbei – –
Trotz dieser Gefahren und dieser Bedenken beschließt Raynal die Luftschächte für eine kurze Zeit öffnen zu lassen. Die Poilus räumen rasch die Sandsäcke weg. Langsam, dick, schwer, träge und rabenschwarz entweicht der Masutqualm aus Höhlen und Nischen. Das Panzerfort dampft wie ein Höllenschlund.
Den Deutschen kann dies aber nicht verborgen bleiben. Die Pioniere erkennen sofort die günstige Gelegenheit und handeln genauso, wie Raynal es befürchtet hat. Trotz des rasenden Störungsfeuers erklettern sie die Kuppe und lassen Brandröhren und geballte Ladungen an Stricken herab. Die Ladungen werden abgezogen, in pendelnde Bewegung gebracht, dann in die Luftschächte geschleudert, wo sie explodieren. Raynal muß sich entschließen, alle Öffnungen wieder durch Sandsäcke verstopfen zu

lassen. Es sind ja inzwischen einige Kubikmeter Luft ins Fort gedrungen. Der Rauch hat sich ebenfalls verzogen.
Im Laufe des Nachmittags meldet sich schon wieder der Wächter der Zisterne. Er ist niedergeschlagen und will den Kommandanten wiederum allein sprechen. »Herr Major«, sagt er, »ich weiß nicht, was es ist, das Wasser muß irgendwo absickern. Vielleicht ist durch die Erschütterungen der schweren Einschüsse ein Riß im Boden der Zisterne entstanden. Jedenfalls, der Brunnen ist so gut wie leer. Wir haben höchstens noch dreihundert Liter, mit denen wir im Notfall den Verwundeten zu trinken geben können.«
Raynal beißt sich auf die Unterlippe. Das ist das Ende! Verrat, Sabotage oder Versickern durch Riß im Boden? Einerlei, dies zu untersuchen oder herauszubekommen ist jetzt nicht mehr möglich, denn die Ereignisse drängen. Der Todeskampf der Panzerfeste Vaux hat begonnen. Noch gibt es eine letzte Möglichkeit, und die heißt Entsatz. Unter allen Umständen muß jetzt endlich der längst dringend angeforderte Entsatz kommen. Um die Dringlichkeit seiner Forderung zu betonen, will Raynal seine drei letzten Brieftauben losschicken. Eine von ihnen dürfte bestimmt ankommen und den Notschrei der Fortbesatzung an die richtige Stelle bringen. Jedem Tierchen wird eine Kapsel angeheftet. In dreifacher Ausfertigung hat Raynal die im Fort herrschenden Zustände geschildert und nichts ausgelassen. Er hat erklärt, daß sich die Feste bei diesem Wassermangel nicht halten kann.
Die drei Tauben fliegen los. Sie sind geblendet durch das grelle Tageslicht und flattern zuerst unruhig und scheinbar ziellos durch die Luft. Vielleicht hat der Masutqualm

auch sie halb betäubt. Raynal und der Taubenbetreuer blicken ihnen durch den Luftschacht nach. Gellende Einschläge, hochspritzende Dreckfontänen einschlagender Granaten scheuchen die Tauben hierhin und dorthin. Aber dann haben sie ihren Weg gefunden und fliegen nach Süden ab. In wenigen Minuten, so rechnet Raynal, müssen sie in Verdun sein, denn dort steht der Schlag dieser Tierchen.

Der Kommandant schaut auf seine Uhr und rechnet nach.

»So, jetzt sind sie angekommen«, sagt er zum Unteroffizier und zu seinem Adjutanten. »Meinen Sie nicht auch, daß die Tauben gut hingekommen sind?«

»Sie sind bestimmt gut hingekommen«, meint der Adjutant.

»Klar, die haben es geschafft«, ergänzt der Taubenbetreuer, »das sind unsere besten Brieftauben, die haben uns nie im Stich gelassen.«

»Und was geschieht jetzt?« fragt Raynal.

Er weiß genau, was jetzt da drunten am Taubenschlag geschieht, aber er läßt es sich nochmals erzählen, er muß die Bestätigung hören, daß alles sich so erfüllt, wie es sein soll.

»Ha, jetzt hat man sie gesichtet«, sagt der Unteroffizier, »es steht ja immer einer von uns Wache am Schlag.«

»Und dann?« forscht Raynal ungeduldig.

»Dann streut der Wachhabende Futter in den Käfig. Die Tauben kommen herein. Klapp – – fällt die Käfigtür zu, die Tauben sind gefangen. Man packt sie, man nimmt ihnen die Kapseln vom Bein.«

»Hoffentlich wird man die Kapseln sofort weiterreichen«, brummt Raynal, »zum Donnerwetter, wenn man

sie nicht sofort weiterreicht oder wenn kein Offizier zur Stelle ist, um das Nötige zu veranlassen!«
»Unsere Männer sind so ausgebildet, daß sie die Kapseln sofort ungeöffnet dem diensttuenden Offizier bringen, der sie öffnet, die Schrift entziffert und die Meldung weitergibt.« Diese Erklärung des Brieftaubenbetreuers genügt dem Kommandanten nicht voll und ganz.
»Wenn aber die Tauben unterwegs vom Eisenhagel getroffen worden sind, was dann? Sie mußten ja eine lange Strecke durch die Beschießung zurücklegen.«
»Eine der drei Tauben wird doch bestimmt ankommen oder bereits angekommen sein«, äußert sich der Adjutant.
»Hm, wir hätten sie nicht miteinander, sondern nacheinander wegschicken sollen«, sagt Raynal, »aber es ist nun einmal geschehen, und wir können nur hoffen, daß alles gut ausgelaufen ist, nach unseren Wünschen.«

Während Raynal so sinnt und dem Adjutanten und dem Betreuer der Brieftauben gegenüber seine Hoffnungen und Befürchtungen äußert, entsteht Bewegung im feldmäßigen Taubenschlag auf der Zitadelle von Verdun. Man hat die Ankunft einer Taube registriert. Man erkennt sie sofort: – es ist eine der drei Tauben aus Fort Vaux. Der Wachhabende weiß sogar ihre Nummer auswendig. Er handelt blitzschnell, genauso schnell, wie es Raynal da droben im Fort gewünscht hat. Das Tierchen ist aufgeregt und flattert unruhig hin und her. Man greift es, man tastet nach der Kapsel.
Die Taube trägt keine Kapsel mehr. Und dort, wo die Hülse aus Leichtmetall mit einer zweifellos wichtigen

Nachricht gesessen haben muß, findet man eine blutige Schramme. Nicht genug, die Taube atmet schwer und der Soldat, der sie in seiner Hand hält, fühlt eine tiefe Wunde unterm linken Flügel. Ein Wunder fast, daß eine Taube mit solcher Verletzung überhaupt noch bis an ihren Schlag kam.
Während die herbeigeeilten Poilus noch überlegen, was zu tun sei, läßt die Taube das Köpfchen sinken. Die Taube ist tot, die einzige und letzte Meldetaube aus Fort Vaux. Und niemand weiß, welche Nachricht sie bringen sollte, denn der Splitter, der ihr die Wunde beibrachte, riß ihr auch die Kapsel vom Bein. Die beiden anderen Tauben kommen überhaupt nicht an. Sie werden niemals ankommen, denn sie liegen zerfetzt und zermalmt irgendwo im weiten Trichterfeld, das sie, trotz ihrer großen Geschwindigkeit, nicht mehr heil überfliegen konnten.
In Verdun steht man vor einem Rätsel. Was sollte die Taube überbringen? Ein Unteroffizier untersucht die tote Taube genau und riecht an ihr: »Leute, das ist Gas«, sagt er, »hier, schaut sie euch mal an, schwarzer Ölruß klebt hier am Flügel. Im Fort Vaux sind sie wahrscheinlich vergast worden.«
Die Meldung wegen der toten Brieftaube wird durchgegeben. Alle Scherenfernrohre werden auf Fort Vaux gedreht, denn dort geht es jetzt um das Ansehen Frankreichs. Aber die Scherenfernrohre, die weitsehenden Augen der Schlacht, starren nur in wattigen Dunst; das Fort liegt mitten in dichtem Pulverqualm.
Bis zum Einbruch der Dunkelheit wartet Raynal sehnsüchtig auf den angeforderten Entsatz. Er lauscht hinaus,

ob die französischen Granaten nicht bald ihren Wirbeltanz nach Norden verlegen, ein Zeichen, daß die französischen Sturmtruppen nahen und in das Fort dringen wollen. Aber er lauscht und wartet vergebens. Es ereignet sich nichts, gar nichts. Im Fort bleibt alles genau wie vierundzwanzig Stunden zuvor. Nur hat man schon wieder eine Barrikade verloren. Man wird bald wieder eine Barrikade verlieren oder auch mehrere. Und der Durst wird noch größer, noch quälender sein, denn die süßliche Gasluft hat Kehlen und Gaumen erst richtig ausgetrocknet. Raynal hat Befehl gegeben, an Unverwundete keinen Tropfen Wasser mehr zu verteilen. Jeder Verwundete bekommt in dieser Nacht nur einen Becher Wasser.
Droben steht ja noch das Blinkgerät, steht fix und fertig, auf Souville gerichtet. Raynal befiehlt seinem Funker, eine chiffrierte Nachricht nach Souville zu blinken. Vergebens – drüben meldet sich niemand, denn auch dort liegen die Qualmwolken der explodierenden Geschosse zu dicht um das Fort und saugen jeden Lichtschein auf. Souville meldet sich nicht.
Souville weiß nicht einmal, daß es jetzt angeblinkt wird. Nun, dann muß jemand hinaus und hinüber nach Souville. Wenn das Gerät versagt, dann muß der Mensch einspringen. Es muß sein!
Raynal hält Umschau. Es sollen mindestens zwei Mann hinüber nach Souville. Wer wird gehen? Wer meldet sich freiwillig und kommt dann freiwillig zurück in die Panzerfeste Vaux? Es muß sein! Es ist für Frankreich! Na, wer meldet sich? Der Kommandant schaut um sich und mustert seine Getreuen. Da treten zwei Pionierfunker vor: »Kommandant, wir gehen.«

Sie bekommen genaue Anweisung, wie sie sich zu verhalten haben, was sie ausrichten müssen und was Souville tun muß. Es kommt darauf an, daß Souville sein Blinkgerät auf den einen bestimmten Punkt von Feste Vaux einstellt. Es kommt ferner darauf an, daß man drüben diejenige Stelle besetzt, von der aus allein die Blinklichter von Fort Vaux beobachtet werden können. Einmal muß sich doch diese fürchterliche Qualmwolke verziehen.

Die beiden Pioniere wiederholen ihre Anweisung und machen sich sprungbereit. Man räumt rasch die Sandsäcke vor dem einen Luftschacht weg. In der Dunkelheit wird das Wagnis sicher gelingen. So hofft man. So redet es Raynal auch den beiden jungen Männern ein. Unablässig blenden die Flammen der zahlreichen Einschläge. Über dem Gelände tanzt das grelle, unruhige Licht der Magnesium-Leuchtkugeln. Wird man die beiden Männer entdecken?

Schon hat sich der erste Pionier vollends aus dem Luftschacht ins Freie geschoben. Sein Oberkörper hängt über dem Kehlgraben. Er zieht die Beine an, er läßt sich fallen. Vier bis fünf Meter tief springt er hinab und landet zusammengekauert auf der von Trümmern erfüllten Sohle des Grabens. Im nächsten Augenblick ist auch der zweite Pionier da und springt hinaus. Auch er landet wohlbehalten neben seinem geducktliegenden Kameraden. Beide machen sich fertig zum Durchlaufen des Kehlgrabens. Und da sind die deutschen Posten aufmerksam geworden.

Eine Leuchtkugel zischt, eine zweite Leuchtkugel folgt nach, schwebt wie ein dummes Glotzauge sekundenlang

über das Trichterfeld hinweg. Die beiden Poilus benehmen sich so, wie sich erfahrene Frontsoldaten in solch gefährlicher Lage zu benehmen haben, wenn plötzlich Leuchtkugeln aufblitzen. Sie bewegen sich nicht mehr, sie stehen frei, ungedeckt im tanzenden Schein des Magnesiumlichtes. Da peitschen die Schüsse daher. Der Kommandant Raynal hat bisher alles beobachtet. Er hat seine beiden tapferen Männer springen sehen. Er hat das Gewehrfeuer der deutschen Beobachtungsposten gehört und wendet sich ab. Langsam schreitet er in seine Kasematte zurück, zieht sein Notizbuch, sucht die Namen der beiden Tapferen und schreibt dahinter: »† am 4. Juni 1916 um 22 Uhr.«
Eine halbe Stunde später wird Raynal an den Blinkapparat gerufen. Souville hat sich gemeldet. Souville meldet sich ohne Unterbrechung. Das Lichtzeichen kommt und verschwindet. Kurz, lang, immer auf, immer zu. Fort Souville spricht und meldet: »Mut, haltet aus, wir werden angreifen!«
Drüben im Fort Souville, neben dem Blinker, der ohne Unterbrechung arbeitet und auf alle Fragen Raynals antwortet, liegen zwei zu Tode erschöpfte Pionierfunker. Es sind die beiden Poilus aus Fort Vaux. Sie sind also doch durchgekommen. Es ist fast wie ein Wunder, aber sie leben, sie haben ihren Auftrag erfüllt. Fort Souville meldet sich.

Inzwischen sammeln sich die stark gelichteten deutschen Kompanien zum entscheidenden Sturm. Ihnen zur Seite steht Leutnant der Reserve Ruberg, der mit den 20er Pionieren die schwere Arbeit des Sprengens und Wegräumens von Barrikaden übernommen hat. Rheinländer, Westfalen und Württemberger tragen den Angriff gegen die Barrikaden. – Um diese Zeit befindet sich Hauptmann Gillhausen vom Füsilierregiment 39 noch im Fort. Er ist der rangälteste Offizier und damit sozusagen Kommandant der Panzerfeste, soweit sie sich in deutscher Hand befindet. Damit hat Fort Vaux in diesem Augenblick zwei Kommandanten, einen französischen tief unten in Gängen und Kasematten und fünfzehn bis zwanzig Meter über ihm einen deutschen.

Die Nacht zum 5. Juni verläuft ziemlich ruhig. Beim Morgengrauen gelingt es Leutnant Ruberg und seinen Leuten, die Barrikaden am Laufgang dicht neben der linken Kasematte zu sprengen. Die Explosion schüttert durch die Feste. Und dann dringen deutsche Flammenwerfertrupps durch die Bresche. Hier können sie mit dem Gerät wieder arbeiten, denn in diesen Gängen herrscht ein starker Luftzug, so daß der Masutqualm rasch abziehen wird.

Aber dieser Luftzug wirkt sich gleichzeitig verhängnisvoll aus, denn jetzt, nach der Sprengung der Barrikade, entsteht durch den raschen Temperaturwechsel zwischen Innen- und Außenluft ein solch starker Sog, daß der Qualm zurückschlägt und die nachdringenden deutschen Sturminfanteristen zu ersticken droht. Sogar Flammen schlagen zurück und werden zur Gefahr für die Werfer-Mannschaften, so stark ist der Wetterzug.

Der Angriff mißlingt, die Franzosen können das soeben verlorene Stück wieder zurückholen und neu befestigen.

Fast gleichzeitig wird im rechten Schacht die sogenannte

Laufbahn-Barrikade gesprengt, wobei auch wieder ein leichter Flammenwerfer arbeitet. Hier gelingt es allerdings den Deutschen, die Franzosen bis in die große Mittelgalerie zurückzudrängen.

Während Souville noch blinkt, faßt Raynal einen harten Entschluß. Er hat festgestellt, daß es möglich ist, die belagerte Feste zu verlassen und bis Souville durchzukommen. Beweis: die beiden Pionierfunker. Einer von ihnen ist doch sicher heil durchgekommen, sonst hätte sich Souville jetzt nicht gemeldet. Also wird die überflüssige Besatzung, das heißt die Nichtkämpfer, das Fort noch im Laufe dieser Nacht verlassen müssen. Auch die noch gehfähigen Verwundeten müssen mit hinaus; Vaux kann nur gehalten werden, wenn möglichst wenig Durstige da sind.
Raynal hat sich alle Leute genau angesehen. Er weiß, wer mutig und wer überängstlich ist. Mit den Ängstlichen wird er nicht lange fackeln. Sie sollen ihm die Moral der Kämpfer hier im Fort nicht verderben. Sie müssen hinaus. Unabhängig von diesem Gedanken des Kommandanten haben auch schon zahlreiche Poilus innerlich beschlossen, im Laufe dieser Nacht die Hölle von Fort Vaux zu verlassen. Sie sehen ein, daß sie hier auf die Dauer mit Sicherheit erledigt sind. Ihre Lage ist hoffnungslos, und der Kampf um das Fort kann sich nur noch Stunden hinziehen. Ihre beiden Kameraden, die Pionierfunker sind ja gut durchgekommen, warum soll man es nicht auch wagen dürfen? Vaux ist ja sowieso rettungslos verloren, wenn nicht ein Wunder geschieht. Der Durst macht die Leute halb verrückt und lähmt ihre Widerstandskraft.

Noch hat Raynal die Erlaubnis zum Verlassen des Forts nicht erteilt, aber schon machen sich einzelne Trupps sprungbereit. Sie lassen ihre Gewehre zurück, gürten nur ihre Koppel, packen ihre Gasmasken und natürlich die Feldflaschen, alle Feldflaschen sind längst leer, aber irgendwo unterwegs, in einem Granatloch, bestimmt aber drüben im Fort Souville, wird man die Feldflaschen in Wasser tauchen können und endlich trinken, trinken, trinken – –!

Die Erinnerung an Wasser, überhaupt an Feuchtigkeit und Kühle macht die Menschen halb irrsinnig. Offiziere melden Raynal die Ausbruchsversuche mehrerer Leute. Was ist zu tun? Soll man die Ausreißer mit Waffengewalt zurückhalten? Raynal winkt müde ab.

»Nein, laßt sie laufen!« sagt er, »ich wollte sowieso die Besatzung der Feste etwas lichten. Nun bin ich froh, daß ich den grausamen Befehl nicht zu geben brauche, weil diese Leute von selbst gehen. Hoffentlich gelingt es ihnen, durchzukommen. Denn – unter uns gesagt, meine Herren – und was ich Ihnen jetzt erkläre, haben Sie als Offiziere mit der notwendigen Dienstverschwiegenheit zu behandeln – es ist gut, daß viele Durstige uns verlassen; wir haben kein Wasser mehr in der Zisterne. Ich werde im Laufe dieser Nacht den Zurückbleibenden den allerletzten Vorrat abgeben. Was dann geschieht, meine Herren, das weiß ich nicht.«

Zusammen mit den durstigen Poilus soll auch der Offiziersaspirant Buffet das Fort verlassen. Kommandant Raynal schätzt diesen jungen Mann, der als Kriegsfreiwilliger eingetreten ist und sich wiederholt ausgezeichnet hat. Er schickt ihn mit, vielleicht um ihn zu schonen und ihn seiner Mutter zu erhalten. Vielleicht tut er's aber auch, um sicher zu sein, daß die Poilus, die jetzt versuchen, gegen Souville zu entkommen, nicht führerlos im Trichterfeld umherirren.

Buffet hat den Befehl seines Kommandanten entgegengenommen, sich nur kurz dienstlich gestrafft und sich rasch durch das Kasemattenfenster geschwungen. Für alle Fälle hat ihm Raynal genaue Instruktionen mitgegeben. Er soll, falls er durchkommt, zum Divisionskommandeur gehen und dort genauen, ungeschminkten Bericht über die wahre Lage im Fort erstatten. Er soll nichts beschönigen und nichts verheimlichen. Auch über die Panik am gestrigen Tag soll er berichten und über den Verlust der Barrikaden. Er soll ausdrücklich erklären, daß man im Laufe dieser Nacht die letzten Tropfen Wasser verteilen wird und Fort Vaux verloren ist, wenn nicht sofort, das heißt innerhalb von vierundzwanzig Stunden, tatkräftige Hilfe kommt.

Buffet soll dies alles erzählen, soll ausführlich berichten und dann versuchen, von Souville aus Nachricht herüberzublinken.

In kleineren Abteilungen verlassen die Poilus die Feste, und schon belfern draußen die deutschen Maschinengewehre. Man hört Getroffene schreien, man vernimmt das Jammern der Sterbenden, dennoch springen immer wieder Menschen heraus in den Kehlgraben, um von dort über das Trichterfeld nach Süden zu entkommen. Es ist, als sei in den Kasematten die Pest ausgebrochen. Alles will ins Freie. Nur die Besonnenen bleiben zurück, scharen sich um den Kommandanten. Aber was ist jetzt schon wieder los – die Masse der Flüchtenden strömt wieder zu-

rück, drängt in die Feste, als gelte es, hier allein Sicherheit und Leben zu erhalten.
»Unmöglich«, schreien sie, »ausgeschlossen, keiner kommt durch! Wie Gras sind sie niedergemäht worden im deutschen Maschinengewehrfeuer!«
Dies ist zweifellos übertrieben, aber einige sind tatsächlich getroffen worden, denn die deutschen Posten überwachen jede Bewegung im Gelände. Die Zurückgekehrten wollen nicht mehr versuchen, ihr Heil draußen zu finden. Nein, im Fort ist man wenigstens sicher vor dem deutschen Maschinengewehrfeuer.
Ob Buffet durchgekommen ist, fragt der Kommandant.
Nein, Buffet ist auch nicht durchgekommen. Es melden sich drei oder vier Poilus, die gesehen haben wollen, wie Buffet schwerverwundet zusammenbrach. Der Kommandant senkt für einen Augenblick das Gesicht auf die Brust. Es bleibt den Verteidigern von Fort Vaux nichts, aber auch gar nichts erspart.

Im Laufe des Nachmittags am 5. Juni ereignet sich nichts Besonderes. Beide Gegner scheinen ihre Kräfte zum großen Schlag zu sammeln. Unten im Zisternenraum wird der Schlamm des Brunnens filtriert. Jeder Tropfen Wasser muß sorgfältig gesammelt werden. Es kommt auf jeden Becher Flüssigkeit an. In der Tiefe der Zisterne liegen vielleicht tote Ratten, die sich verdurstend dahinein geschleppt haben und nicht mehr herauskommen konnten, denn Schlamm und Wasser haben einen fürchterlichen Verwesungsgeruch. Raynal befiehlt, etwas Jod hinzuzusetzen, da keine Möglichkeit besteht, das Wasser zu kochen.

Gegen Abend begibt er sich zum Blinkgerät. Dort ist seine ganze Hoffnung. Wenn sich gleich Souville meldet, ist alles wieder in Ordnung. Dann ist der Durst vergessen; Hunger verspürt man sowieso nicht. Im Fort Vaux denkt kein Mensch an Hunger. Drunten, in der Vorratskammer, stehen Behälter und Fässer mit eingesalzenem Fleisch und eingemachtem Gemüse unangetastet, höchstens ein willkommener Fraß für die Ratten. Wer will jetzt noch bei diesem Durst, bei diesem Wassermangel, salzige Speisen zu sich nehmen? Raynal steht am Gerät zwischen einigen Blinkern. Und da schlägt draußen eine Granate vor die Kasemattenöffnung, ein Splitter verschrammt den Apparat, dringt in den Raum und tötet drei Poilus. Sofort befiehlt Raynal, das Gerät mit vorhandenen Ersatzmitteln wieder herzurichten; es ist ja die allerletzte Verbindung mit dem Hinterland.

Währenddessen steht der Offiziersaspirant Buffet vor General Nivelle und meldet, was zu melden ist. Der General klopft dem schlanken jungen Mann auf die Schulter und sagt: »Sehr brav, junger Freund, das haben Sie gut gemacht. Wir werden unter allen Umständen Hilfe bringen. Vaux ist die Fahne des Widerstandes. Wir werden Raynal und seine Braven nicht im Stich lassen. Aber wer soll ihm das sagen? Sie müssen sich opfern; Sie allein kennen den Weg. Sie sind gut durchgekommen. Dem Mutigen gehört die Welt. Sie werden wieder zurückgehen. Gehen Sie hin und melden Sie Raynal, daß vier Infanteriekompanien beim Morgengrauen die deutschen Stellungen um das Fort angreifen werden. Wir werden nicht lockerlassen. Wir werden mit unserem schwersten Geschütz auf die

Panzerkuppe hämmern und so lange unsere Infanterie angreifen lassen, bis kein lebender Deutscher mehr im Fort ist. Gehen Sie jetzt, junger Freund, gehen Sie – – – für Frankreich!«

Der Offizieraspirant strafft sich, legt die Hand an den Stahlhelm und grüßt. Sein Gesicht ist bleich; Todesahnung überkommt ihn. Er glaubt nicht, daß er diesen Eisenhagel und diese Hölle noch einmal durchqueren kann. Er hat sie fallen sehen, rechts und links, seine Kameraden. Nein, es wird diesmal nicht gut abgehen. Aber er ist Soldat, ist Kriegsfreiwilliger, er will Offizier werden, also gehorcht er.

Und da ruft ihn der General zurück. Nivelle nestelt sich das Kreuz der Ehrenlegion von der Brust und heftet es dem jungen Mann an. Er packt den schlaksigen Offiziersaspiranten und umarmt ihn. Er gibt ihm einen kleinen freundschaftlichen Backenstreich und sagt: »Nun geh, mein Junge, es ist schon gut so, du hast's verdient, geh und denke an Frankreich!«

Während sie im Fort Vaux noch am zerstörten Blinkgerät basteln, rast draußen im Kehlgraben das deutsche Maschinengewehrfeuer. Und gleich darauf entsteht Bewegung auf den Gängen. Raynal schickt einen seiner Offiziere aus, um nachzusehen, was es draußen gibt. Der Offizier kehrt bald wieder zurück und bringt Buffet mit. Jawohl, es ist tatsächlich Buffet, der zurückgekehrt ist, ganz unverhofft. Buffet, mit dem Kreuz der Ehrenlegion auf der Brust. Der Rückkehrende erstattet Bericht, und dann macht sich Raynal fertig zum Kampf. Jetzt weiß er, woran er ist. Die angreifenden vier Kompanien da drau-

ßen sollen in ihm einen tüchtigen Helfer finden. Man wird die Deutschen in die Zange nehmen, und während die Kameraden draußen gegen das Fort anrennen, wird man drinnen versuchen, über die Barrikaden zu klettern und den Deutschen das Leben sauer zu machen.
Langsam kriecht die Dämmerung herauf. Schon um 2.30 Uhr kann man Einzelheiten im Kehlgraben unterscheiden. In diesem Augenblick rollt das nie abbrechende französische Vernichtungsfeuer mit unerhörter Wucht und schlägt mit Macht auf die Kuppe des Panzerforts.
Raynal erwägt den Plan seines Generals. Ein Bataillon wird von draußen angreifen und versuchen, das Fort zu befreien, alle diese Werke und Glacis aus der stahlharten deutschen Umklammerung zu reißen. Ein Bataillon! Aber wird dieses eine Bataillon genügen? Nein, unmöglich, es kann nicht genügen! Der Versuch wird mißlingen, im Keim ersticken. Es wird erneut Blut fließen, immer nur Blut, weiter nichts. Und kein einziger Mann wird lebend die Werke erreichen. Das weiß Raynal, denn er kennt seinen Gegner.
Immerhin, der Befehl zum Mitkämpfen ist erteilt. Das Fort wird sich zur Verfügung stellen und zur eigenen Befreiung nach besten Kräften beitragen. Raynal lauscht hinaus. Das Wirbeln der Granateinschläge hat sich verstärkt, aber die französischen Granaten sausen jetzt fast durchweg hart über die Fortkuppe hinweg und zerschellen in den deutschen Reservestellungen, statt die Panzerfeste zu treffen. Raynal geht an das wieder zusammengebastelte Blinkgerät und läßt nach Souville hinüberblinken: »Schießt kräftigere Kaliber, hämmert die Boches aus

ihren Maschinengewehrnestern auf dem Dach der Feste!«
Die Lampe blinkt und leuchtet und schreit diese Meldung nach Souville. Vergebens, die Schüsse gehen immer noch über das Fort hinweg. Nun läßt Raynal seine Poilus antreten. Die besten Leute werden in Stoßtrupps eingeteilt und das Ausfallkommando bereitgestellt. Sobald das angreifende Bataillon drüben sichtbar wird, sollen sie schlagartig hinaus, über die Barrikaden hinweg, dann in den Kehlgraben und von dort den Deutschen in den Rükken.
Das ist ein Plan, dessen Ausführung ganze Männer fordert. Ein Ende, so oder so! Es muß ein Ende gemacht werden! Länger ist die Spannung nicht mehr zu ertragen. Und dann dieser Durst, dieser entsetzliche Durst! Es ist ehrenhaft und fast schon erstrebenswert, beim Ausfall aus der Feste für das Vaterland zu sterben. Nein, das ist schon mehr! Der Tod für Frankreich ist weiter nichts als eine Erlösung von der Qual dieses Wartens, dieses Durstes und dieser Bedrängnis durch einen stets angriffslustigen Gegner. Der Tod ist wirklich weiter nichts als Erlösung. Die Lebenden müssen Tag und Stunde verfluchen. Die Toten aber beweint man. So stehen denn die Poilus bereit. Es ist ihr fester Wille, hier ein Ende zu machen. Nur trinken, nur einmal noch sich satt trinken dürfen, irgendwo an den kühlen Quellen hinter Souville, oder vielleicht auch nur aus einem tiefen Granatloch. Es mag das Trinkwasser frisch sein oder grünlich und faul. Nur Wasser, nur Wasser, Wasser – –! Sehnsüchtig schauen die Poilus nach dem angreifenden Bataillon aus. Wo bleiben die Kameraden?!

Der Tag bricht an. Ein heller sonniger Junimorgen. Vom angreifenden Bataillon weit und breit keine Spur. Sind die vier Kompanien etwa nicht vorgedrungen?
Hat man sie durch Gegenbefehl im Sprung aufgefangen?
Welcher Verräter hat sie zurückbeordert?
Wo bleiben sie denn?
Wollen sie ihre Kameraden hier im Stich lassen?
Einer elenden Verdurstung preisgegeben?
Wollen sie feig fortbleiben? Pfui Teufel, sie kommen nicht, sie sind feige. Was spielt sich dort drüben hinter dem dunstigen Horizont ab? Man müßte die Stäbe mit Handgranaten aus den Betten holen.
Zum Donnerwetter, wo bleibt der Entsatz?!
Die Poilus sind am Ende ihrer Widerstandskraft und ihres Willens. Jetzt noch, aber nur noch für wenige Stunden wird es ihnen gelingen, unbeirrt die schwere Pflicht zu erfüllen. Und dann – – Ja, wer weiß, was dann sein wird! Aber siehe, die Poilus warten vergebens hinter den Barrikaden am Rande des Kehlgrabens. Sollen die Befreier niemals erscheinen?
Raynal späht hinaus, versucht die letzten Blinksignale von Souville zu erhaschen. Souville meldet sich vorläufig nicht mehr. Dagegen sieht der Kommandant, wie von drei Seiten die blaugrauen Gestalten der Befreier auf das Fort zustreben. Jetzt haben die vorderen Reihen das Fort erreicht, und da belfern von oben, vom Dach der Feste, die deutschen Maschinengewehre. Dicht vor den entsetzten Augen des Kommandanten Raynal entwickelt sich jetzt bei Sonnenaufgang ein erbitterter Trichterkampf. Bis 6.20 Uhr bellen oben vom Dach der Panzerfeste die deutschen Maschinengewehre und halten die Franzosen in

den Trichtern nieder. Und da läßt Raynal nach Souville hinüberblinken:
»Feindliche Maschinengewehre auf Dach der Feste. Schießt Granaten, hämmert sie nieder!!«
Und dann legt die Artillerie noch einmal los und wuchtet auf die Feste nieder, zerstampft Deutsche und Franzosen, die ringsum verbissen von Trichter zu Trichter kämpfen.
Der Angriff des französischen Bataillons, das Nivelle zum Entsatz gegen Vaux geschickt hatte, ist um 7 Uhr kläglich gescheitert und in Blut erstickt.
Raynal sieht es, eine Welle der Hoffnungslosigkeit kommt über ihn. Jetzt hat alles Hoffen keinen Zweck mehr. Die letzten Tropfen Wasser sind im Laufe der Nacht verteilt und getrunken worden. Einige seiner Poilus haben sich, irrsinnig vor Durst, über den Urin der Verwundeten hergemacht. Es hat alles keinen Zweck mehr. Raynal telegrafiert nach Souville: »Schafft sofort Wasser und Ablösung herbei, sind am Ende unserer Kräfte!«
Und gleichzeitig blinkt der deutsche Kommandant, Hauptmann Gillhausen, gen Norden:
»Aufenthalt in Feste Vaux durch Gas und Beschießung unerträglich. Sendet Ablösung!«

Wieder brennt die Sonne heiß und unbarmherzig und kündet einen neuen, furchtbaren Tag ohne Wasser, endlose Stunden des Durstes und des bitteren Kampfes. Raynal beordert seine Poilus wieder ins Innere der Feste zurück. Währenddessen sammeln sich die Deutschen zum großen Schlag, der die Entscheidung bringen soll.

Ein Flammenwerfertrupp kommt zur Verstärkung herbei, aber ehe er sein Ziel erreicht, die Gänge der Feste, wird er von französischen Scharfschützen ausgemacht und völlig aufgerieben. Damit ist der Morgen vorbei. Für beide Gegner war er enttäuschend, denn die Verstärkungen kamen nicht an. Den Franzosen hat er die fest erhoffte Befreiung aus deutscher Umklammerung nicht gebracht. Vielleicht werden sie am Abend die horizontblauen Uniformen doch noch über das südliche Trichterfeld heranrücken sehen – vielleicht – –?

Raynal bemüht sich, die Stimmung seiner Leute zu heben. Er geht durch Gänge und Kasematten und hat für jeden ein gutes Wort, das manchmal sogar grimmig-humorvoll klingen soll. Als alter Troupier lehnt er weichliches Bedauern ab. Er gibt sich forsch, als sei er unbedingt vom guten Ausgang dieses Ringens überzeugt. Aber er glaubt selbst nicht an seine Worte, und die einzige Antwort, die seine Männer ihm mit gesprungenen Lippen noch zuraunen können, lautet: »Durst – ach, dieser Durst, dieser Durst!«

Die Poilus hinter den Barrikaden und an den Scharten stehen müde, apathisch, übernächtigt, vom ständigen Trommelfeuer und dem nicht mehr abreißenden Titanenlärm halb betäubt. Kaum, daß der schütternde Einschlag schwerer und schwerster Geschosse sie für Sekunden wachrüttelt. Aber bald lassen sie wieder ihre Köpfe sinken, stützen sich gegen die Sandsackbarrikaden, schlafen fast im Stehen. Nur ihr Unterbewußtsein bleibt wach. Der menschliche Organismus kann diese unerhörte Beanspruchung nicht mehr ertragen und verlangt gebieterisch seine Ruhe. Das Tier aber im Menschen, das

Tier mit dem Urinstinkt, wacht und belauert die Gefahr.

Auf dem Weg zur großen Mittelkasematte, in der auch die Handgranaten aufbewahrt werden, trifft Raynal einen seiner tüchtigsten Offiziere. Der junge Leutnant geht ohne Helm und ohne Gasmaske, Verwünschungen schreiend, an seinem Vorgesetzten vorbei. Er blickt nicht auf, seine Augen sind starr und weit aufgerissen. Er geht auf das Handgranatendepot zu. Raynal faßt ihn am Arm, schüttelt ihn.

»Was soll das? Wohin? Gehen Sie zu Ihrer Kompanie!«

»Es gibt bald keine Kompanie mehr!« schreit der Leutnant. »Aber eine lustige Himmelfahrt gibt es für uns alle und für die Boches – haha! Merde für den Krieg, merde für alle Welt, merde und nochmals merde, gleich geht's los!«

Der Offizier ist wahnsinnig geworden. Ein gefährlicher Wahnsinniger, der mit Gewalt abgeführt werden muß. Man bringt ihn weg, in eine abgelegene Kasematte, wo er unter strenger Bewachung bleibt, damit er kein weiteres Unheil anrichtet.

Dann kommt Raynal in die Außenkasematten, die beim ersten Angriff der deutschen Flammenwerfer am längsten unter Rauch und Gas gestanden haben. Gerade dort haben Luft- und Wassernot ihre fürchterlichsten Folgen gezeigt. Auch dort haben die vor Durst gepeinigten Poilus ihren Urin getrunken. Diese Männer liegen krank am Boden, mit schweren Magenkrämpfen und Brechreiz. Einige schreien laut nach der Kugel des Mitleids.

»Nun schießt uns doch endlich tot, wir wollen dies Leben nicht mehr mitmachen, Kameraden, schießt uns tot!«

Raynal sieht es, Raynal hört es, und seine Widerstandskraft erleidet hier einen schweren Schock. Es muß ein Ende gemacht werden, das sieht er ein, aber ein ehrenvolles Ende soll es sein, tragbar für Frankreich. Es muß! Ja, aber wann und wie? Noch einmal strafft sich der Kommandant und erklärt den Männern: »In 24 Stunden wird man Schluß machen, Leute, das ist mein Wort – in vierundzwanzig Stunden hört hier der Spuk auf – wenn bis dahin kein Entsatz gekommen ist. Innerhalb der nächsten vierundzwanzig Stunden wird viel geschehen – es muß viel geschehen; vielleicht kommt noch eine ganz günstige Wendung.«
Er wendet sich ab und begibt sich zum Blinkerposten. Das Gerät arbeitet wieder, es arbeitet ohne Unterbrechung, ohne eine Antwort zu bekommen, denn drüben im Fort Souville können sie bei Tageshelligkeit die günstige Blinkstelle nicht besetzen, weil sie von mehreren deutschen Artilleriebeobachtern eingesehen wird. So verblinzeln die Blinknachrichten aus Fort Vaux nutzlos und unbeobachtet. Niemand sieht und entziffert die eindringliche Bitte um Entsatz, um raschen Entsatz. Niemand weiß drüben, daß der Todeskampf des Panzerforts in seine letzte entscheidende Phase getreten ist.
Raynal kehrt in seine Kasematte zurück und versammelt seine Offiziere um sich. Er gibt ihnen seinen Entschluß bekannt, noch vierundzwanzig Stunden durchhalten zu wollen. Einige Offiziere äußern Bedenken. Wird die Mannschaft, werden diese überbeanspruchten Poilus überhaupt diese vierundzwanzig Stunden noch durchstehen können?
In diesem Augenblick geht die Tür auf. Ein Schwerver-

wundeter wankt herein. Der Mann sieht aus, wie einer aussieht, der nur noch wenige Stunden zu leben hat. Sein Körper ist von Handgranatensplittern an fünf Stellen verletzt, zerschrammt, blutig geschlagen. Über die nackte Brust des Mannes breitet sich die tiefe Brandwunde aus dem Ölstrahl eines Flammenwerfers. Der Soldat ist völlig nackt. Blut, mit Öl und Ruß vermischt, rinnt über seinen ausgemergelten Körper. Das unrasierte, von schwarzen Bartstoppeln bedeckte Gesicht ist eingefallen wie das Antlitz eines Toten. Die gesprungenen Lippen bedecken schon nicht mehr die vor Fieber zitternden und aufeinanderschlagenden Zähne. Der Soldat läßt sich vor Raynal in die Knie sinken, hebt beide Hände beschwörend und lallt mit pappigem Mund und schwerer Zunge:

»Mein Kommandant, Wasser, Wasser, Wasser!«

Raynal zuckt entsetzt zusammen. In seinem Inneren geht jetzt eine Veränderung vor. Dieser Soldat, der um Wasser fleht, hat seine Pflicht für Frankreich getan. Er jammert nicht um sein Leben. Er wird dieses Leben fürs Vaterland hingeben, wenn es sein muß. Er hat sich selbst, seine Brust, seine Glieder zur Verteidigung der Feste in die Schanze gestellt. Aber daß er zudem noch verdursten soll, das kann er nicht verstehen, das wird er niemals verstehen können. Die Stimme dieses von Wundfieber geschüttelten Mannes ist die Stimme aller Verwundeten und aller dieser stillen Dulder in Gängen und Kasematten. Der Kommandant erhebt sich, geht auf den Verwundeten zu, hilft ihm auf die Beine und sagt beruhigend und beschwichtigend:

»Mein Sohn, ich habe kein Wasser. Wie gerne würde ich dir helfen, aber es gibt kein Wasser mehr im Fort. Wir alle

leiden unter Durst. Wir haben alle seit drei Tagen nicht mehr getrunken, meine Offiziere und ich, um den Verwundeten und den Poilus auf Posten den letzten Schluck zu lassen. Du hast deine Pflicht getan, harre noch einige Stunden aus! Bald wird Entsatz kommen, mein Sohn, sicher, bald kommt Entsatz, und alles wird gut sein.«
Der Verwundete hört die letzten Worte nicht mehr, denn er ist zusammengebrochen und liegt ohnmächtig auf dem Boden der Kommandantenkasematte. Aus seinen Wunden sickert frisches Blut. Die Offiziere packen zu und tragen den Mann in die Lazarettkasematte zurück. In diesem Augenblick faßt Raynal den Entschluß, keine vierundzwanzig Stunden, sondern nur noch zwölf Stunden zu warten. Nur noch zwölf Stunden will er warten und dann erst die weiße Fahne hissen. Wer weiß, was sich in zwölf Stunden alles ereignen kann.
Es scheint sich wirklich etwas anzubahnen, denn draußen dröhnt das französische Geschütz mit voller Wucht. Die französischen Batterien trommeln auf die Panzerkuppe. Es ist nur ein kurzer und mit letzter Heftigkeit geführter Feuerüberfall, und schon wälzt sich der Vorhang aus Feuer, Rauch und Wirbeln über den Kehlgraben hinweg und erfaßt dann die rückwärtigen deutschen Stellungen.
Ha, das ist das Signal. Jetzt kommt der Entsatz, klar, die Befreier nahen! Raynal läßt Alarm durchsagen. Alle Mann auf Posten! Vom Kommandanten bis zum jüngsten Soldaten steht alles bereit, stehen alle fix und fertig, alle, die überhaupt noch stehen und kämpfen können.
Ja, warum kommen sie denn nicht, die Befreier? Das Trommelfeuer ist ja längst auf die deutschen rückwärti-

gen Stellungen verlegt. Die französische Artillerie trommelt weiter, Stunde um Stunde, und als sich der Tag seinem Ende zuneigt und die Sonne hinter einer Wand von Dunst, Rauch und Gas verschwindet, erheben sich endlich drüben, aus den französischen Gräben und Sturmstellungen, zwei Eliteregimenter. Es ist Kolonial-Infanterie und ein Regiment Farbige.

Die Deutschen sehen die Nordafrikaner daherkommen, geduckt, Messer zwischen den Zähnen. Bis dicht an die Maschinengewehrmündungen läßt man sie kommen, und dann peitschen von allen Seiten die Geschoßgarben in die Menschenmassen.

Der Angriff der Senegalneger, unterstützt von einem französischen Kolonialregiment, bricht auf dem Glacis der Feste blutig zusammen. Dann schweigt die französische Artillerie. Es ist kein allmähliches Abklingen, kein langsames Abrollen des Donners und Stahlhagels, sondern ein ganz rasches Abbrechen, wie auf Befehl. Innerhalb weniger Sekunden hört das Dröhnen und Schüttern um die Panzerfeste Vaux auf. Nur noch ganz hoch segeln einige Granaten ins Hinterland und tasten deutsche Anmarschwege, Reservestellungen, Schluchten und Bahnlinien ab. Die Schlacht um Verdun scheint am Fort Vaux erstarrt. Was ist geschehen? Weshalb dieses plötzliche jähe Abbrechen des Trommelfeuers?

General Pétain hat Kunde vom Versagen und nutzlosen Angriff der beiden Eliteregimenter bekommen. Er sieht ein, daß eine Fortführung dieser blutigen Kampfhandlung sinnlos geworden ist und befiehlt sofortige Einstellung des Angriffs und auch des Vernichtungsfeuers.

Drinnen aber, im steinernen Leib der Panzerfeste, legt

sich diese plötzliche Stille geradezu peinvoll auf Hirn und Gemüt. Lieber etwas Donnern und Rollen als diese unheimliche Stille, hinter der man neue Untat, neue Gefahr wittern kann. Aber nichts ereignet sich.

Die Nacht hat begonnen. Morgen wird ein neuer Tag sein, ein neuer Tag voller Schmerzen und voller Warten. Es hat keinen Zweck, jetzt noch zu hoffen. Raynal hat erkannt, daß nichts, auch nicht der tapferste Ansturm französischer Regimenter, ihn und seine Männer aus der stählernen Umklammerung der Deutschen befreien kann. Feldgrau steht und hält. Er muß das Opfer bringen. Er muß – – Und während sich draußen der junge Tag schon erhebt nach einer Dunkelheit von nicht mehr als vier bis fünf Stunden, begibt sich Raynal zum letzten Mal hinauf an das Blinkgerät. Der Bodendunst hat sich gehoben und hängt wie ein Schleier zwischen Souville und Vaux. Aus allen Schluchten der Gegend wälzen sich dichte Schwaden aus gelblichem Geschoßqualm und grünlichem Gas heran, untermischt mit dem feuchten Dunst der Nacht.

Langsam zieht die Wolke dahin, langgestreckt wie von Kartoffelfeuern an windstillen Herbsttagen, und bildet eine undurchdringliche Schicht zwischen Himmel und Erde. Und nun gibt Raynal seinen Blinkspruch durch.

In diesem Augenblick schiebt sich eine dichte Dunstschicht zwischen Fort Vaux und Souville. Nicht lange, nur fünf Minuten dauert das langsame Vorbeiziehen des Nebelstreifens. Dann ist das Blinksignal wieder da. Und die von Souville buchstabieren erschüttert den verstümmelten Schluß: »– – – vergeßt uns nicht! Es lebe Frankreich!«

Dann schweigt das Blinkgerät, denn in diesem Augenblick durchläuft der letzte Tagesbefehl des Kommandanten Raynal alle Gänge und Kasematten, wird von Mann zu Mann wiederholt: »Wir werden ehrenvoll kapitulieren. Unsere Pflicht ist getan. Es lebe Frankreich!«

Das Panzerfort kapituliert

Raynal begibt sich in seine Kasematte und schreibt den Kapitulationsbrief. Er stellt eine genaue und gewissenhafte Liste aller im Fort anwesenden Offiziere, Unteroffiziere und Mannschaften auf, und vergißt keineswegs das vorhandene Gerät. Dann siegelt er den Brief, schreibt langsam die Adresse und übergibt das inhaltschwere Dokument einem jungen Offizier, der es hinüber in das Lager der Deutschen tragen soll.
Während der Offizier durch Kasematten und Gänge geht, um an einer der vordersten Barrikaden die deutschen Posten zu treffen, läßt Raynal seine Soldaten antreten. Peinlich genau richten die Offiziere ihre Kompanien und Züge aus. Die Poilus stehen Gewehr bei Fuß, Brotbeutel, Feldflaschen und Gasmasken umgehängt, die Koppel geschlossen. Wie zur letzten Parade steht die Truppe angetreten, in Erwartung des Siegers.
Draußen, an der äußersten Barrikade, macht sich inzwischen der junge Offizier dem deutschen Posten bemerkbar. Er läßt ein weißes Tuch durch eine Scharte wehen und ruft: »Nicht schießen!«

Es geschieht nichts. Haben die Deutschen das weiße Tuch überhaupt bemerkt? Deshalb befiehlt der Offizier seinem Begleiter, einem Hornisten, einmal in das Clairon zu stoßen. Der Caporal setzt das Instrument an, und schauerlich hallt das französische Signal durch die Gängen: »Das Ganze halt – Feuer einstellen!«
Jetzt horchen die deutschen Posten auf. Sie sehen das weiße Tuch, das lebhaft geschwenkt wird. Sie sehen auch den französischen Offizier, der aus der Barrikadendekkung tritt und wartend stehenbleibt.
Ein deutscher Leutnant naht. Er nimmt beide Franzosen mit zu Hauptmann Gillhausen. Durch alle Teile des von Deutschen besetzten Werks geht die frohe Kunde:
»Die Franzosen kapitulieren! Kameraden, das wäre wieder mal geschafft! Jetzt ist der Krieg bald zu Ende, es geht bald heim zu Muttern!«
Langsam schreiten die Unterhändler dahin, der französische Leutnant und der Caporal mit dem Clairon. Sie stehen vor dem deutschen Hauptmann. Kurze, korrekte Begrüßung. Hauptmann Gillhausen öffnet Raynals Brief und liest ihn langsam durch, wobei er jeden Satz sofort laut ins Deutsche übersetzt. Der deutsche Leutnant schreibt alles mit.
Das Schreiben des französischen Kommandanten ist ja klipp und klar; es bekundet, daß die Panzerfeste Vaux kapitulieren will. Für sich und seine Leute verlangt Raynal den ehrenvollen Abzug und in der Kriegsgefangenschaft eine Behandlung, die in jeder Beziehung den Bestimmungen des Völkerrechts entspricht. Er bittet ferner um sofortigen Abtransport der Verwundeten und Belassung des Privateigentums seiner Poilus.

Hauptmann Gillhausen schreibt einige Zeilen und bestätigt die Annahme der Bedingungen. Frontsoldaten hüben und drüben achten sich. Die Hyänen des Schlachtfeldes sitzen weiter zurück in der sicheren Etappe. Frontsoldaten der vordersten Linien gelten jeglicher Wert und Geld so gut wie nichts. Da vorn in Kampf und Todesnot zählt nur noch das nackte Leben, zählt die Waffe, zählt der Mut. Für materielle Dinge hat der Frontsoldat der Kampflinie kein Verständnis.

Nun schreitet der deutsche Offizier hinter dem französischen Offizier her hinüber zu Major Raynal. Die Sandsackbarrikaden werden überklettert. Im Hauptgang der Feste brennen hell zahlreiche Kerzen. Jetzt braucht nicht mehr gespart zu werden; deshalb hat Raynal das Anbrennen sämtlicher Lichter und Lichtquellen befohlen.

Als der deutsche Leutnant im Gang erscheint, dröhnt hart und kurz ein französisches Kommando. Die scharf ausgerichteten Poilus stehen still, und dann fliegen im Präsentiergriff die Gewehre hoch. Alle Offiziere stehen vor der Front und grüßen, Hand an die Helmschiene. Die Besatzung der Panzerfeste Vaux ergibt sich dem Sieger. Dieser Sieger ist nur vertreten durch den jungen Reserveleutnant Werner Müller.

Etwas peinlich berührt durch diese Ehrung, die er nicht erwartet hat und die nicht ihm allein, sondern seinen Kameraden, ja der ganzen deutschen Armee gilt, schreitet Leutnant Müller rasch dahin, grüßt die Offiziere, grüßt auch zu den Poilus hin, die ihn neugierig anstarren, und betritt die Befehlskasematte der Panzerfeste. Dort steht Raynal aufrecht in der Mitte des kellerartigen Raumes.

Er steht da blaß, das Gesicht übernächtigt, völlig am Ende

seiner physischen Kraft. Sein unrasiertes Gesicht ist eingefallen. Ein mittelgroßer, untersetzter Mann ist's. Seine Stimme rollt tief. Er blickt den fast um einen Kopf größeren Offizier eine Weile an und sagt dann langsam, jedes Wort betonend: »Ich übergebe Ihnen hiermit die Panzerfeste Vaux mit 11 Offizieren, 47 Unteroffizieren und 400 unverwundeten Soldaten. In der Lazarettkasematte liegen außerdem 87 Verwundete, betreut von 29 Sanitätssoldaten. Die Toten, etwa 50 Mann, haben wir inzwischen in einem Seitengang begraben. Es befinden sich im Fort zwei feuerbereite Geschütze Kaliber 15,5 Zentimeter, 12 schwere und leichte Maschinengewehre, 18 Minenwerfer, etwas über 1000 Handgranaten, viel Artilleriemunition, einige Kisten mit Verbandszeug und Medikamenten, und in der Kantinen-Kasematte werden Sie viele Büchsen Fleisch und einige Kisten Dauerbrot finden. Aber Wasser, mein Herr – – Wasser werden Sie im Fort nicht mehr finden – keinen Tropfen. Der Durst, mein Herr Kamerad, verstehen Sie mich, der Durst – – –«
Weiter kommt Raynal nicht. Sein verkrustetes Gesicht verzieht sich, als wolle er weinen. Aber der Körper findet keine Kraft mehr zu einer solchen Gefühlsäußerung. Der deutsche Offizier sieht's, tritt zwei Schritte vor und reicht dem französischen Kommandanten die Hand. Es ist nur eine stumme Geste, die im Leben sonst nicht viel zu sagen hat. Hier aber wird sie verstanden, hier ist sie Gold wert. Zwei ehrliche Frontsoldaten reichen sich die Hand.
Raynal ist von diesem Beweis deutscher Ritterlichkeit beeindruckt und will nicht nachstehen. Er möchte etwas

tun, irgend etwas. Er blickt um sich und sieht auf dem Tisch seine prachtvolle lederne Kartentasche. Er packt sie und hält sie dem Deutschen hin:
»Hier, mein Herr, nehmen Sie, nehmen Sie diese Tasche als Andenken. Und nun – – – gehen wir!«
Leutnant Müller nimmt die Tasche an und bedankt sich. Er hängt sie an sein Koppel neben seine mit heißem Kaffee gefüllte Feldflasche. Dieser Kaffee ist das erste warme Getränk seit zwei Tagen. Die Flüssigkeit gluckert, als die Tasche gegen das Gefäß schlägt, und bei diesem Geräusch blickt Raynal auf. Der halbverdurstete Mensch hat das Glucksen von Flüssigkeit vernommen. Er sieht seinen Adjutanten an, und beide bekommen das Schlucken, doch ihre Kehlen sind trocken, und die pappige Zunge gibt keinen Speichel mehr. Sie möchten sich abwenden, ihre Schwäche verbergen, aber der deutsche Offizier hält sie zurück.
»Einen Augenblick, meine Herren!« Er nimmt die Feldflasche vom Koppel, greift zwei französische Becher, die staubig und leer auf der Tischkante stehen, füllt sie, und dann mit einladender Bewegung: »Bitte sehr, meine Herren Kameraden!«
Raynal und sein Adjutant schauen sich an. Dann greifen die beiden durstigen Männer mit zitternden Händen die Becher und schlürfen das heiße Getränk langsam hinunter.
Zwei Becher Kaffee, zwei Becher voll des armseligen deutschen Eichelkaffees, von einem Trägerzug vor einer Stunde erst im Warmhaltekübel unter Lebensgefahr über das Trichterfeld vom Fort Vaux gebracht, sind in diesem Augenblick dem französischen Kommandanten und sei-

nem Adjutanten die herrlichsten Gaben, Beweis, daß die Menschlichkeit noch lebt und nicht im Mahlen des Trommelfeuers vernichtet wurde.
Nun begibt man sich auf den Rundgang um das Fort. Raynal zeigt dem deutschen Offizier alle Gänge und alle Kasematten. Er führt ihn hinunter in den Raum der Verwundeten. Süßlicher Gestank nach Verwesung, Kot, Karbol und Chlor schlägt dem Deutschen entgegen, nimmt ihm schier den Atem. Dann bittet Raynal, jetzt vor den deutschen Kommandanten geführt zu werden.
Er steht vor Hauptmann Gillhausen und erklärt ehrenwörtlich, daß sich in der Feste keine Sprengvorrichtung befindet. Er gibt sein Offiziersehrenwort, nichts verheimlicht und nichts hinzugesetzt zu haben. Er bittet, das Fort als letzter Franzose verlassen zu dürfen, weil das so seine Pflicht ist.
Inzwischen spielen sich in den Gängen der Panzerfeste Szenen ab, die man vor einer Stunde noch für unmöglich gehalten hätte. Hier gab es doch nur Tod und Verderben, und hier kroch der giftige Rauch des Masutöls untermischt mit Gasschwaden bei abgedichteten Luftschächten bis in die letzten Winkel. Hier rangen die Männer nach Luft. Nun aber sind alle Scharten und Schächte aufgerissen. Niemand wird jetzt noch eine geballte Ladung in die Kasematten werfen, niemand eine Feuerlanze einführen, um die Männer zu verderben. Friede herrscht im Fort, Friede und Eintracht.
Es mischen sich die Feldgrauen unter die Poilus. Lebhaft werden Andenken jeder Art ausgetauscht. Ist es zu verstehen, daß diese Männer, die sich jetzt so freundschaft-

lich mit Gesten und im Kauderwelsch unterhalten, noch vor Stunden bitterste Gegner waren?
Die Deutschen reichen ihren halbverdursteten Gefangenen Kaffee und Mineralwasser. Die Nachtstunden waren ja verhältnismäßig ruhig, und das französische Artilleriefeuer lag nur weit hinter der Ornes-Schlucht und den anderen Anmarschwegen. So konnten die Trägerzüge diesmal eine gute Ladung Wasserflaschen und Kaffee herbeischaffen. Auch ist es den Trägerzügen gelungen, viele Kannen Wasser aus der Ornes-Quelle mitzubringen, als Reserve für alle Fälle. Man hatte größere Kübel in Seitengängen bereitgestellt, um immer Wasser zu haben, wenn es galt, frischen Kaffee auf Handgranatenfüllungen zu kochen. Diese günstige Wasserreserve kommt nun auch den Franzosen zugute.
Die deutschen Sanitätsmannschaften steigen in die Lazarettkasematten hinunter und helfen beim Herausschleppen der Verwundeten. Bahren gibt es ja genug drunten im Lazarett. Es werden Trägertrupps zusammengestellt. Je vier unverwundete Poilus müssen einen ihrer verwundeten Kameraden schleppen. Dicht am Ausgang des Forts schnallen die Gefangenen ab und stellen ihre Gewehre gegen die Mauer. Sie tasten ihre Taschen ab, um festzustellen, ob sich nicht noch eine Handgranate darin befindet. Dann sieht man, an diesem frühen Morgen des 7. Juni 1916, den langen Zug aus der Festung wanken. Vorneweg gehen einige deutsche Melder und Mannschaften des Trägerzuges. Sie kennen genau das Gelände und seine Möglichkeiten, seine Trampelpfade und breitgetretenen Wege zwischen den Trichtern. Sie sollen den Gefangenenzug wohlbehalten nach hinten

bringen. Es ist fast ein Kult der Sorgfalt um diese Gefangenen, die man mit aller erdenklichen Rücksicht betreut. Gruppe um Gruppe schreitet am deutschen Kommandanten, Hauptmann Gillhausen, vorbei. Neben dem deutschen Hauptmann steht Raynal mit seinem Adjutanten und nimmt diese letzte, seltsame und ernste Parade ab. Alle Offiziere grüßen. Ringsum schweigt die Materialschlacht. Erst als der letzte Verwundete auf der Tragbahre im Dunst des Morgens verschwunden ist und sich außerhalb der eigentlichen Sperrzone befindet, erst dann geht Raynal mit seinem Adjutanten gen Norden über das Trichterfeld in die deutsche Gefangenschaft.

Zwei Stunden später ist Raynal hinten beim Divisionsstab. General von Engelbrechen kommt dem Franzosen entgegen, reicht ihm die Hand und sagt:

»Wir achten in Ihnen einen tapferen Gegner. Es ist keine Schande, nach so langer Gegenwehr in Feindeshand zu fallen.«

Raynal hat solche Behandlung weder im Fort noch hinter den deutschen Linien erwartet. Er hat mit einer Entwürdigung seiner Mannes- und Soldatenehre gerechnet. Hier aber empfängt man ihn, wie es einem ehrenvoll unterlegenen Gegner zukommt.

Jetzt gewinnt Raynal wieder Mut. Er richtet sich auf und schleudert dem deutschen General wie eine Fanfare den Satz entgegen: »Herr General, nicht Ihre Soldaten haben mich besiegt, nur der Durst!«

General von Engelbrechen lächelt; diese unangebrachte Phrase trübt das bisher so klare Bild des tapferen Festungsverteidigers. Dennoch mißfällt die etwas theatralische Antwort dem deutschen General keineswegs.

»Herr Raynal«, sagt der deutsche General, »ich gratuliere Ihnen zu der Ernennung zum Kommandeur der Ehrenlegion. Unsere Funker haben vor einer Stunde erst diese Nachricht abgefangen. Ihr Oberkommandierender, General Joffre, hat heute früh diese hohe Ernennung ausgesprochen.«

Irgendwie fühlt Raynal jetzt, daß er sich mit seiner Antwort nicht richtig benommen hat. Daß die Deutschen dennoch korrekt bleiben und ihm sogar seine Ernennung zum Kommandeur der Ehrenlegion mitteilen, beschämt ihn. Er murmelt Worte der Entschuldigung und des Dankes zugleich.

Da fährt ein Krankenauto vor. Raynal und sein Adjutant werden zum Hauptquartier des Kronprinzen gefahren. Auch hier empfängt man Raynal mit militärischen Ehren. Die deutsche Wache präsentiert das Gewehr. Der Kronprinz schüttelt Raynal die Hand. Man hat einen französischen Offiziersdegen irgendwo ausfindig gemacht. Der Kronprinz überreicht Raynal den Degen, eine Geste, die nur Tapferste ehrt. Wer dem Gegner die Waffe zurückreicht und wenn es sich auch nur um eine symbolische Waffe handelt, wie das Offiziersseitengewehr, der erweist dem Besiegten die höchste Achtung. Nicht genug, Raynal bekommt sogar das Versprechen einer baldigen Rückkehr in seine Heimat über die Schweiz. Damit ist für Raynal das Drama Verdun beendet. Fort Vaux ist in fester Hand. Sein Name erscheint vorerst nicht mehr in den Heeresberichten.

Welch ein Opfergang für die Angriffstruppe, die zahlenmäßig fast immer unterlegen war und fast ohne Nachschub, ohne Hinterland diesen Kampf führen mußte! Für die deutsche Angriffstruppe in und vor Vaux gab es nur noch die Wahl, die Feste nehmen oder sterben. Die deutsche Angriffstruppe hat die Feste genommen. Nur mit hoher Achtung kann der Besiegte vom deutschen Angreifer sprechen. Die Seele des deutschen Angriffs im Fort selbst waren Männer vom Regiment 158 unter Leutnant Rakov sowie Pioniere unter Leutnant Ruberg.

Fast drei Monate nach dem ersten Ansturm und Beginn der Offensive fiel die Panzerfeste in deutsche Hand. Der Kampf um Vaux ist eine der unvergeßlichen, aber auch eine der blutigsten Episoden aller Kriege. Dieses Streiten und Sterben in Höhlen, Kasematten und Gängen wird man nie vergessen können und nie vergessen dürfen.

Nein, diesen Opfergang deutscher und französischer Männer darf man nie vergessen. Er gehört in die Geschichte der beiden Völker, die bei Verdun ihre grauenhafteste Bluttaufe erlebten.

»Ein Jammer und eine Schande, daß wir uns bis zur Vernichtung bekämpfen«, sagt einer der französischen gefangenen Offiziere, als man im Hinterland seine Personalien aufnimmt, »denn Deutsche und Franzosen einmal friedlich vereint, würden einen unangreifbaren Machtblock bilden, das Zünglein an der Waage des Weltgeschehens!«

Aber kurz vor dem Ziel – – –!

Die Franzosen erfahren den Verlust der Panzerfeste erst durch den deutschen Nachrichtenfunk. Sofort befiehlt Pétain, diese Scharte auszuwetzen. Die Panzerfeste muß wiedergewonnen werden, denn hier steht Frankreichs Ehre auf dem Spiel. Dicht vor dem Werk werden die besten Regimenter in Sturmstellung geführt. In der Nacht vom 7. auf den 8. Juni zieht Pétain unerhörte Artilleriemassen zusammen. Nach Anbruch des Tages schießen sich die Batterien mit mathematischer Genauigkeit ein, und dann rollt urgewaltig das Trommelfeuer. Zehnmal greifen die Franzosen an, zehnmal werden sie abgeschlagen.

Nicht genug! Rechts vom Fort Vaux schreiten die Deutschen zum Gegenangriff und erstürmen ein I-Werk, das die Bezeichnung »R 1« trägt. Durch rasches Zupacken gelingt es den Deutschen, hier zahlreiche Gefangene zu machen und nicht weniger als 22 Maschinengewehre zu erbeuten. Ein weiterer Fortschritt ist am 8. Juni auf dem Höhenrücken »Kalte Erde« zu verzeichnen. Hier stürmt das bayerische Alpenkorps, kann aber seinen Anfangserfolg nicht völlig ausnutzen. Am 12. Juni greifen die Bayern erneut an. Dann wiederholen sich die Angriffe beinahe täglich. Erfolg reiht sich an Erfolg. Der Fumin-Rücken wird von deutschen Bataillonen erobert.

Der ganze Caillette-Wald fällt in deutsche Hand.

Auf dem Höhenrücken »Kalte Erde« schanzen sich die Bayern ein. Es wird für die Franzosen alles immer schwieriger, immer bitterer.

Und nun ist der 21. Juni da. Ein großes deutsches Unternehmen soll stattfinden. Sein Ziel ist Fort Souville. Nebenbei sollen die Zwischenwerke auf dem Höhenrücken »Kalte Erde« sowie die kleineren Werke bei Thiaumont weggenommen werden. Aber besonders das Fort Souville hat es der deutschen Heeresleitung angetan. Es ist der letzte Zahn im stählernen Gebiß der Festungswerke um Verdun. Hinter Souville wird nichts mehr sein. Aber vorher kommt noch das Dorf Fleury.

Am 21. Juni abends beginnt das Wirkungsschießen aus unzähligen deutschen Geschützen. Zum Bekämpfen der französischen Artillerie hat man diesmal eine neue Gasmunition herbeigeschafft, und zwar Grünkreuzgranaten. Die Geschosse sind ohne Störung bis in die Batteriestände herangebracht worden. Im Laufe des 22. Juni steigert sich das deutsche Artilleriefeuer zum Trommeln. Es hält die Nacht über an, und um die achte Morgenstunde des 23. brechen die deutschen Sturmtruppen in drei Kilometer Front aus ihren Stellungen.

Zwischen »Kalte Erde« und Fort Souville stoßen die deutschen Sturmlinien durch und kommen zunächst gut voran. Kurz vor 9 Uhr hat das bayerische Leibregiment bereits das Dorf Fleury erreicht. Hier entwickeln sich heftige Nahkämpfe. Um 10 Uhr ist das Panzerwerk Thiaumont erreicht, und zwei Stunden später hat sich auch diese kleine Feste ergeben. Nicht weniger als zwei Kilometer tief ist die Mitte der deutschen Sturmwelle vorgedrungen. Auch das Werk »Kalte Erde« wird erreicht und genommen. Überall sind die Franzosen aus ihren festen Stellungen geworfen.

Gottesdienst im Fort Douaumont. An der Decke der Kasematte sieht man noch Bruchstücke des Schlagwortes, das jedem Festungsverteidiger eingeprägt wurde: »Man läßt sich unter den Trümmern begraben, aber man ergibt sich nicht!«

Bayerische Infanterie im Trichterfeld um Verdun: Hier haben sich zwei »Leiber« in einem Granattrichter des vorgeschobenen Systems »Filzlaus« festgesetzt und spähen nach Verdun hinab.

Das Trommelfeuer ist verraucht, die Schlacht um Verdun hat sich ausgetobt. Wer weiß um diesen Toten? Er bleibt ein Unbekannter, Opfer der Menschenmühle. (Ullstein, Berlin)

Aber da zischt plötzlich eine Rauchwolke aus dem Betonwerk »Kalte Erde«. Eine Sprengung? Der deutsche Stoßtruppführer gibt seinen Leuten den Befehl zum Rückzug, denn er nimmt an, daß die Franzosen die Feste sprengen wollen. Die Rauchwolke kommt aber nur von einer Kiste mit brennender Leuchtmunition. So wird das Fort in diesem entscheidenden Augenblick durch Zufall wieder geräumt. Inzwischen haben sich die Franzosen besonnen. Aus der Weinbergschlucht herauf stoßen sie mächtig vor und treffen dort auf Bayern. Indessen erholt sich auch die französische Artillerie wieder. Die Sonne hat den nachts abgeschossenen Rauchschwaden aus Grünkreuzmunition den Garaus gemacht, hat sie aufgesaugt. Die leichter Vergasten streben rückwärts in die Etappe, und die Schwerkranken sind inzwischen auch abtransportiert. Frischer Ersatz steht an den Geschützen, die nun losdonnern. Für die Deutschen ist der Erfolg des Tages in Frage gestellt, weil die beiden Flügel nicht mitgekommen sind. Die Bayern haben einen spitzen Keil über Fleury hinweg gegen Verdun vorgeschoben.

Nur schwache Abteilungen sind über Fleury hinweggekommen bis zu dem Grabensystem »Filzlaus«. Diese Stellung verdankt den eigenartigen und jedem Frontsoldaten so verständlichen Namen ihrer seltsamen Gestalt. Die Fliegerbilder zeigen dieses Grabengewirr auf dem letzten Höhenrücken vor Verdun in der Gestalt einer Filzlaus.

Und nun sitzen die deutschen Vorhuten in der »Filzlaus«.

Knapp 3000 Meter vor ihnen, 3000 Meter in Luftlinie, liegt der Stadtkern von Verdun.

Die deutschen Soldaten starren hinab wie auf ein herrliches Wunder. Und doch ist da unten weiter nichts als ein Trümmerhaufen, aus dessen Mitte die dunkle Rauchfahne eines Brandes gen Himmel steigt, eine Trümmerstadt, in der immer wieder deutsche Granaten Schrecken und Verderben säen.
Jawohl, eine Trümmerstadt, aber ein Symbol, ein Ziel.
Dort unten ist Ruhe.
Dort unten kann der Friede erhofft werden.
Dorthin muß der deutsche Soldat dringen, dann ist der Krieg beendet.
Scheu blicken die deutschen Stürmer aus glänzenden Augen hinab auf Verdun. Von keinem Punkt der Front war bisher das Ziel zu erblicken. Nur hier liegt es klar und deutlich vor den Stürmenden. Seit Monaten geistert der Name Verdun durch die Gespräche der deutschen Soldaten. Jedes Denken und Hoffen war davon erfüllt. Aber bisher blieb der Anblick jedem bewaffneten Feldgrauen verwehrt.
Die Kanoniere versuchten, sich das Bild dieser Stadt vorzustellen, wenn sie die schweren Granaten in die Rohre schoben, die Riesengeschosse, die 20 Sekunden nach dem Abschuß in Verdun niederwuchten sollten.
Verdun? Gibt es denn überhaupt solch eine Stadt? Ist's nicht eine Fabel, ein Phantom, ein Gesicht?
Der deutsche Infanterist kämpft und blutet um eine Stadt, die so verborgen und so verwehrt liegt, daß man fast schon nicht mehr an ihr Dasein glauben kann. Und plötzlich ist sie da, plötzlich ist das Ziel greifbar nahe.
Die Feldgrauen im Grabengewirr »Filzlaus« heben ihre verkrusteten Gewehre, stellen die Läufe schräg gen Him-

mel und schießen im höchsten Winkel nach Verdun hinein. Es ist nur eine symbolische Handlung, die keine Wirkung haben kann. Es ist mehr schon ein Sport, eine Bravour, eine kleine Renommiertat. Und dann arbeitet sich ein schweres Maschinengewehr nach vorne, dann noch eins und noch eins. Die drei Gewehre werden in Stellung gebracht. Wenige Sekunden später peitschen drei Geschoßgarben nach Verdun hinab. Die Feste an der Maas, das Herz der Zermürbungsschlacht, noch mehr, das Herz Frankreichs, liegt unter deutschem Maschinengewehrfeuer – – – Besser und deutlicher kann der deutsche Erfolg, getragen vom unverwüstlichen bayerischen Sport- und Angriffsgeist, nicht mehr gezeigt werden. »Die Boches klopfen schon an unsere Tür«, heißt es in der Zitadelle.

Im Hauptquartier der französischen Verdun-Verteidigung herrscht am Abend dieses 23. Juni große Bestürzung. Man weiß, daß jetzt so gut wie alles verloren ist, wenn die Deutschen ihren Angriff fortsetzen. Sie werden morgen, sie werden übermorgen angreifen, das steht fest. Ja, das werden sie, wenn man ihnen nicht anderswo zuvorkommt. Zum Beispiel an der Somme.

Seit Wochen schon wird das Vorbereitungsfeuer zur Somme-Schlacht erwartet.

Warum ereignet sich dort nichts?

Haben die Briten keine Eile? Sie und sie allein können jetzt Verdun entlasten. Pétain hat Joffre beschworen, aber der Oberbefehlshabende hat die Dinge nicht so schwarz gesehen. –

Jetzt, in diesem Augenblick, am Abend dieses kritischen Tages, spricht Pétain, in Gegenwart seiner Generale und

Unterführer, nochmals mit dem Oberbefehlshaber Joffre. Dieser aber hat Bedenken. Er kann die Somme-Schlacht nicht von heute auf morgen losbrechen lassen.
Noch stehen die Batterien nicht alle in den vordersten Bettungen. Noch rollen die Truppentransporte an. Man wird an der Somme losschlagen, wenn alles, aber auch alles beisammen ist, nicht eine Stunde früher.
Verdun muß sich währenddessen selbst verteidigen.
Die Offensive an der Somme soll für die Alliierten einen vollen und raschen Sieg bringen. Deshalb darf nichts, aber auch gar nichts überstürzt werden. Bisher hat man die Stellung gehalten da drüben an der Maas, gut, man wird sie weiterhalten. Es besteht ja immer noch der berühmte und seinerzeit vielbesprochene Tagesbefehl vom Frühjahr, er bedroht jeden General, der vor Verdun einen Rückzugsbefehl gibt, mit Kriegsgericht und militärischer Degradierung. Joffre verfehlt nicht, ganz energisch auf diesen Befehl hinzuweisen. Er wird sich jetzt nicht durch Pétain in Angst jagen lassen. Hier an der Somme hat er, der Oberbefehlshaber, im Augenblick noch größere Sorgen.
Nach dieser Ablehnung sitzen die Generale im Rathaus von Souilly und überlegen die Maßnahmen, die angesichts der gefährlichen taktischen Lage zu ergreifen sind.
Da tritt ein Ordonnanzoffizier ein und meldet:
»Die Boches sind schon weit über Fleury hinweg. In diesem Augenblick feuern ihre Maschinengewehre nach Verdun herein!«
Deutsches Maschinengewehrfeuer in Verduns Straßen! Das ist die moralische Niederlage! Das ist das Ende!
Was werden die Poilus sagen, wenn man ihnen ständig

neue Opfergänge zumutet, eine Ausblutung ohne Erbarmen und ohne Ende, beispielloses Heldentum, das nichts mehr verhindern kann! Deutsches Infanteriefeuer beherrscht die Straßen der Stadt. Gewiß, kein gezieltes, kein ordentliches Feuer, aber immerhin schon genug zur tiefsten moralischen Niederlage.

Pétain greift zum Apparat und gibt die Meldung sofort an Joffre durch. Einige Sekunden lang ist es drüben still. Der Oberbefehlshaber überlegt. Hat er eingesehen, daß es nun mit Verdun dem Ende zugeht?

Was nutzt eine Offensive an der Somme, wenn sie zu spät kommt? Er strafft sich und spricht mit erhobener Stimme in den Apparat: »General Pétain! Das Vorbereitungsschießen an der Somme wird morgen früh bei Tagesanbruch beginnen.«

Planmäßig setzt am folgenden Morgen das Trommelfeuer an der Somme ein. Mit diesem riesigen Paukenschlag wird eine zweite denkwürdige Schlacht eröffnet, ein neuer Schrecken für viele Tage, Wochen und Monate.

Die Somme-Schlacht soll deutsche Reserven fressen und den Angriffsschwung auf Verdun lähmen. Joffre rechnet gut. Sein Plan geht vorerst auch in Erfüllung, denn General v. Falkenhayn läßt beim ersten Einschlag des Feuerwirbels an der Somme dreißig schwere Batterien aus den mühsam gegrabenen Bettungen in den zerfetzten Wäldern der Verdunfront ziehen. Mit unsäglicher Mühe gelingt es, die schweren Geschütze über das Trichterfeld hinweg nach hinten an die Bahnlinie zu schaffen, wo schon die tiefgehenden Lastloren warten. Dreißig schwere und schwerste Batterien scheiden somit aus dem Kampf um Verdun. Ihre furchtbare Stimme dröhnt nicht mehr zwischen den Hügeln und in den Schluchten an der Maas. Nicht genug, das III. Bayerische Armeekorps wird im Anrollen Richtung Verdun durch einen neuen Befehl abgefangen und ohne Pause an die Somme beordert. Die Schlacht um Verdun soll langsam abbröckeln. So will es die französische Heeresleitung durch die Einleitung der Somme-Offensive. Und es scheint, als sei der Höhepunkt der Kämpfe um Verdun in diesen Tagen der Sonnenwende überschritten.

Am 24. Juni erfährt General v. Falkenhayn, daß der Nachschub an Gasmunition für Verdun vorläufig bis zum 7. Juli unterbunden ist. Die Munitionsfabriken in der Heimat können mit dem rasenden Verbrauch an der Front nicht mehr Schritt halten. Unter dem Druck dieser Erlebnisse und der neuen Lage, geschaffen durch den bevorstehenden Angriff an der Somme, erläßt die Oberste Heeresleitung am Abend des 24. Juni folgenden Befehl.

»Die allgemeine Lage läßt es dringend wünschenswert erscheinen, den Menschen-, Material- und Munitionsverbrauch bei der Heeresgruppe entschieden einzuschränken. Es wird Stellungnahme erwartet, wie dieses Ziel angestrebt werden kann, nachdem nunmehr durch die Einnahme des Zwischenwerkes Thiaumont, des Dorfes Fleury und des Vorgeländes bei Fort Vaux ein gewisser Abschnitt erreicht worden ist.«

Die Truppe in den Stellungen vorne erfährt's im Laufe der Nacht, daß nun ein Ende sein soll mit den Kämpfen um Verdun, aber ein anderes Ende, als es die Männer am Flammenwerfer, die Stoßtruppführer, die Sturmtruppler, die Maschinengewehrschützen, die vor Durst halb irrsinnigen Infanteristen im Granattrichter und die gehetzten und ausgepumpten Soldaten des Trägerzuges vorausgesehen und sich als Ende des ganzen Elends und des Krieges überhaupt gewünscht haben. Hier soll die Stellung gehalten werden, hier im Grauen und Entsetzen der trostlosen, unfruchtbaren und wasserarmen Mondkraterlandschaft, statt unten in der Ebene von Verdun, das greifbar nahe liegt. Mitten im sicheren Enderfolg wird der deutsche Soldat aufgefangen und zum tatenlosen Warten gezwungen. Er soll wieder untätig im Trichterfeld liegen, ohnmächtig und ohne Gegenwehr ein langsames, grausames Ende erwarten. Das kann doch nicht möglich sein!

Verwundert schauen die deutschen Soldaten geradeaus gen Süden, wo die Qualmfahnen der Brände im Trümmerhaufen Verdun über den zerfetzten Höhenrand wirbeln und den Horizont verdunkeln. Männer, die das schon fast sagenumwobene Ziel schauen dürfen, da vorne im Grabengewirr »Filzlaus«, können ihre Augen nicht von den Türmen der Kathedrale von Verdun wenden. Ihr Blick gleitet immer wieder über die Zackenlinien der Zitadellbefestigung. Der Douaumont wurde eingenommen, die Panzerfeste Vaux bezwungen, zahlreiche Zwischen-Werke und I-Stellungen wurden gestürmt. Die veraltete Zitadelle drunten im Tal wird ebenfalls bald kapitulieren.

So liegen die vordersten deutschen Soldaten geduckt am Rande der Trichter im Stellungsgewirr »Filzlaus«, 500 Meter südlich von Fleury und warten sehnsüchtig auf das Signal zum letzten Sprung. Wird es kommen? Nein, denn

es fehlen die Reserven, es fehlen die frischen, ausgeruhten Sturmtruppen. Der letzte Sprung hinab in die Maasebene wird nie gewagt.
Aber dies Bereitliegen der Deutschen auf dem letzten Höhenrücken, fertig zum Abstieg in die Maasniederung, zur Besitzergreifung der Stadt Verdun, ist auch für die Franzosen unerträglich. Deutsches Maschinengewehrfeuer über der »Heiligen Stadt« Verdun? – das ist eine Blasphemie, das ist eine Drohung, die beseitigt werden muß. Aus diesen vorgezogenen Linien in der Flanke der Fleury-Höhe überblickt der Angreifer jegliches Leben und Treiben auf Verduns »Heiliger Straße«. Deshalb müssen die vordersten Linien der Deutschen eingedrückt werden.
Nicht genug, darüber hinaus müssen die Poilus in einem einzigen Sturmlauf das Dorf Fleury, das Werk »Kalte Erde« und das Zwischenwerk Thiaumont zurückerobern. Hier geht es um die dringend notwendig gewordene Entlastung der französischen Front auf dem rechten Maasufer.
In allen Einzelheiten und mit all seinen Batterien kann dieser französische Abschnitt eingesehen werden. Deshalb branden am 25., am 27. und am 30. Juni die französischen Sturmwellen gegen die drei großen vorgeschobenen deutschen Frontkeile.
Die Feldgrauen im Grabengewirr »Filzlaus« werden überspült, überrannt, niedergestampft. Keiner entrinnt seinem blutigen Schicksal. Sie haben nach Verdun geblickt, das Ziel der monatelangen Schlacht erspäht, und dieses große Erleben müssen sie mit ihrem Leben bezahlen. Hinten aber, in den Hauptstellungen der Deutschen,

werden alle Angriffe der Franzosen blutig abgewiesen. Noch stundenlang zertrommelt und zerstampft die französische Artillerie das längst wieder zurückeroberte Stellungssystem »Filzlaus«. Es ist, als wolle sie in maßloser Wut die schon erkalteten Leichen der deutschen Vorposten immer wieder strafen und damit Verdun, die »Heilige Stadt« grausam rächen. Die deutschen Augen, die ins Maastal hinabblicken durften und die so heiß verteidigte Stadt sahen, werden sich nie mehr öffnen. Und die schweren Maschinengewehre, deren Garben bis in die Zitadelle hinabsurrten, liegen zerstampft und zu Schrott zermalmt in den tiefen Granattrichtern.

Am 27. und am 30. Juni wiederholen die Franzosen ihre Gegenangriffe. Nach dem Willen der Armeeführung hüben und drüben sollte die Schlacht einschlafen. Aber siehe, die Schlacht lebt und brüllt mächtig auf, trotz der immer geringer werdenden Munitionszufuhren. Die Walze rollt und läßt sich nicht mehr aufhalten. Die entfesselte Schlacht grollt und brüllt. Die Schlacht ist ein Raubtier, das sich mit Menschenblut bis zu den Nüstern gefüllt hat. Will man ihm, dem Ungeheuer Schlacht, jetzt den Fraß wegnehmen, gerade jetzt, da sich die Beute so üppig bietet? Nein, die Schlacht gehorcht ihren Vätern nicht mehr; sie lebt weiter und will nicht einschlafen. Die Materialschlacht, einmal in Gang gebracht, ist wie ein Zauber, der seinem Meister nicht mehr gehorcht und sich nicht bändigen läßt.

Alle Munitionszüge dampfen jetzt an die Somme. Und dennoch gibt plötzlich die Oberste Heeresleitung der deutschen Truppe die Angriffsfreiheit zurück.

Zu spät, viel zu spät! Die vorgeschobenen Postierungen sind bereits eingedrückt. Die französischen Batterien haben inzwischen neue Stellungen bezogen, außerhalb der Reichweite der mittleren deutschen Artillerie. Eine Vergasung ist jetzt so gut wie ausgeschlossen. Wahrhaftig, die Franzosen haben die Tage des deutschen Zögerns gut zu nutzen gewußt.

»Jetzt darf die Truppe wieder angreifen«, sagt die Oberste Heeresleitung, »aber selbstverständlich unter möglichster Schonung der Munition.«

In der buchstabengetreuen Erfüllung dieses Befehls stürmt das Infanterieregiment 99 am 3. Juli, ohne jegliche Artillerievorbereitung, das gepanzerte Artilleriewerk »Hohe Batterie« bei Damloup. Die unerschütterten Maschinengewehrnester speien ihre Geschoßgarben. Unbeirrt rennen die deutschen Musketiere in das tödliche Peitschen und Zischen. Das Werk fällt. Aber von deutscher Seite wird Munition gespart, wenn dafür auch Menschen fallen müssen.

Die Franzosen schreiten am 4. Juli zum Gegenangriff. Es gelingt ihnen, Teile der »Hohen Batterie« zu nehmen, aber die Deutschen klammern sich zäh an den Boden, den sie mit so viel Mut errungen haben. Drei Tage lang wird mit wechselndem Erfolg um die Werke der »Hohen Batterie« gekämpft. Am Abend des 7. Juli stehen die Deutschen als unbestrittene Sieger auf der Walstatt. Nicht genug; rasche Nachstöße bringen die 1. und die 50. Infanteriedivision in die Linie Fumin–kleines Depot–Hohe Batterie–Dorf Damloup. Die Bedrohung für Verdun wächst wieder. Und deshalb läßt Pétain angreifen.

Die horizontblaue Sturmwelle gelangt bis dicht vor das

Zwischenwerk Thiaumont. In wechselreichen Kämpfen geht es um die »Kalte Erde«. Immer noch droht Fort Souville in der deutschen Flanke. Die Einnahme dieser Panzerfeste steht nunmehr auf dem Plan der deutschen Angriffsleitung. Fort Souville muß genommen werden.

Der bayrische Löwe im Trichterfeld

Seit Tagen schon rollt das Feuer an der Somme. Mit Spannung hatte man den Ansturm der Franzosen und Briten erwartet. Nach heftiger Beschießung hatten starke Sturmwellen die deutschen Gräben berannt und geringe Einbuchtungen erreicht. Der großzügige Durchbruch aber war an der zähen deutschen Abwehr gescheitert. Von vielen stolzen Angriffsregimentern Großbritanniens und Frankreichs kehrten nur Trümmer in die Angriffstellungen zurück. Kaum begonnen, war die Offensive schon abgeschlagen. Gewiß, noch lange Wochen, noch monatelang wird man an der Somme kämpfen, und das Trichterfeld wird dort fast genauso trostlos sein wie das schaurige Feld des Todes um Verdun, aber der geplante Vormarsch, auf Belgien zu, ist in Blut und Tod erstickt.
Auch Brussilows Entlastungsangriff gegen die deutsche Ostfront konnte die Deutschen vor Verdun nicht mehr schrecken. So wurde denn endlich auch die strenge Munitionssperre aufgehoben und für den 8. Juli ein großes

Gasschießen mit nachfolgendem Angriff in Aussicht genommen.

In der Nacht vom 7. auf den 8. Juli rollt ein schweres Gewitter über das Land an der Maas. Ringsum flammt und dröhnt der Himmel, und die Menschen wissen nicht, ob's von einschlagenden Blitzen oder niedersausenden Granaten ist. Das Rollen des Donners mengt sich mit dem ehernen Gebrüll der unzähligen Geschütze hüben und drüben, und dann geht urgewaltig der Wolkenbruch nieder. Wasser, Wasser, endlich Wasser!

Die Menschen in den Trichtern, übermüdete Soldaten, die seit Tagen, fast irrsinnig vor Durst, sehnsüchtig auf Ablösung oder auf eine Feldflasche voll irgendeiner Flüssigkeit warten, breiten ihre Zeltbahnen aus, halten ihre Helme unter die stürzenden Wasserbäche und trinken, trinken immer wieder.

Tausende Soldaten, Feldgraue und Poilus, trinken sich endlich wieder satt. Vergessen ist der Schrecken des Schlachtfeldes, vergessen das Toben der Elemente, das Schwefeln der Blitze, das Flammen am Horizont, das Krachen der Granaten, man hat ja Wasser – und jetzt ist alles wieder gut!

Bald ist der Durst gelöscht, längst sind auch die Verwundeten in der Tiefe der Panzerwerke und Stollen still geworden, denn auch ihnen hat man reichlich zu trinken gegeben, aber immer noch strömt der Regen. Eine wahre Sintflut ergießt sich über das Schlachtfeld, überrascht die Trägerzüge auf ihren Trampelpfaden im Trichterfeld, macht alle Wege grundlos und schlüpfrig, durchnäßt alle Uniformen, die jetzt bleischwer an den Körpern hängen. Unbarmherzig füllen sich alle Unebenheiten des weiten

Landes mit rinnendem Regenwasser. Die Trichterränder werden glatt, und in der Dunkelheit gleitet mancher schwerbeladene Träger ab und verschwindet in die Tiefe. Ein Schrei vielleicht noch, und dann ist der Mann untergesackt, ertrunken, aus!
In dieser Nacht, in dieser entsetzlichen Gewitternacht, erleidet die Truppe hüben und drüben erhebliche Verluste durch dieses plötzliche Unwetter, das die Trichter in glatte, gefährliche Schlammweiher und Seen verwandelt. Die Trichterränder sind ja so steil und so schlammig nachgiebig, daß sich ein Mann ohne Hilfe überhaupt nicht mehr herausarbeiten kann. Die steile bröckelige Lehmwand des Trichters gibt stetig nach unter seinen Händen, und seine Füße sinken immer mehr ein.
Diese Gewitternacht spendet Wasser und spendet auch den Schlamm, den gefürchteten Schlamm der Verdunfront.
Der Durst ist gelöscht, aber in dieser Nacht geht der Tod um – der Tod im hellen Verdunschlamm.
Als der Morgen graut, liegt die ganze Gegend unter bläulichem Nebel. Die Luft ist merklich abgekühlt, aber die Erde hält noch die Hitze der langen Sommertage in sich, läßt das Wasser ziemlich schnell verdampfen. Man könnte fast an Gasschwaden glauben, so dicht steht hier und da der Nebel über dem Land.
Für die Beobachtungsflieger ist dieser Tag nicht besonders günstig, denn er verhindert jede Fernsicht. Zudem gehen bald wieder neue Regenschauer nieder. Ohne Unterbrechung regnet es ab Mittag, und es regnet die ganze folgende Nacht hindurch. Es regnet am 9. und am 10. Juli. Drei Tage lang ruht die Schlacht, erstickt unter Regen-

schauern. Alles erstirbt im gleichmäßigen grauen Regenmeer.
Inzwischen aber sind die langen Transportzüge mit Gasmunition ungehindert eingetroffen und werden am Deutschen Eck, im Wald von Spincourt, dicht hinter Azannes, rasch entladen. Im Schutze des Regendunstes sollen die Granaten jetzt nach vorne gebracht werden.
Planmäßig gelingt auch dies Vorbringen der gefährlichen Munition, obwohl die Pferde oft bis zum Bauch im Schlamm steckenbleiben. Am letzten Regentag, dem 10. Juli, sind die oft benutzten Anmarschwege zu den deutschen Batterien schon wieder so tief ausgefahren, daß die Munitionswagen nicht mehr durchkommen. Man spannt zwölf Pferde vor jede Protze, und mit letzter Anstrengung gelingt es, die Geschoßunterstände mit den gefährlichen Grünkreuzgranaten zu füllen.
Es muß so sein, denn die Wetterbeobachter bei den Stäben haben für den 11. Juli einen Witterungsumschlag gemeldet. In der Nacht vom 10. auf den 11. Juli weht ein Wind, der günstiger kaum je vorkommen wird, kurzum, der ideale Wind für eine Gasbeschießung. Der Luftzug kommt aus Nordosten und bewegt sich, mit einer Geschwindigkeit von zwei bis drei Metern je Sekunde in südwestlicher Richtung. Er wird die Gaswelle aus deutschen Grünkreuzgranaten in die gewünschte Richtung treiben, dazu noch in der idealen Geschwindigkeit. Hinzu kommt noch, daß die Gaswelle allen Berechnungen nach eine dichte Schicht bis etwa drei Meter über dem Erdboden bilden wird. Die Feuchtigkeit ist der Vergasung günstig. Zum Morgengrauen aber wird man gutes Wetter haben.

Das alles wissen die Stäbe, und deshalb beginnt kurz nach Mitternacht das deutsche Gasschießen. Man will unter allen Umständen die äußerst günstige Windrichtung ausnutzen und sicher einen großen, einen ungeahnten Erfolg erzielen. Bis zum Morgengrauen verschießen die deutschen Batterien nicht weniger als 63 000 Grünkreuzgranaten.

Drüben kann jetzt kein Mensch mehr leben, denn nach und nach schweigen die französischen Batterien. Langsam haben die deutschen Granaten alles Leben ausgelöscht. Es wird still im französischen Frontgürtel um Verdun. Die Truppe dort hinter den Hügeln und den dampfenden Schluchten kann nur tot sein. So denken die Deutschen.

Aber die Wirklichkeit ist anders, denn die Poilus haben inzwischen eine neue Gasmaske bekommen. Sie schützt sogar vollkommen gegen das deutsche Grünkreuzgas. Offiziere und Mannschaften auf wichtigen Gefechtsstellen, Brennpunkten und Befehlsposten sind obendrein noch mit Sauerstoffgeräten ausgerüstet und atmen unabhängig von der Außenluft, so daß ihnen das deutsche Grünkreuzgas erst recht nichts anhaben kann.

So wie es die deutschen Meteorologen vorausgesehen haben, zieht die Gaswolke giftig und tödlich dahin und würde jedes Leben auf der Erde und unter der Erde erstikken, wenn – ja, wenn die neue französische Gasmaske nicht wäre.

Beim ersten Licht der siegreichen Julisonne setzt das deutsche Gasschießen aus. Letzte Gasschwaden ziehen mit dem Bodennebel nach hinten, verteilen sich mit zwei bis drei Metern je Sekunde in südöstlicher Richtung, verdünnen sich in den Wäldern und in der Maasniederung und werden ungefährlich. In diesem Augenblick verlassen die deutschen Sturmwellen ihre Ausgangsstellungen.

Und nun reißen die französischen Artilleristen ihre Gasmasken vom Gesicht, treten an die Geschütze und werfen den Feldgrauen, die über Fleury hinweg, dann am Chapitre-Wald und gegen Souville stürmen, ein ungebrochenes Vernichtungsfeuer entgegen. Noch ehe der deutsche Angriff richtig zur Entfaltung kommt, liegen die Sturmregimenter mit schweren Verlusten in den Ausgangsstellungen.

Der Angriff der 103. Infanteriedivision im Chapitre-Wald scheitert vollständig. Auf die vorstürmende 1. Infanteriedivision im sogenannten Bergwald vereinigen die französischen Batterien ihr wütendes Vernichtungsfeuer. Dagegen gelingt es der 50. Infanteriedivision, in die Tavannes-Schlucht vorzudringen und die »Batterie H« zu erobern.

Im Dorf Fleury selbst halten sich noch die französischen Maschinengewehrnester. Erst der Einsatz mehrerer deutscher Flammenwerfer vernichtet hier die letzten Verteidiger und bringt die Trümmer des armseligen Frontdorfes wieder restlos in deutsche Hand. Hier wirkt das bayerische Leibregiment.

Die Bayern dringen in wildem Sturmlauf weiter vor und gelangen erneut in das berühmte Grabengewirr »Filzlaus«. Und wiederum bellen deutsche Maschinengewehre nach Verdun hinab. Und ihr Tacken ist für jeden Poilu die Aufpeitschung zum letzten Widerstand.

Der deutsche Angriff erreicht an diesem Tage den Rand

des Laufée-Rückens mit dem Blick in die Tavannes-Schlucht. Aber unbesiegt droht noch die Feste Souville. Nur einem einzigen tollkühnen Stoßtrupp gelingt es, die Sperrfeuerzone zu unterlaufen und bis auf das Glacis des Forts zu gelangen.

Gegen Mittag schweigt das deutsche Artilleriefeuer. Über dem Schlachtfeld liegt drückende Schwüle. Die Luft zittert und bewegt sich in langgestreckten Hitzewellen, die jede Fernbeobachtung unmöglich machen. Rasch verdunstet das Wasser in den Granattrichtern. Wieder setzt die Plage des Durstes ein. Aber was bedeuten jetzt schon Durst und Hunger! Was soll dies alles angesichts der Möglichkeiten, die sich jetzt der feldgrauen Front bieten!

So weit das Auge reicht, ist vom Gegner nichts zu sehen. Der Weg nach Verdun ist frei. Aber es sind keine Reservetruppen da. Und zudem schweigt jetzt die deutsche Artillerie.

Was soll das lange Warten? Morgen wird man nicht mehr diese einmalige Gelegenheit finden, so ungestört und ungehindert nach Verdun hinabzumarschieren.

Mag Fort Souville im Rücken liegenbleiben, was schadet es! Wenn nur Verdun erreicht wird. Verdun, das große klassische Ziel! Schon überlegen einige kühne Unterführer, ob es jetzt nicht ratsam sei, auf eigene Faust loszugehen, an der Spitze dieser kampferprobten Truppe.

Nein, hier spricht kein Übermut, nein, es ist der Wille, der todernste Wille, hier endlich Schluß zu machen, Schluß durch eine Mannestat. Und während sie noch überlegen und sich schon sammeln zum letzten Stoß, da kommt am frühen Nachmittag ein mündlicher Befehl. Er

wird von Truppe zu Truppe durchgegeben, zugerufen. Und dieser Befehl lautet:
»Strikte Defensive! Jeder Angriff hat nach Erhalt dieses Befehls sofort zu unterbleiben. Die Truppe schanzt sich in den gewonnenen Stellungen ein.«
Das Ende! Der letzte Sprung gegen Verdun ist getan, der Angriff deutscher Sturmtruppen durch einen Befehl der Obersten Heeresleitung gelähmt.
Und wie zur Bekräftigung seines Befehls zieht noch am selben Tag General v. Falkenhayn drei Flammenwerferkompanien, mehrere Artillerieformationen und zahlreiches Gerät aus der Verdunfront. Zu spät erfährt die Oberste Heeresleitung vom Vorstoß der Leiber, die alles vor sich weggejagt haben, mit Spaten, Handgranaten, Knicker und Bajonett. Zu spät weiß man, daß trotz stärkster Entblößung von Artillerie- und Pionierwaffen die deutsche Front auf dem rechten Maasufer vorangetragen wird, auf den Gewehrmündungen und Bajonettspitzen der Bayern.
Zu spät, zu spät – –!
Tragik?
Oder vielleicht auch keine Tragik! Vielleicht genügt es General v. Falkenhayn, noch einmal mit seiner Infanterie das Herz Frankreichs zusammengepreßt zu haben. Der deutsche Oberbefehlshaber will ja keine Eroberung, sondern Ausblutung.
Zu spät?
Frankreich atmet auf. General Pétain kommt diese Einstellung der deutschen Offensive gerade recht. Man hat ihm nämlich vor wenigen Stunden erst eine furchtbare Nachricht gemeldet. Eins der französischen Eliteregi-

menter hatte den Befehl bekommen, die Bayern aus dem »Filzlausgraben« zu räuchern. Und siehe, als das Regiment in die Feuerzone kam, meldeten sich fünfzig vom Hundert aller Offiziere und Mannschaften plötzlich krank. Die Nerven der Poilus waren dieser zermürbenden Menschenmühle nicht mehr gewachsen.
Niederschmetternd! Frankreichs Elitetruppe ist zermürbt!
Ist das nicht doch ein Sieg der Ausblutungstheorie des deutschen Oberbefehlshabers? Heute melden sich die Poilus krank, morgen werden sie vielleicht offen meutern und den Dienst verweigern. Aber drüben bei den Deutschen weiß man hiervon nichts, denn auch bei ihnen rollt jetzt das Rad des Schicksals abwärts, immer rascher, immer rascher –

Die Schlacht erstickt in Blut und Grauen

Das Aussetzen der deutschen Angriffe bedeutet für die französische Heeresleitung eine große Erleichterung. Jetzt kann Nivelle planmäßig mit seinen Gegenstößen beginnen. Zuerst soll Verdun von der steten unmittelbaren Bedrohung befreit werden.
Am französischen Nationalfeiertag, dem 14. Juli, beginnt das Trommelfeuer. Und am folgenden Tag treten die Regimenter zum Sturm auf Fleury an. Aber das Trümmerdorf fällt nicht in französische Hand. Hier bricht der französische Angriff blutig zusammen. Das wahnsinnige

Feuer beider Artillerien verhindert das Loslösen der Infanterie. Und so bleiben Deutsche und Franzosen eng beisammen in Nahkampfstellung. Von Trichter zu Trichter setzt nun wieder ein furchtbarer, aufreibender Handgranatenkampf ein.

Tag für Tag diese unermüdlichen Nahkämpfe. Zwei, drei Soldaten kauern in jedem Trichter. Einer hält ständig Wacht und späht nach umherfliegenden Handgranaten.

Jede hereingeschleuderte Handgranate wird rasch gepackt und wieder über den Trichterrand zurückgeworfen, ehe die fünfeinhalb Sekunden ihrer Zündungsdauer abgelaufen sind. Aber manchmal kommt dies Zufassen zu spät. Im auffahrenden Blitzstrahl brechen die Menschen in der Deckung des Trichters tot und zerfetzt zusammen.

Fast täglich geht starker Gewitterregen nieder. Deutsche und Franzosen sind gleichmäßig unkenntlich in ihren lehmigen, verkrusteten Uniformen. Man erkennt sich als Freund oder Feind nur an der Form des Stahlhelms, alles andere ist Schmutz und zentimeterdicke Lehmkruste, die man trocknen lassen muß, um sie abkratzen zu können.

In diesen Tagen wird der deutschen Truppe erneut strenge Verteidigung befohlen; denn an der Ostfront sieht es sehr schlecht aus.

Die mit großen Mitteln in Bewegung gesetzte Offensive des Generals Brussilow bedroht jetzt schon die Grenze der Donaumonarchie. Deutsche Divisionen rollen ab, um im Osten den Russen im Sprung abzufangen. Und auch an der Somme holen jetzt die Alliierten zum entscheidenden Schlag aus. Die Oberste Heeresleitung zieht bewährte Sturmregimenter aus der Verdunfront. Ermüdete,

erschöpfte Soldaten sind's, die nach dem Wettlauf mit dem Tode und den Granaten, von Fleury aus, durch Schluchten und über das kilometerlange Trichterfeld, in den Sammelstellen am »Deutschen Eck« eintreffen. Bei Spincourt stehen schon die Transportzüge bereit.
Ohne Aufenthalt wird Bataillon um Bataillon verladen. Endlich, im Rattern der Züge, können die ermatteten Männer wieder ruhig schlafen. Sie fragen nicht, wohin es geht, ob man sie in die sichere Etappe schickt, zum Ausruhen in richtigen Häusern, vielleicht gar noch in Betten, oder ob ein neuer Befehl sie an anderer Stelle in einen neuen Hexenkessel wirft. Die deutschen Soldaten haben das Fragen verlernt.
Und dann, nach zwölfstündiger Fahrt im holprigen Transportzug, bläst der Hornist das Signal zum Aussteigen. Vorne, zwei Marschstunden nur gegen Süden, brodelt die Sommeschlacht. Aus der Hölle von Verdun in die Hölle an der Somme – – – So ist das Schicksal des deutschen Soldaten in diesen kritischen Tagen der zweiten Julihälfte 1916.
Und derweil greifen die Franzosen ohne Unterbrechung an. Die M-Räume um Fleury gehen verloren. Auf der »Kalten Erde« brechen die Franzosen in die einst von den Deutschen mühsam eroberte Doppelbatterie A ein. Und dann fällt das I-Werk 358 wieder in Feindeshand. Und auch Werk Thiaumont ist bald deutsch, bald französisch. Den Franzosen gelingt es schließlich, selbst in Fleury ein starkes Maschinengewehrnest zurückzulassen. Ein deutscher Gegenangriff am 24. Juli zerschellt hier vor den bellenden Mündungen.
Währenddessen gehen Gerüchte um und wissen angeb-

lich von einer neuen Offensive gegen die deutsche Champagnefront. Um das Maß voll zu machen, droht Rumänien mit der schon seit geraumer Zeit erwarteten Kriegserklärung. Und im Mittelpunkt dieser wildgewordenen Welt, während ringsum alles zusammenbricht, erfüllt die feldgraue Front eisern ihre Pflicht.

Nicht weniger als dreiundzwanzigmal wird das Werk Thiaumont verloren und wieder zurückerobert.

Dreizehnmal in dieser Julihälfte dringen die Franzosen in Fleury ein und überschwemmen die Trümmerstätte mit ihren Sturmregimentern.

Dreizehnmal schreiten die Deutschen zum Gegenstoß und nehmen das Dorf zurück, manchmal bis auf kleine Teile, manchmal auch wieder ganz. Es ist eine unerhörte Summe von Opfern auf diesem engen Raum der vorgeschobenen deutschen Verdunfront.

Man hat erkannt, daß es keinen Sinn hat, die Regimenter in den Trichterstellungen unnütz verbluten zu lassen. Jedes Opfer wirkt wie ein Schlag ins Wasser, wenn es seinen Sinn verliert.

Die Ausblutungstheorie v. Falkenhayns kann nicht verwirklicht werden, wenn die deutschen Truppen nur in der Verteidigung bleiben und ihrerseits die ganze Wucht des französischen Trommelfeuers ertragen. Eine genaue Statistik hat ergeben, daß der Angriff weniger verlustreich ist. Nichts ist zermürbender als dieses Warten, als dieses tagelange Ausharren im Eisenhagel – dann schon lieber die Vorwärtsbewegung, wenige Minuten der Zusammenballung aller Kraft und allen Mutes!

Aus diesen Erwägungen heraus wird am 1. August das 18. Reservekorps noch einmal gegen die Souville-Nase an-

gesetzt. Neben ihm greift die 50. Infanteriedivision an und kommt zuerst gut vorwärts. Aber aus der Gegend von La Laufée bricht nun ein französischer Gegenstoß den Stürmern in die Flanke, und aus der Gegend von Tavannes, wo sich ein Tunnel mit mehr als einer Division französischer Reservetruppen befindet, macht sich in diesem Augenblick die Absicht eines Gegenstoßes bemerkbar. So bleibt dann der deutsche Vorstoß schon nach kurzer Zeit im Trichterfeld stecken. – Am 2. August beginnt ein neuer französischer Angriff, zwischen La Laufée und dem Pfefferrücken, mit dem Ziel, das Thiaumont-Werk endgültig zu erobern. Die Deutschen verlieren für kurze Zeit diesen wichtigen Stützpunkt. Im Laufe der nächsten Tage gehen sogar Dorf und Ferme Thiaumont verloren. Beide Punkte kommen jedoch am 6. August wieder in deutsche Hand. Nun greifen die Franzosen ohne Unterbrechung an.
Am 8. August zerschellen ihre Angriffe vor der Front der 50. Infanteriedivision, die in diesen Tagen nicht weniger als elf große Stürme abzuwehren hat. Tag und Nacht will das Trommelfeuer nicht mehr abbrechen.
Am 17. August befiehlt Pétain einen erneuten Vorstoß gegen die Front Chapitre-Wald–Fleury. Teile des Dorfes Fleury bleiben diesmal wieder in französischer Hand. Bei den Deutschen tobt der stete Angriff, bei den Franzosen die hartnäckige Abwehr, die sich nicht nur in der duldenden Verteidigung gefällt, sondern auch im wilden Gegenstoß.
Hier um Fleury und um das Thiaumont-Werk gibt es keinen Geviertmeter Boden ohne Leichen. Die Hitze der Hundstage hat eingesetzt. Was Menschen hier auszuhal-

ten haben, ist fürchterlich. Bei den französischen Regimentern werden Knoblauchstücke an die Soldaten verteilt. Diese Stücke stecken sich die Poilus in die Nasenlöcher, um Gestank und Leichenbrodem in den vordersten Linien nicht riechen zu müssen.
Auf beiden Seiten duldet und leidet man heldenhaft. Jedes Schanzen ist einfach unmöglich; denn jeder Spatenstich in die harte ausgetrockente Erde legt Leichen oder Teile von verschütteten Leichen frei. Die Menschen leiden entsetzlich unter dem Durst, mehr noch als unter Hunger. Die Trägerzüge schaffen Abend für Abend, Nacht für Nacht Mineralwasserflaschen in die vordersten Linien, aber was sind diese geringen Mengen Flüssigkeit für den Durst der vielen!
Die Trägersoldaten hüben und drüben müssen gleichzeitig große Lasten Chlorkalk mitbringen, um hier vorne in den Trichtern den Leichengeruch einzudämmen. Nur nach verschwenderischer Anwendung von Chlorkalk läßt sich das Atmen überhaupt ertragen. So vergeht der Monat August in aufreibenden Einzelkämpfen, die blutiger sind als jede klassische Schlacht des Altertums.
Wird es möglich sein, beim Eintreten der kalten Herbstregen diese Stellungen hier zu halten? Wie wird sich dann der Nachschub durchführen lassen? Schwere Sorgen umwölken die Gedanken der deutschen Heeresleitung.
Da bricht am 28. August der Krieg in Rumänien aus. Nun wird General v. Falkenhayn von seinem Posten abgerufen und an die Front gegen Rumänien geschickt. Somit bricht der Oberste Kriegsherr mit den Ansichten und der Kriegsführung Falkenhayns. Diese Ausblutungsschlacht um Verdun soll an diesen Tagen ihr Ende erreichen. So

will es die Oberste Heeresleitung. Aber die Menschenmühle dreht sich weiter, immer weiter, mahlt und läßt sich nicht von heute auf morgen stillegen. Die Schlacht um Verdun ist ein Titan, der sich austoben will und austoben muß, solange ihm noch ein Tropfen Blut in den Adern rinnt. Der Kampf geht weiter! Verdun spielt mit den Menschen!

Am 2. September befiehlt die deutsche Oberste Heeresleitung die Einstellung aller Angriffe auf Verdun. Niemals soll, das ist der Wille der Führung, ein bewaffneter Deutscher die Stadt Verdun betreten. Die gewonnene Linie muß als Dauerstellung ausgebaut werden. Man hat jetzt andere Kriegsziele und will dafür jede Patrone, jede Handgranate aufsparen. Schon früher hatte die Oberste Heeresleitung ähnliche Befehle herausgegeben, aber nie ist es zum Stillstand der Kämpfe gekommen. Und so wird es auch diesmal keine Ruhe geben; denn das überlegene feindliche Artilleriefeuer hält an und steigert sich von Tag zu Tag.

Das unübersichtliche Gelände der französischen Hinterfront gestattet General Pétain, seine Reserven dicht hinter die vorderste Kampflinie zu legen. Aber die deutschen Reserven müssen weit rückwärts bleiben in Schluchten und in den halbzertrümmerten Werken der zerstörten Wälder.

Inzwischen wird die deutsche Artilleriekraft noch weiter geschwächt durch Abgabe zahlreicher Batterien für andere Kriegsschauplätze. Fieberhaft bauen die Deutschen nun ihre Stellungen aus, so wie es der Befehl vom 2. September fordert.

Das Heranschaffen von Stollenbrettern und sonstigem

Material geht nur langsam vor sich. Statt ihre Ruhezeit in der Etappe oder zumindest in den Waldlagern am »Deutschen Eck« zu verbringen, müssen die Fronttruppen jede Nacht Trägerdienste leisten, müssen Stollenbretter und Stacheldrahtrollen nach vorne bringen. Dabei ist die Verpflegung inzwischen auf ein Mindestmaß herabgesunken. Und dennoch zerschellen alle französischen Gegenstöße an den erst knapp ausgebauten deutschen Linien.

Die Poilus sind bald todmatt. Auch ihre Kräfte schwinden im steten Angriff gegen die harte deutsche Linie. Zudem tritt am 4. September ein Ereignis ein, das jede Kampfeslust auf französischer Seite stark herabmindert. Bei Tavannes befindet sich ein langer Tunnel für die Eisenbahnlinie von Etain nach Verdun. Dieser Tunnel durchbohrt genau die Höhe, auf der sich Fort Tavannes befindet. Der Tunnel ist etwa 1200 Meter lang. Eine ganze Division kann darin schußsicher untergebracht werden. Der Osteingang befindet sich in der Nähe vom Laufée-Gehölz, aber so tief und so versteckt, daß deutsche Granaten ihn nicht erfassen können. Höchstens einem Zufallstreffer aus einer Batterie drunten in der Woëvre-Ebene könnte es gelingen, mal diesen Tunneleingang zu bestreichen. Der Westausgang des Tunnels liegt absolut außer Reichweite der deutschen Batterien am Südhang der Hochfläche, auf der sich die Trümmer von Dorf Fleury befinden.

Schwere und schwerste deutsche Granaten betrommeln das Fort Tavannes, aber die Reservetruppen, 20 bis 50 Meter tief unten im Tunnel mit der gewölbten, rauchgeschwärzten Decke über sich, brauchen nichts zu fürchten.

Der Aufenthalt im Tunnel ist fast schon ein Druckposten, gemessen an dem, was die Truppe draußen auf der nahen Hochfläche erleben muß. Dies Massenquartier für französische Reservetruppen ist der deutschen Heeresleitung längst bekannt. Immer wieder versuchen die Batterieführer das gut versteckte Ziel der Tunneleingänge zu treffen. Über das, was sich am späten Abend des 4. September 1916 im Tunnel von Tavannes ereignet, gehen die Berichte zwei Wege. Es ist genau wie damals im Fort Douaumont. Duplizität der Ereignisse: – genau wie im Douaumont am 8. Mai, geschieht etwas Furchtbares, dessen Ursache nicht mit letzter Sicherheit festgestellt werden kann.

Ist es einer deutschen Steilfeuer-Batterie doch noch gelungen, eine Granate vor den Westausgang des Tunnels zu setzen – was aber ein reiner Zufallstreffer wäre, oder haben sich durch Undichtwerden einer Säurebatterie Handgranaten entzündet und eine erste Explosion verursacht?

Wie dem auch sei – man wird die reine Wahrheit hierfür genausowenig erfahren wie über das furchtbare Geschehen im Douaumont. Und genau wie damals im Fort müssen viele Männer hier ihr Leben verlieren, hier in einem bomben- und granatensicheren Ort.

Der Tunnel ist als Massenquartier für Reserven, aber auch als Lagerraum für Granaten und sonstiges Gerät sehr geeignet. Allerdings fehlt eine Hausordnung und die dazu gehörende Aufsicht mit entsprechender Autorität. Viel zu rasch wechseln die Garnisonen in dieser unterirdischen Massenkaserne, und jede Einheit, die abzieht, hinterläßt das Quartier in einem schauderhaften Zustand. Die hygienischen Verhältnisse sind entsetzlich. Viele Poilus leiden an Durchfall, die übliche, durch schlechtes Wasser hervorgerufene Krankheit. Aber wegen der ständigen Beschießung wagt man kaum, den Tunnel zu verlassen. So werden im Tunnel selbst, zwischen den Unterkunftsbaracken, Klosettgruben angelegt.

Kurz vor 23 Uhr schüttert eine starke Explosion durch den Tunnel. Das Licht erlischt. In der Dunkelheit bricht eine Panik aus.

»Die Boches sind da!« heißt es.

Man drängt zu den Ausgängen. Und wieder und immer wieder schüttern schwere Explosionen. Die aufgestapelten Handgranaten haben sich entzündet, und dann bersten auch Stapel von Gasgranaten.

Als der Tag graut, liegen 650 tote Franzosen im Tunnel und vor beiden Eingängen. Genau wie damals, vier Monate früher im Douaumont, auf deutscher Seite. Der Tod um Verdun fragt nicht nach Uniform und Nationalität. Nein, der Tod um Verdun schreitet erbarmungslos rasch und mäht – –

Die deutsche Oberste Heeresleitung weiß genau, daß eine größere Entscheidung bei Verdun nicht mehr erstrebt werden kann. Nochmals wird am 10. September strengste Defensive befohlen. Die Front wird gleichzeitig so geschwächt, wie dies die taktische Lage gerade noch tragbar scheinen läßt. Aber der deutsche Soldat versteht nicht, warum er nun alles mit so viel Blut erkaufte Gelände einem stark drängenden Gegner nach und nach preisgeben soll. Ein langsamer, aber sicherer Rückzug vor überlegenen Kräften bahnt sich an. Er scheint unvermeidlich. Warum zuerst diese Anstrengungen, diese Hekatombe mit einem bisher unbekannten Aufwand an Material, wenn das Gewonnene doch wieder preisgegeben werden soll oder preisgegeben werden muß, weil die Möglichkeit, es zu halten, schwindet. Manchmal wundert sich der deutsche Soldat. Er versteht nichts mehr. Er kämpft und stirbt!

Die letzten Tage von Douaumont und Vaux

Nun ist der Monat Oktober ins Land gekommen. Die Tage sind kalt und kurz. Der Leichenbrodem weht nicht mehr so unerträglich, und auch der Durst, der unerträgliche Durst in den Trichtern um Verdun, hat nachgelassen. Den grünen Leichenfliegen haben die niedrigen Nachttemperaturen den Garaus gemacht. Nur das Trommelfeuer rollt unvermindert – diesmal das Feuer aus französischen Batterien. Die Infanterieangriffe sind zwar selten geworden, aber es bereitet sich etwas Gewaltiges vor. Es liegt etwas in der Luft. Das spürt jeder Frontsoldat. Was kann es sein? Eine große französische Offensive?
Die Franzosen haben inzwischen ihre Verluste bis zum 31. August gezählt, und auch die Deutschen haben zusammengerechnet. Auf deutscher Seite sind von Beginn der Schlacht bis zum 1. September 281333 Mann gefallen, während die Franzosen im gleichen Zeitraum 315000 Mann verloren haben. Das heißt, die Ausblu-

tung, wie sie General v. Falkenhayn gewollt hat, ist da, aber in ungünstigem Prozentsatz. Der Feldherr hatte zu Beginn der Schlacht mit drei gefallenen Franzosen für einen gefallenen Deutschen gerechnet. Und nun fühlt sich General Pétain noch stark genug zum großen Schlag, der Frankreich wieder in den Besitz des heiß umstrittenen Trichterfeldes setzen soll.

Im Quartier von Souville beraten die Väter dieses Angriffes seit Mitte September. Da ist zuerst General Pétain, der Oberbefehlshaber an dieser wichtigen Front, am Herzen Frankreichs, dann der ehrgeizige General Nivelle, der zum Posten des Oberkommandierenden strebt und der Vertreter einer rücksichtslosen Angriffstaktik ist, und dann der energische General Mangin, der alte Troupier und Kolonialsoldat. Die Rückeroberung des Schlachtfeldes um Verdun, die Wiedergewinnung der verlorenen Festungswerke, wird für ihn die Krönung einer beispiellos erfolgreichen militärischen Laufbahn sein.

Er braucht mit Blut nicht zu sparen; denn ihm unterstehen die Regimenter der Senegal-Neger und der sonstigen farbigen Franzosen. Er wird seine Regimenter rücksichtslos einsetzen können. Er wird die Farbigen erbarmungslos gegen die deutschen Maschinengewehre anrennen lassen. Man wird ihn deswegen in der Kammer nicht anklagen. Das weiß er. Jeder vorstürmende schwarze Soldat ersetzt einen weißen Franzosen und rettet einem Sohne Frankreichs das Leben. Jede Kugel, die einen Schwarzen durchbohrt, ist unschädlich für einen Franzosen.

Die Kolonialregimenter des General Mangin tragen an ihren Fahnen die höchsten Auszeichnungen der Republik. Denn sie haben bisher höchsten Blutzoll gegeben. Es ist unter ihnen ein grausamer Wettbewerb, ein Prunken mit den höchsten Verlustziffern. Diese Regimenter der Senegal- und Somali-Neger, der Araber und Marokkaner stehen bereit im befestigten Lager Verdun.

Währenddessen wird im Armee-Oberkommando der 5. Armee der Plan einer Rückverlegung der deutschen Front erwogen. Soll man nicht den Franzosen einfach ausweichen und sie in das weglose Trichterfeld zwingen? Der deutsche Kronprinz vertritt diesen vernünftigen und taktisch einzig richtigen Standpunkt, aber er dringt mit seiner Ansicht nicht durch. Und trotzdem erweist sich nur wenige Monate später die Taktik eines solchen Rückzuges von einem gegnerischen Angriff als vollkommen richtig. Feldmarschall Hindenburg bekennt sich dazu und führt ihn durch im Frühjahr 1917 bei der Besetzung der Siegfriedlinie.

Eine Rückverlegung der deutschen Linien, etwa bis zum Ausgangspunkt der Schlacht, hätte den ganzen französischen Aufmarschplan der drei angriffsbereiten Generale im Rathaus von Souville über den Haufen geworfen. Die deutschen Regimenter hätten dann in der alten Linie wieder ihre gutausgebauten festen Stellungen gefunden, ihre sicheren Unterstände, ihre tiefen Wälder, ihre gedeckten Aufmarschwege, kurzum alles so, wie es vor dem 21. Februar war. Und der Franzose hätte, um die Verbindung mit den Deutschen zu halten, unter unsäglicher Mühe jeden Tropfen Wasser, jede Granate, jede Patrone in kilometerlangen Anmärschen über das versumpfte und verschlammte Trichterfeld vorschleppen müssen.

Ein rechtzeitiges Aufgeben dieser Trichterböden hätte der deutschen Armee viel Blut erspart.
Doch der weise Plan des Kronprinzen wird nicht ausgeführt. Am 23. Oktober 1916 beginnt das französische Wirkungsschießen auf die deutschen Stellungen, die hinter dem Dorf Fleury und vor dem Zwischenwerk Thiaumont entlanglaufen, dann das Südende des Chapitre-Waldes streifen, über die Souville-Nase durch den Bergwald bis zum Rande der Tavannes-Schlucht gehen, von dort zur »Hohen Batterie« von Damloup und am Dorf Damloup vorbei in die Woëvre-Ebene versickern.
In dieses französische Trommeln am Morgen des 23. Oktober mischt sich hin und wieder ein neuer Ton. Zwischen dem helleren Bellen der mittleren und leichten Granaten ist deutlich ein schweres, tiefes Brummen zu hören. Die Franzosen beschießen das Fort Douaumont mit einem neuen Mörser von 40-Zentimeter-Kaliber. Jede Granate sitzt und durchschlägt den Sargdeckel und hämmert eine Kasematte ein.
Währenddessen ist die deutsche Artillerie so gut wie niedergekämpft; denn ihr Schießen dröhnt nur noch schwach und entfernt. Die ganze Nacht über dauert das französische Vernichtungsfeuer. Gegen Abend, am 23. Oktober, erhält Fort Douaumont zwei weitere Treffer aus dem französischen Riesenmörser. Ein Schuß durchschlägt die Panzerdecke und dringt tief durch das Mauerwerk bis ins Lazarett. Und erst hier krepiert das Riesengeschoß. – Alle hier liegenden deutschen Verwundeten sowie einige französische Gefangene werden getötet; zerfetzt werden auch zwei deutsche Ärzte und mehrere Sanitätssoldaten.

Wie eine Mondlandschaft mutet die tausendfach zerrissene und zerstampfte Erde von Verdun an. (Ullstein, Berlin.)

Verdun heute – im Hintergrund das Denkmal für die Gefallenen der großen Schlacht.

Der große Nationalfriedhof auf dem Gelände des ehemaligen Dorfes Douaumont.

Noch bebt und zittert alles unter dem furchtbaren Eindruck dieses Massensterbens in der Lazarett-Kasematte, da heult es schon wieder herbei. Eine weitere Granate wühlt sich in das Pionierdepot. Eine halbe Pionierkompanie, die hier mit dem Herrichten von geballten Ladungen zur bevorstehenden Verteidigung des Forts beschäftigt ist, wird mit einem Schlag vernichtet.
Ladungen zünden. Mehrere Kisten mit Leuchtmunition geraten in Brand. Stoßweise verzischen die Magnesium-Leuchtkugeln und entwickeln giftige Dämpfe. Die ganze Feste gleicht einer brodelnden Hölle. Dichte Schwaden aus Gas und Qualm dringen in Gänge und Kasematten und verursachen bei der Besatzung Übelkeit und Erbrechen. Ungehemmt breitet sich das Feuer aus.
Hauptmann Soltau vom Infanterieregiment 84 befiehlt sofort planmäßige Löscharbeiten. Man will wenigstens das Feuer auf seinen Herd beschränken. Decken, Uniformstücke und Sturmgepäck werden in die Flammen geworfen, in der Hoffnung, sie zu ersticken. Selbst das kostbare, von den Trägern mit Mühe und Gefahr herbeigeholte Mineralwasser wird als Löschmittel in den Brandherd geschüttet. Doch das Feuer frißt sich weiter. Jetzt hat es schon die Stapel trockener Stollenbretter erreicht.
Lichterloh flammt und knistert der Brand, und jenseits der Bretter liegen 7000 Schuß Artilleriemunition, ein Überbleibsel aus der französischen Zeit. Wenn diese Munitionsmenge in die Luft geht, ist alles verloren. Eine sofortige Räumung der Feste ist die einzige Rettung für diese Männer hier.
Mit Aufbietung ihrer letzten Kraft und ihres letzten Op-

fermutes arbeiten die Vierundachtziger und einige Pioniere an der Eindämmung des Brandes. Draußen im Kehlgraben füllen sie rasch Sandsäcke. Eine lange Reihe wird gebildet. Von Hand zu Hand fliegen die vollen Sandsäcke, werden in die Flammen geworfen. Möglichst weit in die Flammen hinein! Die fast schon sichere Explosion soll noch um Viertelstunden verhindert werden. Es kommt nur darauf an, zwischen den brennenden Stollenbrettern und der Artilleriemunition einen Wall aus Sandsäcken aufzurichten. Und siehe, die tapfere Fortbesatzung arbeitet nicht vergebens. Es gelingt ihr auch, den Brand einigermaßen einzudämmen. Aber die Gasentwicklung ist zu stark. Aus allen Ritzen und Luftschächten der Feste quellen dichte Schwaden. Der Sargdeckel qualmt wie ein Vulkan. Beim Morgengrauen verläßt Hauptmann Soltau mit den letzten deutschen Infanteristen und Pionieren das schwelende und dampfende Fort, während die schweren Mörsergeschosse immer noch unerbittlich auf den Höhenrücken hämmern.
Fast eine Stunde lang steht die Panzerfeste Douaumont verlassen. Aus allen Luftschächten wirbeln dunkle, giftige Wolken. Wird jetzt die Entzündung folgen?
In diesem Augenblick naht, unter Führung des Hauptmanns Prollius vom Feldartillerieregiment 108, ein kleiner Trupp Versprengter. Das rasende französische Feuer hat diese Männer aus ihren zusammengetrommelten Stellungen gejagt. Sie eilen herbei und suchen Schutz und auch Anschluß in der Panzerfeste. Sie dringen ein, sie durcheilen die ihnen gut bekannten Gänge und Kasematten, aber sie finden niemand mehr. Hier und da brennen noch einige Kerzen und Hindenburglichter, ein Zei-

chen, daß man soeben oder wenigstens erst vor kurzer Zeit das Fort verlassen hat.
Wo sind die Verteidiger hingekommen?
Warum haben sie die Feste geräumt?
Es muß ein letzter, ein wirklich allerletzter Versuch gemacht werden, das Fort wieder in Besitz zu nehmen. Vielleicht ist den Deutschen die Wiederbesetzung der Feste ohne Verluste möglich. Ist das Feuer im Innern des Forts nicht schon erloschen? Genausogut kann es aber auch anders sein und die Explosion innerhalb von Minuten oder Sekunden Himmel und Erde durchschüttern, die paar Deutschen zu Staub zermalmend. Immerhin, um den Douaumont muß etwas gewagt werden.
Hauptmann Prollius dringt durch die Wand aus Nebel, Gas und Geschoßqualm. Mit seinen Männern gelangt er ungehindert in alle Räume der Feste. Es ist noch alles wie vor einer Stunde, da man den Douaumont wegen höchster Explosionsgefahr räumen mußte. Nur hat inzwischen die Vergasung der Gänge und Kasematten etwas nachgelassen. Man kann sogar wieder ohne Gasmaske atmen. Immer noch flackern hie und da die halbniedergebrannten Kerzen und Lichter.
In diesem Augenblick keuchen wiederum einige Versprengte heran. Es sind Soldaten aus verschiedenen Truppenteilen, Infanteristen, Kanoniere und Funker. Der Hauptmann überprüft die somit unerwartet gewachsene Schar seiner Letzten. Es sind auch mehrere Verwundete dabei; sie wollten im Fort noch rasch Schutz und Labung suchen.
Der Hauptmann schickt alle diese Verwundeten sofort weg. Sie sollen mit Meldungen sofort ins Hinterland ge-

hen, sie sollen berichten, daß der Douaumont wieder einmal gerettet ist und der gefährliche Brand neben den Munitionsstapeln nur noch schwach glimmt. Sie sollen den rückwärtigen Befehlsstellen erzählen, wie es jetzt wirklich im Fort aussieht.

Während sich die Verwundeten als Meldegänger nach rückwärts durcharbeiten, überzählt Hauptmann Prollius seine Streitmacht. Außer ihm sind noch drei Offiziere und vierundzwanzig Mann da. Die Gefechtsstärke dieser kleinen, zusammengewürfelten Truppe ist gering. Maschinengewehre und brauchbare Handgranaten gibt es nicht. Immerhin, die kleine Truppe steht da und vertraut auf ihren guten Stern. Bald werden ja die Verwundeten mit den Meldungen hinten bei den Stäben sein, und dann werden wohl die ausgeruhten Kameraden anrücken und den Douaumont wieder besetzen.

Bis dahin wollen die vier Offiziere mit ihren vierundzwanzig Soldaten die Eingänge der Feste bewachen. Alle Eingänge können sie nicht beaufsichtigen.

Falls der Gegner angreift, an welcher Stelle wird es sein? Welchen Eingang wird er wählen? Werden die Verstärkungen rechtzeitig eintreffen?

Besteht bei der Führung überhaupt noch die Absicht, den Douaumont zu halten? Während diese achtundzwanzig letzten Verteidiger der Feste wachen und nach den Verstärkungen Ausschau halten, rollen überlegene französische Infanteriekräfte die letzten Gräben südlich der Feste auf. Nur noch eine kurze Weile, dann wird der Stahlwirbel französischer Granaten über den Sargdeckel hinwegtanzen und das Gelände nördlich vom Douaumont überbrausen. Unter diesen Umständen schwindet jede

Aussicht auf Verstärkung oder Entsatz. Niemals mehr wird eine deutsche Einheit den Weg zum Fort einschlagen können. Und die achtundzwanzig letzten Männer? Die machen sich fertig zum Endkampf, diese achtundzwanzig letzten vom Douaumont. Es wird ein kurzer, ungleicher Kampf sein, denn von drüben nahen die frischen, ausgeruhten und glänzend ausgerüsteten Bataillone der französischen Kolonialinfanterie.
Im Schutze des Nebels sind sie plötzlich da. Ihre erdbraunen Sturmwellen überklettern den Sargdeckel und tasten sich gegen die Eingänge vor. Noch einmal bellen die deutschen Gewehre. Aber Handgranaten, von oben in die Eingänge geworfen, treiben die achtundzwanzig Männer immer wieder in das Innere der Feste zurück. Stunde um Stunde dieser ungleiche Kampf. Der Nebel lichtet sich. Gegen Abend – das merkt man an den Vorbereitungen – werden die Franzosen zum großen und letzten Sturm auf das Fort antreten. Immer mehr schwindet für die Deutschen jede Hoffnung auf Verstärkung. Erste Abendnebel ziehen bereits träge dahin. Da beschließt Hauptmann Prollius, den aussichtslosen Kampf abzubrechen. Er beordert alle Posten zurück in die Kasematten. Leer und verlassen stehen Eingänge und Barrikaden aus Sandsäkken. Jetzt müssen die Franzosen kommen, jetzt – – –!
Aber die Franzosen kommen nicht; sie vermuten starke Streitkräfte im Fort, sie warten wohl auf die Nacht, um mit der Feste fertig zu werden. Nun faßt Hauptmann Prollius einen Entschluß: – vielleicht gelingt doch noch ein Durchbruch nach rückwärts. Der Hauptmann will diese Möglichkeit selbst erkunden. Er nimmt einen seiner Offiziere mit und versucht den Kehlgraben zu über-

winden, um eine Rückzugsmöglichkeit für seine kleine Truppe auszumachen. Da gerät er mitten in den französischen Infanteriesturm. Über die Trichter hinweg dringen von allen Seiten die Kolonialsoldaten in das Fort. Die achtundzwanzig Deutschen strecken die Waffen.
Beendet der Kampf um den hochragenden und weithin sichtbaren Sargdeckel, das Wahrzeichen der Verdunfront. Das Schicksal des Douaumont ist erfüllt. Acht Monate lang war dieser Berg Mittelpunkt eines beispiellosen Duldens und Ausharrens. Nie ist auf dem Boden einer Feste so viel Blut geflossen wie hier.
Im Augenblick, da man die achtundzwanzig Deutschen, die letzten Verteidiger der Feste, gen Fleury in Gefangenschaft abführt, erlischt im Innern der Feste der allerletzte Brandherd.

Verdun hat sich verblutet

Beim Armee-Oberkommando geistert der Plan einer Rückeroberung des Douaumont, weil die französische Heeresleitung diesen Sieg über die Panzerfeste geschickt als Propaganda auszunutzen versteht. Die Vereinigten Staaten von Amerika sollen die Überzeugung gewinnen, daß die Möglichkeiten eines Endsieges nur auf seiten der Alliierten stehen. Die Öffentlichkeit in den USA wird planmäßig für den Kriegseintritt gegen die Mittelmächte vorbereitet.
Aber trotz dieser Erwägungen unterbleibt eine Wieder-

holung des deutschen Angriffs auf den Sargdeckel. Man scheut jetzt die Opfer, man möchte die furchtbare Ziffer der deutschen Ausblutung nicht noch weiter erhöhen.
Französische Artillerie und französische Flieger beherrschen unbestritten das Feld. Für die Deutschen im Fort Vaux wird die Lage jetzt gleichfalls unhaltbar. Dorf Douaumont ist wieder in französischer Hand. Mit seinen Maschinengewehren beherrscht der Gegner das ganze Vaux-Tal und bedroht ständig den Anmarschweg zur Feste. Deshalb wird beschlossen, die deutsche Front an dieser Stelle freiwillig und kampflos zurückzunehmen. In der dunklen und kalten Nebelnacht zum 1. November 1916 verlassen die letzten deutschen Soldaten die mit so viel Blutopfern erkaufte und verteidigte Panzerfeste Vaux. Es ist ein schwerer Entschluß, aber es muß sein. Warum weiterhin dies unnütze Anklammern am Trümmerhaufen, der sich auf die Dauer doch nicht halten läßt!
Still und verlassen liegt Fort Vaux. Ratten sind die einzigen Lebewesen in Gängen und Kasematten.
Die Franzosen stoßen nicht nach. Fast zwei Tage und zwei Nächte lang liegt die Feste tot und leer. Erst am Nachmittag des Allerseelentages, als die Nebel hochsteigen und die Landschaft in undurchsichtige Schleier hüllen, fühlt eine französische Offiziers-Patrouille gegen den Kehlgraben vor.
Sie gelangt hinein, ohne Widerstand zu finden. Vorsichtig, mit entsicherten Handgranaten, dringen die Franzosen in die Gänge. Alles leer und verlassen. Alles geräumt – einsam und unheimlich der Bauch der Panzerfeste.
Vorsichtig durchsuchen die Franzosen alle Kasematten.

Ihre Taschenlampen blitzen hierhin und dorthin, beleuchten die von Handgranatenexplosionen und Flammenwerferqualm geschwärzten Wände. Hin und wieder gilt es, eingestürzte Gänge zu überklettern und zertrümmerte Kasemattendecken zu überwinden. Nirgendwo ein lebender Deutscher. Es riecht überall nach scharfen Medikamenten, nach Verbandzeug und Desinfektionsmitteln, ein Brodem von Krieg und Wunden. Und es ist fast, als geisterten die Manen der vielen Toten durch die Gänge, der Männer, die hier auf beiden Seiten sterben mußten.
Die vordringenden Franzosen überläuft es eiskalt, als sie in die Kapellen-Kasematte kommen; denn dort, ganz hell und weiß, steht ein Kreuz vor dem Altar. Es ist das Grabkreuz des Kommandanten Major Raynal mit der Inschrift:
»Gefallen am 9. März 1916.«

General Mangin gibt sich mit dem Erreichten nicht zufrieden. Seine farbigen Soldaten haben sozusagen Blut geleckt. Ihr Kampfgeist ist erwacht. Sie sind trunken vor Stolz über ihren bisherigen Erfolg.
Inzwischen schanzt sich die deutsche Truppe weiter rückwärts ein. Im Frühjahr soll die Front hier planmäßig zurückgenommen werden. Aber der Angriffswille des grimmen Mangin durchkreuzt diesen deutschen Plan. Nach längerer Ruhepause greifen die Franzosen Mitte Dezember erneut an, Kompanien drängen die deutschen unter schwersten Verlusten bis in das Gelände des ehemaligen Fosses- und Chaume-Waldes zurück. Damit sind fast die Ausgangsstellungen vom Februar 1916 erreicht.

In Frankreich läuten die Siegesglocken. Genug, die Schlacht scheint für Frankreich gewonnen. Deshalb befiehlt auch Pétain den Abbruch aller Unternehmungen und Kämpfe im Abschnitt Verdun.
Genug! Die Schlacht muß endlich aufhören! Genug!
Die Festung an der Maas, Verdun, das Herz Frankreichs, ist aus der Bedrohung und der feldgrauen Umklammerung befreit. Verdun, »die Heilige Stadt«, wird feierlich durch den Präsidenten der Republik mit dem Kreuz der Ehrenlegion ausgezeichnet. Aus aller Welt kommen Ehrungen und Geschenke für Verdun an. Der Name Verdun klingt und wird in der alliierten Presse zum Symbol für eine große und beispiellose deutsche Niederlage.
Und doch ist's keine Niederlage für die deutschen Waffen hier um Verdun, weil die Ausblutungsschlacht ja gelang.
Beendet das »Unternehmen Gericht«! Ein grausames Gericht war's, grausam für beide Gegner.
In der Zeit vom 1. September bis zum 20. Dezember 1916, das heißt, bis zu dem Tage, an dem Pétain die Offensive abbläst, haben die Deutschen 52498 Mann verloren, die Franzosen dagegen nur 47000 Mann eingebüßt. Die Menschenmühle an der Maas mahlte und mahlte, aber sie zermalmte die deutsche Kraft.
Vier Tage vor Weihnachten 1916 verläßt der deutsche Soldat das blutige Schlachtfeld um Verdun. Der furchtbare Kampf ist vorbei. Ohne zu begreifen und mit seinem bitteren Schicksal hadernd, begibt er sich gen Norden fast bis zum Ausgangspunkt des Geschehens seit dem 21. Februar. Der deutsche Soldat weiß nicht, warum er jetzt zurück muß und warum dies alles vergebens war. Er wußte

nichts von der Ausblutungstheorie dieser Schlacht, und hätte man es ihm gesagt, so wäre es ihm nicht gelungen, daran zu glauben oder eine solche Maßnahme überhaupt zu verstehen. Er weiß nur, daß ihm das große Ziel, die Stadt Verdun, aus der Hand geglitten ist, obwohl er es einige Male schon im Griff wähnen konnte.
Langsam geht der deutsche Soldat zurück in die Ausgangsstellung. Und in diesen von Todesahnen durchwehten Winternächten ist's ihm, als schritten die Gefallenen neben ihm, die Unzähligen, die hier verbluteten. Hier verblutete die Elite der deutschen Infanterie. Von diesem Aderlaß wird sich das deutsche Feldheer nicht mehr erholen können.

Innerhalb der dreißig Hauptkampfwochen der Verdunschlacht verfeuerten die deutschen Batterien eine Million dreihundertfünfzigtausend Tonnen Granaten. Was kann sich der zahlengewohnte Mensch des Jahres 1976 darunter vorstellen? Er lebt ja im Zeitalter der Superlative und der Großzahlen.
Er hört und liest von Atombomben mit der Sprengkraft von ...zig Megatonnen des herkömmlichen Sprengstoffs.
Er staunt kaum noch über Millionen Kilometer, die von russischen und amerikanischen Raumfahrern innerhalb ihrer schwerelosen Raserei um den blauen Planeten Erde zurückgelegt werden. Er hört und liest von Millionen Tonnen Erdöl, die Monat für Monat aus gewaltigen Tankern in die Bunker der Raffinerien gepumpt werden, oder in Pipelines ganze Länder und Wüsten durchströmen.

Er weiß von Millionen Kraftfahrzeugen auf den Straßen Europas. Die Million wurde ihm fast zur Normalzahl im Alltag. Wie könnte ihm da schon die Zahl 1 350 000 Tonnen Artilleriemunition für die deutschen Batterien vor Verdun viel sagen! Nun, man stelle sich diese Zahl einmal bildhaft vor.
Zum Antransport dieser Munitionsmasse aus den deutschen Rüstungswerken bis zu den Entladerampen in Longuyon oder bei Spincourt wurden 2700 Züge benötigt, jeder mit Lokomotive und Wagen für das Begleitpersonal 474 Meter lang bei 50 beladenen Wagen. Jeder der damals benutzten Eisenbahnwagen war neun Meter lang, die damalige Lok 581 mit Tender hatte eine Länge von 18 Metern.
Diese 2700 Züge hintereinander auf einem Gleis stehend, hätten eine Eisenbahnstrecke von Köln über Berlin bis 100 Kilometer hinter Warschau blockiert. Oder von Köln über Paris – Bordeaux bis sieben Kilometer hinter Bayonne.
Eintausendzweihundertachtzig Kilometer hintereinander, dicht auf dicht, nur Munitionszug hinter Munitionszug! Und dies war nur der Munitionsverbrauch der deutschen Batterien. Man darf annehmen, daß auf französischer Seite genausoviel Munition verschossen wurde, wenn nicht gleich zu Beginn der Schlacht, so doch nach und nach und in steigendem Maß, wie die ausländischen Munitionslieferungen anrollten, weil die eigenen Fabriken Frankreichs nicht mehr genügten.
Und diese Massen Stahl wühlten sich in das Erdreich einer Fläche von 26 000 Hektar oder 104 000 Morgen Land. An die fünfzig Tonnen Stahlsplitter lagen und liegen

noch heute im Durchschnitt auf je einem Hektar dieser Schlachtfeldfläche.
Die weitaufragende Kuppe der Höhe »Toter Mann« wurde um 16 Meter niedriger geschossen. Hier arbeitete das Trommelfeuer wie ein Riesenbagger. Man hat Tote bis zu zehn Meter tief unter Schutt entdeckt, und dies nicht nur am »Toten Mann«, sondern an vielen Stellen der Front, weil das Trommelfeuer gewaltige Erdmassen hin und her wälzte und verlagerte.
Du hast oftmals, während der Feuerpausen, wahllos eine Handvoll Erde gegriffen und sie zum Zeitvertreib analysiert. Und in jeder Handvoll Verdun-Erde fandest du einen größeren oder einen kleineren Gegenstand, den es vor der Schlacht in diesem Gelände nicht gegeben hatte – einen Knopf, ein Stück Uniform, einen Stahlsplitter, oftmals auch einen Knochensplitter, dann Haare, Lederstückchen, Gewehrgeschosse, Spuren verschütteten Essens oder Kot . . . Die Stahlsaat der großen Vernichtungsschlacht war unfaßbar und übertraf alle bisherigen Begriffe von restloser Zerstörung und verbrannter Erde.

Noch ziehen sich die Kämpfe bis Herbst 1917 in wechselndem Einsatz und wechselnder Stärke hin. Immer wieder mahlt die Menschenmühle an der Maas, aber der große Streit wird an anderer Stelle der langen Front ausgetragen. Verdun wird ein zweitrangiger Frontabschnitt. Der Name allein genügt, um jedem Menschen fast das Blut in den Adern zu erstarren.
Um Verdun ist der Tod müde geworden. Der große Trommelschläger hat sich an andere Stellen begeben, und der Eiserne Feldmarschall mit dem erloschenen Blick

nimmt die letzte Parade anderswo ab, in Flandern, an der Somme und am Damenweg. Vom »Toten Mann« bis hinüber an die Woëvre-Ebene ist's durch Monate und Monate die Stille des Grabens. Die Toten um Verdun ruhen.

Bis dann, im September 1918, frische amerikanische Truppen diese todmüde Front überrennen und zum letzten Male den Namen Verdun in die lange Liste der Heeresberichte bringen.

Große, stramme, kerngesunde, glänzend ernährte und glänzend ausgerüstete Burschen sind es, diese Amerikaner. Als sie im Hafen von Bordeaux an Land gehen, blikken sie neugierig ringsum. Das also ist es, dies alte, komische Europa! Gummikauend und übermütig fragen sie:

»Na, wo habt ihr sie denn, eure Schießbude? Wir möchten nicht zu spät kommen.«

Sie kommen nicht zu spät. Bald werden sie eingesetzt. Ohne Pause rollen ihre Transporte durch Frankreich. Was in ihnen steckt und wieviel Material sie aufbringen können, das zeigen sie zuerst in der Woëvre-Ebene, als es gilt, den Frontbogen bei St. Miel einzudrücken.

Als Einleitung verschießen die amerikanischen Batterien innerhalb von nur vier Stunden eine Million und hunderttausend Granaten. Das ist der Geschoßverbrauch von drei Tagen Trommelfeuer bei Verdun. Und diese Masse geht innerhalb von nur vier Stunden auf die deutschen Stellungen nieder.

Für die Rückeroberung des Abschnitts Verdun brauchen die Amerikaner weitaus weniger Granaten; ihre Infanterie hat kaum noch Gegenwehr zu erwarten, denn in Löchern und Trichtern liegen nur noch zusammengeschossene Kompanien. Die ausgebrannten Regimenter hat man aufgelöst und aus mehreren Bataillonen eine einigermaßen kampfkräftige Einheit zusammengestellt. Aber auch für diese zusammengewürfelten Regimenter gibt es keinen Nachschub und keinen Ersatz; die Heimat kann nichts mehr liefern.

Nach kurzem heftigem Feuerüberfall rücken die Amerikaner vor, und einige ihrer angreifenden Infanteriezüge treten einen Fußball vor sich her. Diese kräftigen, übermütigen und überernährten Amerikaner haben leichtes Spiel mit den zahlenmäßig unterlegenen, ausgehungerten und durch Spanische Grippe geschwächten deutschen Infanteristen.

Planmäßig, ohne auf größeren Widerstand zu stoßen, rücken die Amerikaner Tag für Tag ihre vorderste Linie um fünf Kilometer vor, Richtung Deutschland. Die Côte Lorraine und die Hügel um Verdun mit dem weithin sichtbaren Sargdeckel des Douaumont verschwinden langsam im Herbstnebel. Dann nichts mehr.

Einsam liegt das gewaltigste und blutigste Schlachtfeld aller Zeiten. Noch nie haben tapfere Heere so lange, so verbissen und so verlustreich auf solch engem Raum gekämpft.

Die Männer, die um Verdun litten und stritten, waren Helden. Sie waren es nicht etwa, weil sie keine Furcht kannten. Als denkende Menschen, die um das Entsetzliche wußten und es ertrugen, litten sie unter Todesangst Tag und Nacht, durch Wochen und Monate. Ihr Heldentum ist, daß sie, trotz Not und Todesfurcht, ihre harte Pflicht erfüllten.

Verdun 1931 – 15 Jahre nachher – ist ein Wallfahrtsort geworden. Hunderttausende strömen herbei, um dies Land zu sehen, diese gemarterte Erde, von der man nur mit Scheu spricht. Von Trier und Saarbrücken aus fahren immer wieder zahlreiche ehemalige deutsche Soldaten nach Verdun. Sie stehen dann vor dem Beinhaus Douaumont und auf der Kuppe der Panzerfeste Vaux und versuchen ihre ehemaligen Stellungen wiederzufinden. Aber die barmherzige Natur hat bereits begonnen, die Wunden zu heilen. Dort wo die Wälder und Gehölze mit den vielzitierten Namen standen, sprießt junges Grün empor, und die großen Ödflächen dazwischen sind bedeckt mit rotem Mohn.

So weit das Auge reicht, nur diese blutrote Mohnlandschaft. Will die Erde noch einmal, bevor der Grünwuchs überhandnimmt, an das viele, hier vergossene Blut erinnern?

Um das Geschehen selbst rankt sich bereits ein Mythos, genährt durch den Bajonettgraben. Hier haben amerikanische Spender ein Stück Trichterfeld in seinem Urzustand belassen und mit einer wuchtigen Betondecke überdacht. Aus der Erde ragen die Spitzen von Bajonetten und Gewehren. Eine zum Sturm angetretene Abteilung französischer Infanterie sei hier vom deutschen Trommelfeuer überrascht und lebendig begraben worden, Gewehr in der Faust.

Die ehemaligen Frontsoldaten wissen um die technische Unmöglichkeit eines solchen Geschehens, aber die Besucher dieser größten Schädelstätte möchten auf solch seltsame Episode wohl nicht verzichten.

Unheimlich die beiden Panzerforts Douaumont und

Vaux, deren Besichtigung zur Wallfahrt nach Verdun gehört. In der kleinen Befehlskasematte im Fort Vaux steht noch, mit Ehrfurcht bestaunt, das schmale Feldbett des Kommandanten Raynal.

Verdun – 20 Jahre nachher – ist wieder Mittelpunkt eines großen Geschehens. Noch leben zahlreiche Verdunkämpfer. Nun treffen sich Hunderttausende ehemaliger Verdunsoldaten, Männer von hüben und drüben, zu einer denkwürdigen Feier, zum Nachtmarsch zu den toten Brüdern.

Am 12. Juli 1936, um die Mittagszeit, verlassen wir das Reichsgebiet bei Saarbrücken. Voller seltsamer Erwartung treten wir, fünfhundert deutsche Verdunkämpfer, diese Fahrt an. Sie soll uns ja nicht nur zu unseren toten Brüdern führen, sondern auch mit den Männern von der Gegenseite zusammenbringen.

Wir haben sie gekannt, die Männer von der Gegenseite, den Stahlhelm auf dem Kopf, das Gewehr in der Faust, die Mündung eiskalt auf uns gerichtet. Und nun sollen wir sie sehen im schlichten Kleid des Bürgers und des friedliebenden Menschen, die Hände ausgestreckt zum Willkommensgruß.

Zwei Stunden später rollt unser langer Sonderzug durch das ehemalige Kriegsgebiet. Wir kennen unsere Etappendörfer, wir sehen die Straßen unserer Anmärsche zur Verdunfront. Wir erblicken die Batteriestellungen, das Gelände der Annäherungsgräben, das Niemandsland und die ehemaligen französischen Stellungen.

Die Zone der restlosen Zerstörung zieht draußen an unseren Augen vorbei mit Häusertrümmern und Streichholzwäldern, in denen es wieder jung und stark grünt. Über der Gegend liegt die Hitze des frühen Sommernachmittags. Dann kommen Trichterfelder, stellenweise von mannshohem Gebüsch überwuchert. Dahinter vermutet man noch stärkere Spuren des Krieges, eingestürzte Unterstände und Stollen, Ausrüstungsgegenstände jeder Art, ja, vielleicht noch manche Überraschung. Deshalb warnen auch überall große Schilder vor dem Betreten des Kampfgebietes außerhalb der sicheren Straßen. Dieses Land des Todes ist ebenso gefährlich wie grauenvoll.

Dicht am Tavannes-Rücken vorbei gleitet unser Zug in den berüchtigten Tavannes-Tunnel. Hier ereignete sich vor fast zwanzig Jahren, in der Nacht vom 4. zum 5. September 1916, das entsetzliche Explosionsunglück. Daran müssen wir denken bei der langsamen Fahrt durch diese völlig dunkle Tunnelstrecke. Gleich hinter dem Ausgang blicken wir geradeaus in die Maasniederung und sehen Verdun vor uns liegen.

Das also ist Verdun, jenes Verdun, das wir vor genau zwanzig Jahren so blutig und so verbissen berannten! Nur wenige unserer Kameraden durften damals aus der Ferne, in der Stellung »Filzlaus«, diese Türme und Dächer und die grünen Wälle der Zitadelle erblicken.

Wir stehen schweigend an den Abteilfenstern. Es ist ein feierlicher Augenblick. Dann rollt der Transport langsam in den Bahnhof von Verdun. Hier auf der Stelle, auf der unser Transportzug nun hält, fuhr damals, am 21. Februar 1916, eine 42-cm-Granate in das Erdreich, riß Schienen und Schwellen und Steine empor und war der Anfang des ehernen Gebrülls, das acht Monate lang bei

Tag und bei Nacht in diesem Abschnitt nie mehr verstummen sollte.
Inzwischen ist der Abend angebrochen. Es ist die Zeit der Ablösungen zwischen Tag und Dunkel. Eine endlose Reihe von Omnibussen verläßt die Stadt Verdun und bringt die hunderttausend Männer nach oben. In rascher Fahrt geht es aufwärts über die Maashöhen zur ehemaligen vordersten Linie. Wir fahren die Straße, die vor zwanzig Jahren Hunderttausenden als Anmarschweg diente. Wir rücken näher in die Zerstörungszone hinein, kommen an Geschützdeckungen vorbei, an Munitionsunterständen, alle noch deutlich sichtbar.
Wird nicht gleich das Trommelfeuer losbrüllen? Nein, die Front schläft. Nur das Rattern der Motoren durchlärmt die sinkende Nacht; und als wir Fleury hinter uns haben, steigen wir aus, denn von hier ab beginnt der Pilgerzug zu den Toten des größten Schlachtfeldes aller Zeiten.
Durcheinander, nebeneinander marschieren wir nun, Deutsche und Franzosen, auch einige Amerikaner, Briten und Belgier. Vor uns, jenseits der Mulde des ehemaligen Caillette-Waldes, strahlt hell und weithin sichtbar das Scheinwerferlicht über dem riesigen Gebeinhaus des Douaumont. Etwas weiter im Hintergrund erblicken wir das Fort selbst, die von Schweinwerfern beleuchtete Masse des Sargdeckels. Ganz rechts das angestrahlte Fort Vaux. Links von uns leuchtet es auf Fort Souville. Und wir marschieren schweigend zwischen diesen ehemaligen Brennpunkten der Schlacht. Wir ziehen dahin auf der Straße des Todes zum Douaumont.
Hunderttausend Schritte malmen den vom Regen aufge-

weichten Boden. Hin und wieder klingt ein Fetzen Trauermusik, vom Nachtwind hergeweht, durch irgendeinen Lautsprecher über das Schlachtfeld verbreitet. Nur diese beiden Geräusche: das nicht mehr abbrechende Schlurfen der Füße und die vom Wind verwehte Totenklage. Hier an der Stätte unseres Nachtmarsches wurde damals jeder Quadratmeter Boden mit Blut getränkt. Hier verbluteten die besten Regimenter. Hier ist heilige Erde.

Stumm und barhäuptig schreiten wir durch die Nacht und den leise rinnenden Regen. So waren ehedem unsere nächtlichen Ablösungen. So zogen wir dahin im Klirren von Schanzzeug, im müden Scharren der Füße, und so, wie es just drüben am Douaumont blitzt und von einem fernen Gewitter wetterleuchtet, so umflammten damals die zahllosen Abschüsse die zerrissene Horizontlinie.

Fast gespensterhaft wirkt dieser Nachtmarsch der Hunderttausend über das ehemalige Trichterfeld. Neben mir gehen zwei Franzosen, ein Handwerker aus Sedan und ein Winzer aus Burgund, wie ich später feststellen kann. Vor mir bilden zwei Kanadier einträchtig mit drei Deutschen, zwei Belgiern und einem Franzosen die Achterreihe. Dann kommen Amerikaner, Deutsche, Franzosen, alle zufällig nebeneinander. In dieser Riesenkolonne marschiert der Frontsoldat zwischen hunderttausend Kameraden, einstmals seine Brüder in Leid und Todesgefahr. Unser Ziel ist der große Friedhof vor dem Gebeinhaus. Wir stellen uns vorne auf, eine Flamme der Erinnerung flackert, am Grabmal des Unbekannten Soldaten entzündet und durch Frontkämpferstafetten von Paris bis hierher gebracht.

Langsam schlägt die Glocke vom Turm des Gebeinhauses, und dann schüttert ein Kanonenschuß über das Schlachtfeld hin. Hunderttausend Frontkämpfer legen vor den Gebeinen der Toten den Schwur ab, den Weltfrieden zu halten und zu schützen. Und in drei Sprachen hallt es nacheinander weithin durch die Nacht: »Wir schwören es!«

Nun erlöschen alle Lichter, bis auf die kleine zuckende Flamme der Erinnerung. Eine Minute gilt dem Erinnern an die Toten. Weit und breit kein Laut. Einsam und still liegt das gewaltige Schlachtfeld. Nur drüben vom Gräberfeld her zittert für wenige Sekunden ein helles Frauenschluchzen.

Der Nachtwind erhebt sich mächtig und faßt in die Fahnentücher, strafft sie und läßt sie ausklatschen; und es ist uns, als schritten uns zu Häupten die Manen der toten Kameraden. Und im Gedenken sprechen wir ihre Namen und sehen sie im Geiste vor uns, jene, die damals so jung waren wie wir und nicht wiederkehrten.

Und nun ertönt ganz weit und hell und hoffnungbringend hinter uns ein Signal. Es ist das französische Armeesignal »Feuer einstellen«.

Es wird aufgenommen, das Signal, es wird weitergegeben. Zwei, vier und mehr Clairons wiederholen es und schmettern es hell in die grausig-stille Nacht. Es jauchzt und singt über den Gräbern und ist wie ein inbrünstiger Schrei nach Verständigung und Frieden.

Nochmals durchbrüllt ein Kanonenschuß die Gegend um Verdun. Jäh flammt wieder das Licht auf. Und dann schreiten wir stumm an den Gebeinen der vierhunderttausend unbekannten toten Verdunkämpfer vorbei, legen unsere Blumen und Kränze nieder und begeben uns

langsam zurück in die Dunkelheit des weiten Schlachtfeldes.
Der Regen rinnt stärker, und wir gedenken der gefallenen Brüder. Und es ist eine Nacht nicht anders als die vielen, vielen Todesnächte um Verdun, die wir, zwanzig Jahre zuvor, ergeben in ein grausames Schicksal stumm durchlitten und durchstritten haben.

Verdun 1940! Ja, auch diesmal rollte der Krieg über Verdun hinweg, und wir, die vier Jahre zuvor beim Nachtmarsch zum Douaumont schworen, den Frieden zu halten und zu schützen, wir marschierten wieder. Nein, es war uns nicht gelungen, den Frieden zu halten. Beschämt eilten wir über das Schlachtfeld von Verdun hinweg. Im Fort Vaux stand verlassen ein ganz neues Schnellfeuergeschütz unter einer neuen Panzerkuppel. Und drunten, in der Kommandanten-Kasematte war's immer noch wie seit 1916 – das Feldbett des Majors Raynal.
»Ha, unsere Väter haben Monate gebraucht, um dies Gelände zu erobern, und sie haben es zudem niemals ganz in ihre Hand bekommen«, erklärten falsch unterrichtete Wehrmachtsangehörige in seltsamer Verkennung historischer Tatsachen, »wir aber haben hier alles in ein paar Stunden überrannt . . .«
Am 15. Juni 1940, zur selben Stunde, da der Verteidiger von Verdun Marschall Pétain dem französischen Volk mitteilte, daß er um Waffenstillstand bitten müsse, eroberte eine deutsche Division unter Befehl des Generals Dr. Weisenberger das gesamte Gelände des ehemaligen Verdun-Schlachtfeldes rechts der Maas sowie die Stadt selbst.

Die Angreifer verloren 17 Tote und 99 Verwundete. Auf dem linken Maasufer waren die deutschen Verluste zwar etwas höher, dennoch hatte die Eroberung des 1916 so schwer umkämpften Geländes im Juni 1940 weniger als 200 Menschenleben auf deutscher Seite gekostet. Die französischen Verluste blieben sogar noch geringer, weil der Poilu von 1940 nicht mehr ernsthaft kämpfen wollte; er schauderte vor Entsetzen beim Gedanken, noch einmal hier erleben zu müssen, was die Väter 1916 erlebt hatten.

Und die Erde selbst, diese gemarterte Erde um Verdun, wollte keine Hekatomben mehr; denn immer noch lagen unentdeckt und für immer verschollen die zahllosen Verschütteten, Vergasten und Zerfetzten irgendwo im überwucherten Gelände oder in der Tiefe eingeschlossener Stollen und Unterstände. Die historische Rolle der Riesenfestung als Schild und Wehr Frankreichs war ausgespielt.

Verdun 1956 – 40 Jahre nachher – ist immer noch ein vielbesuchtes Reiseziel. Nur hat sich die Besucherschicht gewandelt. Die ehemaligen Verdunkämpfer sind seltener geworden; viele wurden inzwischen zur »Großen Armee« abberufen. Dafür kommen jetzt deren Söhne und Enkel, denen man hier vielfach ein falsches Bild vom Geschehen vermittelt. Bramarbasierende Fremdenführer prahlen in den beiden Festungen Douaumont und Vaux mit ihren eigenen Erlebnissen und vermischen Dichtung und Wahrheit:

»Wir holten in acht Stunden das gesamte Gelände zurück, das die Deutschen in acht Monaten mühsam eroberten«, erklärt der Fremdenführer im Fort Douaumont.

Die Explosion des 8. Mai 1916 streift er nur so nebenbei mit der Schlußerklärung: »Da hinten links um die Ecke liegen diese 650 Deutschen eingemauert, aber gehen Sie nicht hin, Sie würden nur Ihre Zeit verlieren. (N' y allez pas, vous y perdriez votre temps.)

Der ebenfalls bramarbasierende Fremdenführer im Fort Vaux zeigt auf die Kommandanten-Kasematte: »Hier, meine Damen und Herren, hier stand bis 1940 das Feldbett von Major Raynal. Die Deutschen haben es verschwinden lassen; es war ihnen ein sehr peinliches Souvenir.«

Kein Wort der Erklärung, wieso dies Feldbett den Deutschen, die den Kommandanten Raynal achteten, ja sogar verehrten, peinlich sein konnte.

Kein Wort auch über die kameradschaftliche Geste des Reserveleutnants Müller, der hier in dieser Kasematte seinen armseligen Kaffee mit den halbverdursteten französischen Offizieren teilte. Kein Wort und keinen Hinweis für den versöhnlichen Brief des Kronprinzen an die Witwe des Kommandanten Raynal. Dieser Brief hängt eingerahmt an solch dunkler Stelle, daß niemand ihn lesen kann.

Verdun – das eine Stätte der gemeinsamen Verständigung und der Friedensliebe sein könnte, wird noch 40 Jahre nach dem Geschehen durch prahlende Fremdenführer zum Hort eines ungesunden, auf Fälschung historischer Tatsachen basierenden Chauvinismus erniedrigt.

Verdun 1963 – 47 Jahre nachher – ist Treffpunkt der Jugend beider Nationen geworden. Die bramarbasierenden Chauvinisten in den beiden Forts sind abgelöst; ihre Art hat sich überlebt. Zwischen Deutschland und Frankreich ist die alte Feindschaft begraben. Das große Jugendtreffen auf dem ehemaligen Schlachtfeld soll die Freundschaft besiegeln; denn der Jugend gehört die Zukunft.
»Versöhnung über Gräbern« heißt der Leitspruch des denkwürdigen Treffens, durch den Volksbund Deutscher Kriegsgräberfürsorge e. V. veranstaltet. Zum ersten Mal treffen sich die für Jugendarbeit verantwortlichen Minister beider Nationen in Verdun. Und zum ersten Mal spielt ein französisches Musikkorps das Deutschlandlied und die Marseillaise hier auf historischer Stätte.
Zum ersten Mal spricht Erzbischof Petit von Verdun im Beinhaus am Douaumont zu der deutschen Jugend und bezeichnet den Tod von mehr als einer Million Männern auf diesem wenige Quadratkilometer großen Schlachtfeld als ewige Mahnung.
Ohne das große Blutbad, ohne diese Bluttaufe 1916 wäre es 1962 wohl nicht zu der großen Versöhnung gekommen; denn gerade dies Massenopfer hat beiden Nationen die Sinnlosigkeit des Hasses gezeigt.
Einer der Teilnehmer, Gast beim Jugendtreffen, ein weißhaariger Deutscher, entzündet einige Wachskerzen vor dem Massengrab der Unbekannten vom »Toten Mann«, vom Chaume-Wald und der Vaux-Kreuz-Höhe. Die Kerzenflamme soll flackern als Zeichen des Erinnerns an seine in diesen Abschnitten gefallenen und vermißten Regimentskameraden.
Dann fährt der Weißhaarige über das weite Totenfeld zu-

rück in die Ornes-Schlucht. Neben dem ehemaligen Friedhof von Ornes erkennt er noch Spuren des großen Sanitätsbunkers, in dem man auch ihn verbunden hat – damals. Daneben die noch deutlich sichtbaren Spuren von Pionier- und Reservebunkern, die man 1916 tief in den Hang grub.

Er schreitet nachdenklich dahin durch diese ehemalige Schlucht des Schreckens und trinkt aus der Ornes-Quelle, genau wie damals, da er, zusammen mit vielen Verwundeten, hier endlich den quälenden Durst löschen konnte.

Ein Eichelhäher streicht kreischend ab, hinein in das verfilzte Dickicht des wiedergewachsenen Chaume-Waldes.

Kein anderes Geräusch weit und breit.

Und nun läutet droben auf dem Douaumont die Glocke im Turm des Gebeinhauses.

Über das ehemalige Schlachtfeld klingt wehmütig und mahnend das Claironsignal:

»Gedenket der Toten!«

Nachwort

Die Nachricht von P.C. Ettighoffers plötzlichem Tod ruft mir mit besonderer Eindringlichkeit meine Begegnung mit ihm anläßlich des Internationalen Kolloquiums von Verdun im gerade erst vergangenen Jahr in Erinnerung. Alle Teilnehmer erinnern sich daran. Es war nicht das erstemal, daß sich die Frontkämpfer von 1914–1918 zusammenfanden, um im wiedergewonnenen Frieden (einem unbeständigen Frieden, wie man zwanzig Jahre später schmerzlich feststellen muß) ihre gemeinsamen Erfahrungen auszutauschen und zum Wohl ihrer beider Länder vernünftige Schlüsse daraus zu ziehen.

Man weiß leider, was in der Folge geschah. Mit tiefster Bekümmerung haben die Überlebenden des ersten »großen Krieges« erfahren müssen, wie ihre Leiden und Prüfungen von den verantwortlichen Politikern ignoriert wurden. Außerhalb ihrer eigenen Reihen blieb die Aussöhnung zwischen den tapferen Gegnern, die sich im Kampf auf Leben und Tod gegenübergestanden hatten, wirkungslos: ihre Leiden, die Achtung und das Mitleid füreinander, die ihr gegenseitiges Verständnis inspirierten, waren nicht mitteilbar. Das ist das große Drama dieser Jahrhunderthälfte, vielleicht das Drama des Krieges überhaupt: Das vermittelnde »Das habe ich nicht gewollt« kommt immer zu spät.

Aber 1975 in Verdun gab es vielleicht zum erstenmal

zumindest die Hoffnung auf eine wirkliche Kommunikation. Es war mehr als nur eine Begegnung zwischen im voraus unterrichteten Zeugen; es war ein Austausch, ein Versuch zu loyaler Information, das Bemühen, endlich über abgeleierte Gedanken, Vorurteile und leere Phrasen hinauszukommen. Endlich einmal wurden die Untersuchungen der Gelehrten und Fachhistoriker den Erinnerungen der Veteranen gegenübergestellt, ihrem leidenschaftlich bewegten Zeugnis – Kriegstagebücher, unmittelbare Berichte, gewissermaßen von den Realitäten des Kampfes diktiert – mit dem Ziel, gemeinsam zu einer vielleicht weniger vergeblichen, weniger wirkungslosen Annäherung zu gelangen, zumindest aber gemeinsam das zu versuchen, was Ettighoffer mit Recht das »Große Gericht« nennt.

Ich habe die Arbeitssitzungen des Kolloquiums von Verdun von Anfang bis Ende verfolgt – »mit Interesse«, das wäre zu schwach ausgedrückt: »mit leidenschaftlicher Anteilnahme« ist das richtige Wort. Wieder begegnete ich der ergreifenden Solidarität zwischen den ehemaligen Kämpfern, die sich unverändert erhalten hatte. Es ist eine tiefgreifende Solidarität, verwurzelt in dem gleichen Gefühl der Condition humaine. Ich erinnere mich, erst unlängst bei vielen klugen Köpfen Anstoß erregt zu haben, weil ich diese Solidarität bezeugte, indem ich unter anderm sagte, daß ich mich den deutschen Soldaten, die uns gegenüber dasselbe Elend erlebten, denselben Dreck, dieselben Gefahren, sehr viel näher fühlte als jenen jungen Landsleuten, die sich »unabkömmlich« in der hintersten Etappe herumdrückten. Ich wußte, daß 50 Jahre danach meine Haltung unverändert war; ich erlebte den unmittelbaren Beweis dafür, und er war tröstlich. Ich will versuchen, in wenigen Worten zu sagen, warum.

Im ganzen gesehen erscheinen mir unter den Vorträgen während dieses Kolloquiums von Verdun vor allem diejenigen als besonders wertvoll, weil interessant und nutzbringend, die die gutwilligen Zuhörer dazu bewegten, sich von dem traditionellen Begriff des *Feindes* zu lösen. Der Vortrag von P.C. Ettighoffer verdient in diesem Zusammenhang hervorgehoben zu werden: exemplarisch durch seine forschende Methode, seine entschiedene Objektivität und gleichwohl und vor allem durch das tiefe und leidenschaftliche Empfinden einer brüderlichen Menschlichkeit, dessen wir heute dringender bedürfen denn je; vielleicht – wir müssen darauf hoffen – wird diese Menschlichkeit uns retten.

Damit ist gesagt, wie besonders günstig mir der Zeitpunkt des Wiedererscheinens von Ettighoffers VERDUN, DAS GROSSE GERICHT erscheint. Ich hoffe und wünsche, daß dieser hochherzige Augenzeugenbericht heute die breite und positive Aufmerksamkeit findet, die er verdient.

Januar 1976

Maurice Genevoix
(Secrétaire Perpétuel honoraire
de l'Académie Française)

Verzeichnis der benutzten Quellen:

M. Schwarte: »*Der große Krieg 1914–1918.*« Verlag von Johann Ambrosius Barth in Leipzig und Walter de Gruyter & Co. in Berlin
Hermann Ziese-Beringer: »*Der einsame Feldherr, die Wahrheit über Verdun*«, zwei Bände im Frundsberg-Verlag, Berlin 1934
Cordt von Brandis: »*Die Stürmer vom Douaumont*«, Traditionsverlag Kolk & Co., Berlin 1934
Eugen Radtke: »*Douaumont, wie es wirklich war.*« Frundsberg-Verlag, Berlin 1934
Hermann Wendt: »*Verdun 1916*«, Verlag von E. S. Mittler & Sohn, Berlin 1931
Dr. Wilhelm Ziegler: »*Verdun.*« Hanseatische Verlagsanstalt, Hamburg 1936
Generalleutnant Ernst Kabisch: »*Verdun, Wende des Krieges.*« Vorhut-Verlag Otto Schlegel GmbH. Berlin SW 68
Josef Magnus Wehner: »*Sieben vor Verdun, ein Kriegsroman.*« Albert Langen/Georg Müller, München 1935
Cordt von Brandis – Walter Bloem: »*Die Stürmer vom Douaumont.*« Traditionsverlag Kolk & Co. Berlin SW 68
Otto Riebicke: »*Was brauchte der Weltkrieg?*« Kyffhäuser-Verlag. Berlin 1938
Ferner einige Regimentsgeschichten
Eigenes Erlebnis des Verfassers.

Die Schlacht um
VERDUN
1916